完全攻略
英檢中級

Spark® 星火英语

文法及練習

[
高中文法大全
必勝問題
＋
全解全析
]

113

Good
ENGLISH
Grammer

General English Proficiency TEST

星火記憶研究所　馬德高　著

山田社
Shan Tian She

想要成功，學會英語可以省下 10 年功。

想知道老外都在想什麼？想得到外國的技術支援，

學測想加分，想加薪，

想看懂原文書、電影、影集、雜誌，

想從歐美國家找 know how，

想到國外旅行，

是你的目標！

英檢考試權威助陣，權威文法，就是這麼威！《完全攻略英檢中級文法 113 －高中文法大全》**內容包括了高中程度所有文法，也就是全民英檢中級必考所有文法。**書中用 2D 圖表讓你一次看到所有文法，用 3D 模式讓你理解所有文法內容。也就是利用「廣度」宏觀文法，及「深度」掌握細節，來奠定你厚實的應考實力、增強運用能力，考試如虎添翼。

本書特色：

▲ 名師幫你寫的，核心筆記

　　筆記① 「英語文法速成表」中級英檢文法全部重點，一覽無遺。

　　筆記② 「秒記文法心智圖」圖解文法考點，像拍照一樣，一看就會。

　　筆記③ 「巧學妙記」將文法規律融入口訣，學文法就像唱歌一樣。

　　筆記④ 「用法差異」掃清盲點，突出易混點，易學易記。

　　筆記⑤ 「幫你歸納」以一帶十，不僅歸納學過的，同時也拓展新的文法。

▲ 圖解記憶—千言萬語不如看一張圖

　　抽象的語言描述與活潑的插圖解釋，哪個效果更好？結果不言而喻。本書收錄了漫畫圖片，不管是幫助記憶文法，或記憶用法辨異，還是進行近義辨析，說明都妙趣橫生，一目了然，增強記憶效果。

▲ 版面「一條線配置」，學習多樣化

　本書用一條線將「正文」與「補充說明」區隔開來，版面清晰明瞭，學習豐富多樣，有助加深文法記憶。

　・先學習左邊的正文，第二遍再配合著右邊補充說明學習。

　・透過補充知識理解每一個文法。

　・利用右邊的空白處，寫上屬於自己的小筆記，例如：融會貫通後的整理，考試小技巧等。

▲ 道地例句，立馬勝出

　那句鼓勵我、感動我的句子，原來就是這麼說。由於例句大多來自英美等國家最新的文學作品、報刊、生活會話，既能完美呈現出語言的規律，又能幫助每位考生學到純正、道地的口語和書面英語。因此，本書可以增長文法知識，也可以儲備最道地的英語，讓你考試立馬勝出。

▲ 必勝練習，直擊考點，全解全析

　每單元的最後都附上「實戰練習」，幫你歸納各類考試題型，並統整常考文法概念。最後並作了直擊考點的解題分析，讓你面對考試更有信心，最後，輕鬆取得英檢合格證照。

本書也是考大學、托福、多益 100％必考文法。

! 目錄

目錄

□ Chapter 17 限定詞子句 369

在複合句中作為限定詞，修飾名詞或代名詞的子句，稱為限定詞子句。限定詞子句在句子裡的作用相當於形容詞，因此又稱為形容詞性子句。

讀書計劃□／□

□ Chapter 18
強調、倒裝和省略 395

強調是強調句中的某個部分；述語動詞放在主詞的前面叫做倒裝；省略是為了避免重複，省略句子裡的某些部分。

讀書計劃□／□

□ Chapter 19 主述一致 412

主詞和述詞保持一致，叫作主述一致。

讀書計劃□／□

□ Chapter 20
直接引語和間接引語 430

直接引語是直接引用原句，需要引號；另一種是用自己的話進行轉述，叫做間接引語。

讀書計劃□／□

▲「秒記文法心智圖」圖解文法考點，一看就會！

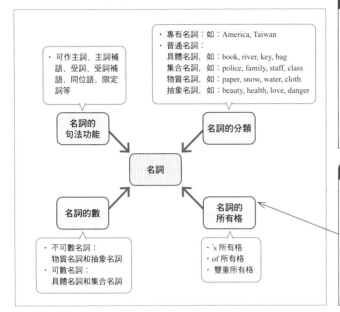

用一張 3D 心智圖瞬間就能把握每一章的脈絡，理清各項文法的內在關係。也就是運用組織力及思維整合的能力，來提升學習效率。

利用一條線一個關鍵字，讓你瀏覽摘要，鑽讀細節，可以幫助增進大腦記憶，還可以把自己的心得註記在心智圖上。

▲「座右銘＋圖表」記憶法，以一點見百點！

座右銘

每課都有一句含該課文法的座右銘，可以激勵自己，可以加深學習！

Motto【座右銘】
Nothing is impossible for a willing heart.
心之所願，無所不成。

圖表說明

以圖表整理出複雜不易歸納、不易理解的文法。讓你順利記住重點和難點問題，同時培養概括、歸納和比較的能力。

按照詞彙的意義，名詞可以分為「普通名詞」和「專有名詞」。其分類如下表：

類別		定義	舉例
可數名詞	具體名詞	用來指單一個可數的人、事或物品的名詞。	boy（男孩） pen（鋼筆）
	集合名詞	用來指 群人或 些事物統稱的名詞。	people（人） family（家人） audience（聽眾） team（團隊）
普通名詞	物質名詞	用來指無法分為個體的物質、材料的名詞。	air（空氣） sand（沙子） wind（風）
不可			

▲ 「一條線配置」給你多樣化學習法

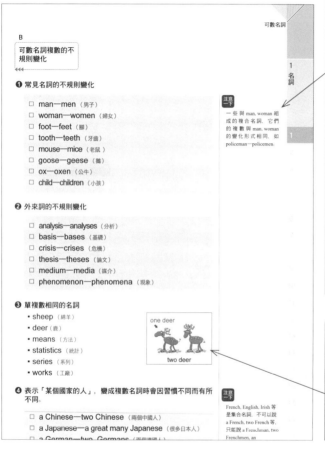

補充

版面「一條線配置」。主要內文旁加入「注意一下」、「特別強調」、「巧學妙記」等補充說明，這樣把複雜的文法，加以凝煉和壓縮，將可以加大你的大腦儲存量，並加深對文法記憶。

 補充需要提示、參考、比較的內容。

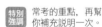 常考的重點，再幫你補充說明一次。

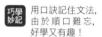 用口訣記住文法，由於順口難忘，好學又有趣！

插圖

書中的漫畫圖片，不管是幫助記憶文法，或記憶用法辨異，還是進行近義辨析，都讓你好學又好懂，增強記憶效果。

▲ 舉一反三、易學易記！

延伸

本書加入「延伸學習」、「幫你歸納」、「用法辨異」、「常用必備」等小單元，讓複雜的文法脈絡清晰，點撥盲點、難點，易學易記！

（我的英語說的和蘇珊一樣好。）

Extension【延伸學習】

's 所有格除表示所屬關係外，還可表示類別、度量、動作的執行者或接受者。

- a women's college（女子學院）
- a five days' journey（一趟為期五天的旅行）
- teacher's praise（老師的表揚）
- the girl's rescue（女孩的救援）

▲ 考題演練，成果驗收！

考題演練

■ （一）大學入試考古題：Choose the correct answer.（選擇正確的答案）

(1) Those who suffer from headache will find they get _____ from this medicine.
A. relief   B. safety   C. defense   D. shelter

(2) I haven't seen Sara since she was a little girl and she has changed beyond _____.
A. hearing   B. strength   C. recognition   D. measure

(3) James took the magazines off the little table to make _____ for the television.
A. room   B. area   C. field   D. position

(4) This restaurant has become popular for its wide _____ of foods that suit all tastes and pockets.
A. circle   B. range   C. area   D. division

(5) After the earthquake, the first thing the local government did was to provide _____ for the homeless families.
A. occupation   B. furniture   C. equipment   D. accommodation

(6) Last year the number of students who graduated with a driving licence reached 200,000, a(n) _____ of 40,000 per year.

答案・解說①

■ (1) A (2) C (3) A (4) B (5) D (6) A (7) B (8) A (9) C (10) A

(1) 解釋：那些頭痛的人會發現吃這種藥可以減輕痛苦。relief「（焦慮、痛苦等的）減輕；解脫」，符合解釋。safety「安全」；defense「防禦，保衛」；shelter「遮蔽，庇護」。

(2) 解釋：自從莎拉還是小女孩的時候我就再也沒見過她了，她已經變得我都認不出來了。beyond recognition「認不出來」，符合解釋。hearing「聽力，聽覺」；strength「力氣」；measure「測量；措施」。

(3) 解釋：詹姆士把小桌子上的雜誌拿走，騰出空間放電視機。room「空間」，make room for「騰出空間給……」為固定片語，符合解釋。area「地區；區域」；field「田地；領域；場地」；position「位置；立場」。

(4) 解釋：這家餐廳因為食物種類繁多，適合所有人的口味和經濟負擔而備受歡迎。range 意思是「範圍」，wide range of「各式各樣的」，符合解釋。circle「圓；迴圈」；area「地區；面積」；division「區分，分開」。

(5) 解釋：地震發生後，當地政府所做的第一件事情，就是為那些無家可歸的人們提供食宿。accommodation「住處，膳宿」，符合解釋。occupation「職業；佔有」；furniture「傢俱」；equipment「設備，裝備」。

▲「英語文法速成表」 初級英檢文法全部重點, 一覽無遺。

使用方法①

可以當作課前預習和課後復習的重點整理表。

在每次進入課程之前, 將速成表配合每課心智圖預習一下, 進入課程後會更得心應手；課後一有時間, 就翻開速成表隨時複習, 加深記憶！

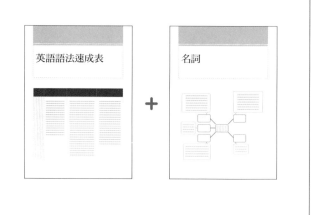

使用方法②

把13頁～20頁「英語語法速成表」剪下來, 並固定在一起。輕巧、好攜帶, 想背！就從包包拿出來背！

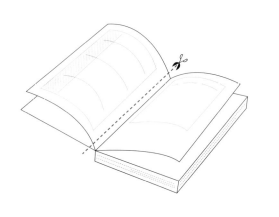

英語語法速成表

冠詞

類別	不定冠詞 (a, an)	定冠詞 (the)	零冠詞
用法	1. 表示泛指意義。 2. 表示數量「一」。 3. 表示類指意義。 4. 表示單位量詞的「每」。 5. 用在同源受詞前。 6. 用在表示具體意義的抽象名詞前。	1. 特指上文提到過的或談話雙方都知道的人或事物。 2. 表示類指意義。 3. 用在表示自然界中獨一無二的事物的名詞前。 4. 用在姓氏的複數前表示該姓氏的全家人或夫婦倆。 5. 用在最高級和序數詞前。 6. 用在某些形容詞前表示同一類人或抽象概念。 7. 用在表示演奏的西洋樂器的名詞前。 8. 用在「the +比較級⋯, the +比較級⋯」結構中。 9. 用在方位名詞前。	1. 泛指的物質名詞、抽象名詞前。 2. 泛指的名詞複數前。 3. 表示季節、月份、日期的名詞前。 4. 表示交通方式的 by 後接的名詞前。 5. 表示三餐、球類運動的名詞前。 6. 表示學科、語言的名詞前。 7. 表示獨一無二的職位、頭銜且作主詞補語、受詞補語、同位語的名詞前。 8. 名詞前有某些限定詞時。 9. 名詞單數相對應使用時。

名詞

名詞的所有格	-'s 所有格	一般在詞尾加 -'s；以 -s 或 -es 結尾的名詞加 -'；複合名詞在最後面加 -'s；兩者共同擁有某物，在最後一個名詞後面加 -'s；分別擁有則在每個名詞後面加 -'s。
	of 所有格	of + 無生命的名詞（有時也用有生命的名詞）
	雙重所有格	1. 名詞 + of + -'s 所有格／名詞性物主代詞 2. 表示「某人多個…中的一個或幾個」
名詞的修飾語	只修飾可數名詞	(a) few, many, several, a (large) number of, a good/great many
	只修飾不可數名詞	(a) little, much, a good/great deal of, a large amount of, a bit of
	二者皆可修飾	some, any, lots of, a lot of, plenty of, a quantity of, masses of

形容詞、副詞的比較等級

等級	原　級	比較級	最高級
常用句型	1. as + 形容詞／副詞原級 + as 2. not so/as + 形容詞／副詞原級 + as	1. 形容詞／副詞比較級 + than... 2. 形容詞／副詞比較級 + and + 形容詞／副詞比較級 3. the + 形容詞／副詞比較級…，the + 形容詞／副詞比較級… 4. the + 形容詞比較級 + of the two...	1. the + 形容詞／副詞最高級 + 比較範圍 2. one of/among the + 形容詞最高級 + 名詞複數
常用修飾語	quite, too, very, rather, pretty, fairly, a little, just, almost, nearly, 倍數, 分數等	much, even, still, yet, (by)far, a lot, a great deal, a little, a bit, rather, 倍數, 分數等	(by)far, much, nearly, almost, 序數詞等

14

動詞的時態和語態

形式 時間	一　般		進　行		完　成	
現在	主動語態	1. be(am/is/are) 2. 實義動詞原形或實義動詞第三人稱單數形式	主動語態	am/is/are +現在分詞	主動語態	have/has +過去分詞
	被動語態	am/is/are +過去分詞	被動語態	am/is/are + being + 過去分詞	被動語態	have/has been +過去分詞
過去	主動語態	1.was/were 2. 實義動詞過去式	主動語態	was/were +現在分詞	主動語態	had +過去分詞
	被動語態	was/were +過去分詞	被動語態	was/were + being + 過去分詞	被動語態	had been +過去分詞
未來	主動語態	shall/will/be going to/be to/be about to +動詞原形	主動語態	shall/will + be +現在分詞	主動語態	shall/will + have + 過去分詞
	被動語態	shall/will/be going to/be to/be about to + be +過去分詞	被動語態	shall/will + be + being +過去分詞	被動語態	shall/will + have been +過去分詞
過去未來	主動語態	should/would +動詞原形	主動語態	should/would + be + 現在分詞	主動語態	should/would + have +過去分詞
	被動語態	should/would + be + 過去分詞	被動語態	should/would + be + being +過去分詞	被動語態	shall/would + have been +過去分詞

主述一致

原則	語法一致原則	就近一致原則	意義一致原則
用 **法**	1. and, both...and 連接的並列成分作主詞，述語一般用複數；and 連接的兩個單數主詞指同一人或物，述語用單數。 2. each 或由 some-, any-, no-, every- 構成的複合不定代名詞作主詞，述語用單數。 3. more than one..., many a... 作主詞，述語用單數。 4. 主詞後有 with, together with, except, but, as well as 等引起的片語時，述語的數與片語前的名詞一致。 5. glasses(眼鏡), trousers, shoes 等作主詞時，動詞用複數；如果它們前面用了 a pair of/...pairs of，述語的數取決於 pair 的單複數。	1. or, either...or..., neither...nor..., not only...but also... 等連接的並列成分作主詞時。 2. There be 句式。	1. 表示時間、度量、距離等的複數形式的名詞短語作主詞，述語一般用單數。 2. 複數形式單數意義的詞作主詞，述語用單數，如 maths。 3. 集合名詞作主詞，視為整體述語用單數，側重各個成員述語用複數。 4. some, any, all, the rest 分數或百分數等作主詞時，述語要與它們所指代的名詞的數一致。

虛擬語氣

條件副詞子句中的虛擬語氣	1. 與現在事實相反，子句述詞用過去式 (be 動詞常用 were)，主句述詞用「would/ should/could/might ＋動詞原形」。 2. 與過去事實相反，子句述詞用 had done，主句述詞用「should/ would/could/might ＋ have done」。 3. 與未來事實相反，子句述詞用過去式、「should ＋動詞原形」或「were to ＋動詞原形」，主句述詞用「should/would/could/might ＋動詞原形」。 4. 錯綜時間條件句中，主句、子句述詞的形式分別根據個別的實際時間而定。 5. 含蓄條件句中，透過介系詞 (片語)、副詞等來表示虛擬的條件。
其他副詞子句中的虛擬語氣	1. as if 開頭的副詞子句中，用一般過去式表示與現在事實相反，用過去完成式表示與過去事實相反。 2. 在 so that，in order that 開頭的副詞子句中，述詞多用「should/ could/might ＋動詞原形」。 3. 在 1est 開頭的副詞子句中，述詞用「(should ＋) 動詞原形」。
受詞子句中的虛擬語氣	1. 在表示建議、命令、堅持 (suggest, order, demand, propose, request, command, insist) 等動詞後面的受詞子句用虛擬語氣，述詞動詞用「(should ＋) 動詞原形」。 2. wish、would rather 後面的受詞子句中，用過去式表示與現在或未來事實相反，用過去完成式表示與過去事實相反。
主詞子句中的虛擬語氣	It is necessary/important/strange/natural..., It is requested/suggested/ desired/proposed..., It is a pity... 等結構後面的主詞子句要用虛擬語氣，述詞動詞用「should ＋動詞原形」。
主詞補語子句中的虛擬語氣	1. 表示命令、建議、要求（suggestion, proposal, idea, plan, order, advice）等名詞後面的主詞補語子句中要用虛擬語氣，述詞動詞用「(should ＋) 動詞原形」。 2. 在 as if 後面的主詞補語子句中，可以用虛擬語氣，用一般過去式表示與現在事實相反，用過去完成式表示與過去事實相反。
同位語子句中的虛擬語氣	在 suggestion, proposa1, idea, plan, order, advice 等表示建議、命令、要求名詞後面的同位語子句，要用虛擬語氣，述詞動詞用「(should ＋) 動詞原形」。
其他形式的虛擬語氣	1. 在 It's (high) time 之後的子句中要用虛擬語氣，句子用一般過去式或「should＋ 動詞原形」。 2. 在 if only 開頭的感嘆句中要用虛擬語氣，句子用一般過去式或過去完成式。

句子類型

敘述句	肯定形式	1. 主詞+述語… 2. 主詞+連繫動詞+主詞補語…
	否定形式	1. 直接在 be 動詞、助動詞或情態動詞後加 not。 2. 在實義動詞前加助動詞再加 not。 3. no, never, seldom, hardly, nobody 等否定詞也可構成否定式。
疑問句	一般疑問句	1. Be +主詞+主詞補語…? 2. 助動詞 / 情態動詞+主詞+述語動詞…？
	特殊疑問句	由特殊疑問句 who, whom, whose, what, when, where, why, how 等引導。
	選擇疑問句	1. 一般疑問句+ or +供選擇部分+其他？ 2. 特殊疑問句+ or +供選擇部分+其他？
	反意疑問句	敘述句, be 動詞 / 助動詞 / 情態動詞+代詞？
祈使句	基本結構	動詞原形（be 或實義動詞）+其他部分。
	否定形式	在句首加 don't, 有時也可在句首加 never 構成。
	強調形式	將祈使句的主詞表示出來, 用來強調或者在句首加 do。
感歎句	由 what 引導	What(+ a/an) +形容詞+名詞（+主詞+述語）！
	由 how 引導	1. How（+形容詞 / 副詞）+主詞+述語！ 2. How +形容詞+ a/an +名詞+主詞+述語！
	其他類型	敘述句、疑問句、祈使句表達感情時, 句末用感歎號, 表示感歎。

倒裝結構

完全倒裝	1. 表示方向、地點和時間的詞 (in, out, down, up, off, back, away, over there, there, now, then, here, first) 等位於句首時，如果主詞是名詞而不是代名詞，要用完全倒裝。 2.「主系表」結構的特殊疑問句，要用完全倒裝。 3. 用於以 here, there, now 開頭的句子中。
部分倒裝	1. 由 only 修飾的副詞位於句首時，句子用部分倒裝。 2. 在否定或半否定的詞，如 not, little, hardly, never, nowhere, seldom, few 等放在句首時，用部分倒裝。 3. not until 位於句首時，句子用部分倒裝。 4. 含有 no sooner...than, hardly...when, not only...but also 等連接詞的句子，或是以 no sooner, hardly, not only 開頭時，包含這些詞的句子要部分倒裝。 5. neither...nor... 連接並列的句子，前後兩句都用部分倒裝。 6. 虛擬條件句中如果有 were/had/should，如果要省略連接詞 if，were/had/should 要提到主詞之前，構成部分倒裝。 7. 在 so... that... 句型中，如果「so ＋形容詞／副詞」位於句首，主句用部分倒裝。 8. may 表示祝福時，句子用部分倒裝。

限定詞子句

	關係詞	先行詞	在子句中的組成	
關係代名詞	who	指人	主詞、受詞	1. 作受詞的關係代名詞 whom 也可以用 who 代替，但是 who 不用在介系詞後面，在非限制性限定詞子句中，不可以用 who 代替 whom。 2. 關係代名詞在子句中作為受詞時，經常可以省略，但是介系詞提到前面時，後面的關係代名詞不能省略，也不可以用 that 和 who。 3. whose 用來指物時，可以用「限定詞＋名詞＋ of which」或「of which ＋限定詞＋名詞」來代替。 4. 當先行詞不是一個單字而是整個句子時，關係代名詞用 which 或 as。
	whom	指人	受詞	
	whose	指人或物	限定詞	
	that	指人或物	主詞、受詞	
	which	指物	主詞、受詞	
	as	指人或物	主詞、受詞	
關係副詞	when	時間	時間副詞	這些關係副詞都可以用「介系詞+ which」代替。
	where	地點	地點副詞	
	why	原因	原因副詞	

副詞子句

	開頭詞	位　置
時間 副詞子句	when, while, as, after, before, since, ever since, till, until, as soon as, once, whenever, every time, the moment, by the time, hardly...when, directly、instantly, immediately	放在句首、句中或句尾。
地點 副詞子句	where, wherever	放在句首、句中或句尾。
原因 副詞子句	because, as, since, now that, in that, seeing that	放在句首或句尾
目的 副詞子句	in order that, so that, for fear (that),in case	放在句首、句中、句尾
結果 副詞子句	that, so, so that, so...that..., such...that...	一般放在句尾
條件 副詞子句	if, unless, as/so long as, in case, on condition that,supposing(that), providing(that), provided(that), given (that)	放在句首或句尾，有時還可以放在主詞和述詞之間。
讓步 副詞子句	though, although, even though, even if, whether...or not..., whether or not, whatever, whichever, whoever, whomever, whosever, whenever, wherever, however, no matter who/what..., while	放在句首和句尾，有時也放在句中。
比較 副詞子句	as, than	一般放在句尾。
方式 副詞子句	as, as if, as though	一般放在句尾，有時放在句中。

名詞

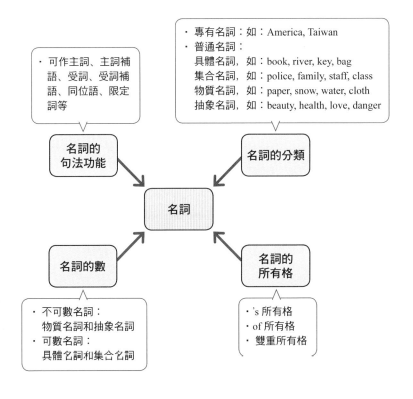

- 可作主詞、主詞補語、受詞、受詞補語、同位語、限定詞等

名詞的句法功能

- 專有名詞：如：America, Taiwan
- 普通名詞：
  具體名詞，如：book, river, key, bag
  集合名詞，如：police, family, staff, class
  物質名詞，如：paper, snow, water, cloth
  抽象名詞，如：beauty, health, love, danger

名詞的分類

名詞

名詞的數

- 不可數名詞：
  物質名詞和抽象名詞
- 可數名詞：
  具體名詞和集合名詞

名詞的所有格

- 's 所有格
- of 所有格
- 雙重所有格

按照詞彙的意義，名詞可以分為「普通名詞」和「專有名詞」。其分類如下表：

類　　別			定　義	舉　例
普通名詞	可數名詞	具體名詞	用來指單一個可數的人、事或物品的名詞。	boy（男孩） pen（鋼筆）
		集合名詞	用來指一群人或一些事物統稱的名詞。	people（人） family（家人） audience（聽眾） team（團隊）
	不可數名詞	物質名詞	用來指無法分為個體的物質、材料的名詞。	air（空氣） sand（沙子） wind（風）
		抽象名詞	用來指人或事物的品質、情感、狀態、動作等抽象概念的名詞。	peace（和平） anger（憤怒） confidence（信心） celebration（慶祝）
專有名詞			用來指特定的某一個人、物、地點、機構或組織等的名詞，第一個字母通常要大寫。	Tamsui River（淡水河） Mary（瑪麗） the WHO（世界衛生組織）

1 可數名詞

A

可數名詞複數的規則變化
◀◀

一般在字尾加-s，s在清子音後讀 [s] 的音，在母音和濁子音後讀 [z] 的音，如果接在 [s]、[z]、[ts]、[dʒ] 音後面則讀 [ɪz] 的音。

☐ lamp—lamps [læmps]（電燈）
☐ coat—coats [kots]（上衣）
☐ bag—bags [bægz]（包包）

☐ dream—dreams [drimz]（夢）
☐ horse—horses [hɔrsz]（馬）
☐ nose—noses [nozɪz]（鼻子）

a boy　a girl　a dog

boys　　　girls　　dogs

❶ 以 [s]、[z]、[ʃ]、[tʃ]、[dʒ] 等音結尾的名詞加 -es，es 讀作 [ɪz]。

☐ bus—buses [bʌzɪz]（公車）
☐ class—classes [klæsɪz]（班級）
☐ box—boxes [bɑksɪz]（盒子）
☐ watch—watches [wɑtʃɪz]（手錶）

❷ 以字母 -f 和 -fe 結尾的名詞，要把 f 或 fe 改成 v 再加 -es，ves 讀作 [vz]。

☐ leaf—leaves（樹葉）
☐ half—halves（一半）
☐ self—selves（自己）
☐ wife—wives（妻子）
☐ knife—knives（刀子）

☐ shelf—shelves（書架）
☐ wolf—wolves（狼）
☐ thief—thieves（小偷）
☐ life—lives（生命）

巧學
妙記

以 -f(e) 結尾的名詞複數
樹葉 一半 自己 黃，
妻子 拿 刀 去割糧，
書架 竄出一匹 狼，
就像 小偷 逃 命 忙。

❸ 以「子音字母＋y」結尾的名詞，先將 y 變為 i 再加 -es，ies 讀作 [ɪz]。而以「母音字母＋y」結尾的名詞直接加 -s。

- factory—factories（工廠）
- city—cities（城市）
- university—universities（大學）
- country—countries（國家）
- toy—toys（玩具）
- boy—boys（男孩）

❹ 以 -o 結尾的名詞一般加 -es，es 讀作 [z]。但以「母音字母＋o」結尾的可數名詞，和以 -o 結尾的外來名詞，則直接加 -s，s 讀作 [z]。

- hero—heroes（英雄）
- potato—potatoes（馬鈴薯）
- tomato—tomatoes（番茄）
- volcano—volcanoes（火山）
- radio—radios（收音機）
- zoo—zoos（動物園）
- bamboo—bamboos（竹子）
- piano—pianos（鋼琴）

> **注意一下** 下列名詞有兩種複數形式：
> - zero—zeros/zeroes 零
> - mosquito—mosquitos/mosquitoes 蚊子
> - tobacco—tobaccos/tobaccoes 煙草

❺ 以 -th 結尾的名詞，一般加 -s，th 原來讀 [θ]，加複數詞尾 -s 後多數情況下讀 [ð]，但是也有 th 讀 [θ] 音不變的。

- mouth [maʊθ] —mouths [maʊðz]（嘴巴）
- path [pæθ] —paths [pæðz]（小徑）
- month [mʌnθ] —months [mʌnθs]（月份）
- youth [juθ] —youths [juθs] 或 [juðz]（年輕）

24

B

可數名詞複數的不
規則變化

◀◀◀

❶ 常見名詞的不規則變化

☐ man—men （男子）

☐ woman—women （婦女）

☐ foot—feet （腳）

☐ tooth—teeth （牙齒）

☐ mouse—mice （老鼠）

☐ goose—geese （鵝）

☐ ox—oxen （公牛）

☐ child—children （小孩）

注意
一下

一些與 man, woman 組成
的複合名詞，它們的複數
與 man, woman 的變化形
式相同，如 policeman—
policemen。

❷ 外來詞的不規則變化

☐ analysis—analyses （分析）

☐ basis—bases （基礎）

☐ crisis—crises （危機）

☐ thesis—theses （論文）

☐ medium—media （媒介）

☐ phenomenon—phenomena （現象）

❸ 單複數相同的名詞

• sheep （綿羊）

• deer （鹿）

• means （方法）

• statistics （統計）

• series （系列）

• works （工廠）

one deer

two deer

❹ 表示「某個國家的人」，變成複數名詞時會因習慣不同而有所
不同。

☐ a Chinese—two Chinese （兩個中國人）

☐ a Japanese—a great many Japanese （很多日本人）

☐ a German—two Germans （兩個德國人）

☐ an American—twenty Americans （二十個美國人）

注意
一下

French, English, Irish 等
是集合名詞，不可以說
a French, two French 等，
只能說 a Frenchman,
two Frenchmen,
an Englishman,
many Englishmen 等。

❺ 複合名詞一般會將主體名詞變為複數；如果沒有主體名詞，則會把最後一個詞變為複數。

- ☐ looker-on—lookers-on（旁觀者）
- ☐ editor-in-chief—editors-in-chief（主編）
- ☐ passer-by—passers-by（路人）
- ☐ forget-me-not—forget-me-nots（勿忘我〈一種草的名字〉）

❻ 由 man, woman 組成的複合名詞變複數時，應將前後兩個詞都變成複數形式。

- ☐ woman teacher—women teachers（女老師）
- ☐ man doctor—men doctors（男醫生）

❼ 數字、縮詞的複數形式一般在其後加 -s 或 -'s；英語字母的複數形式一般在其後加 -'s。

- ☐ many MPs/many MP's（members of Parliament）（很多國會議員）
- ☐ in the 1940s/in the 1940's（在 1940 年代）
- ☐ three 6s/three 6's（三個 6）

- There are three a's in the word "banana".
  （「banana」這個字裡面有三個 a。）

巧學妙記！

名詞單數變複數口訣

名詞單數變複數，
直接加 -s 的占多數。
字尾若是 s, x, sh, ch, 直接加上 -es。
字尾若是 f 或 fe, 加 -s 之前要變 ve。
子音字母＋ y, 要把 y 變 i。
詞尾字母若是 o,
加 -es 的有 tomato 和 potato。
還有一些不規則, oo 常要變 ee, 像是 foot 變 feet；
男人、女人 a 變 e, 就像 woman 變 women。
還有一個要記住, child 的複數是 children。
鹿和綿羊是一家, 單數複數無變化。

C

特殊的複數形式

◀◀◀

❶ 集合名詞在前面加上 the 表示「全體」，有些集合名詞改變表達方式後可以有複數。

- ☐ the police （警察〈指全體警員〉）
- ☐ the English （英國人〈指全體英國人〉）
- ☐ a policeman （一位男警員）

- ☐ two policewomen （兩位女警員）
- ☐ two English girls （兩位英國女孩）
- ☐ two French boys （兩位法國男孩）

❷ 有些名詞如果有不同用意時，其相對應的複數形式也不同。

ⓐ penny 強調「價格」時，複數為 pence；強調「個數」時，複數為 pennies。

- two pence （兩便士）
- three pennies （三個便士）

ⓑ people 指「人們」時是集合名詞，只有一種形式，表示複數意義；指「民族」時，其複數形式為 peoples。

- people 人—two people （兩個人）
- a people （一個民族）
  —two peoples （兩個民族）

ⓒ fish 表示「條數」時，複數形式為 fish；表示「種類」時，複數形式為 fishes。

- He caught a lot of **fish** the other day.
  （前幾天他抓到了很多條魚。）
- There are many kinds of **fishes** in the fish market.
  （魚市裡有很多種魚。）

❸ 有些詞只有複數形式

- ☐ trousers （褲子）
- ☐ clothes （衣服）

- ☐ shorts （短褲）
- ☐ goods （商品）

- ☐ glasses （眼鏡）
- ☐ riches （財富）

2 不可數名詞

一般情況下物質名詞、抽象名詞、專有名詞為不可數名詞。不可數名詞沒有單數、複數的變化，但有些名詞在不同的情境下會有不同的意思，因而有可數與不可數的不同。

A

可轉換為可數名詞的物質名詞

❶ 有些物質名詞在表達不同意思時，可轉換為可數名詞

- snow（雪）—a snow（一場雪）
- tea（茶）—a tea（一杯茶）
- beer（啤酒）—a beer（一瓶啤酒）
- glass（玻璃）—a glass（一個玻璃杯）
- coffee（咖啡）—a coffee（一杯咖啡）
- light（光線）—a light（一盞燈）

❷ 有些物質名詞的複數形式有它的特殊意義

☐ rains （好幾場雨）　　　☐ waters （大片水域）

☐ snows （雪堆，好幾場雪）　☐ sands （沙灘）

☐ fruits （各種水果）　　　☐ woods （樹林）

B

> 可轉換為可數名詞
> 的抽象名詞
> ◀◀◀

當抽象名詞用來表示具體意義時，即視為可數名詞，可由a/an修飾，也可以有複數形式，表示「具體的某人或事」。

☐ pleasure （令人高興的人或事）　☐ worry （令人感到煩惱的人或事）

☐ success （成功的人或事）　　　☐ beauty （美麗的人或事物）

☐ failure （失敗的人或事）　　　☐ danger （令人感到危險的人或事）

☐ surprise （令人驚訝的人或事）　☐ trouble （造成不便的人或事）

C

> 可以作為可數名詞
> 的專有名詞
> ◀◀

專有名詞一般視為不可數名詞，不過有時候也可以作為可數名詞，由a/an修飾或用複數形式。

- How I wish to be **a Thomas Edison**!
  （我多麼希望能成為像湯瑪仕 · 愛迪生一樣的人物啊！）
- **A Dick** is asking to see you.
  （一位叫狄克的人想見你。）
- The **Greens** are expecting us this evening.
  （格林一家人今晚正在等著我們。）
- There are two **Henrys** in our class.
  （我們班上有兩個叫亨利的人。）

3 名詞所有格

名詞所有格共有三種型式：'s 所有格、of 所有格和雙重所有格，不過這三種所有格的用法有些不同。

A

> **'s 所有格**

'**s**所有格是最常見的型式，一般情況下幾乎所有的所有格都可以用這種型式表達。

❶ 's 所有格的組成

ⓐ 一般情況下在名詞後加 's。
- my **father's** wish　（我父親的心願）
- a **women's** hospital　（一家婦科醫院）

ⓑ 字尾是 s 的複數名詞，直接在後面加 '。
- the **girls'** handbags　（女孩子們的手提包）
- my **parents'** wishes　（我父母的心願）

ⓒ 字尾是 s 的專有名詞，後面加 ' 或 's 都可以。
- **Engles'/Engles's** works　（恩格斯的著作）
- **Paris'/Paris's** fashion expo　（巴黎時裝秀）

ⓓ 複合名詞在最後面加 's。
- a grown-**up's** problem　（一個成長的問題）
- my brother-in-**law's** new flat　（我姐夫的新公寓）

ⓔ 名詞後面如果有同位語，所有格形式在同位語上變化。
- This is my sister, **Mary's** bicycle.
  （這是我姐姐瑪麗的自行車。）
- You must be surprised when you know your son, **Philip's** school report.
  （當你知道你兒子菲利浦的學校成績時，你一定會感到驚訝。）

ⓕ 由 and 連接的兩個或多個名詞，當他們共同擁有某一件事物時，只要把最後一個名詞變為所有格形式；如果是各自所有各自的事物時，那麼每一個名詞都要變為所有格。
- **John and Mary's** school
  （約翰和瑪麗的學校〈約翰和瑪麗讀同一所學校〉）
- **Henry's, John's and Robert's** cars
  （亨利、約翰和羅伯特各自的汽車〈三個人各有一輛車〉）

❷ 's 所有格的用法

ⓐ 主要用在「表示有生命的人或物」的名詞後面。

- The White House is the **president's** home in Washington, D. C.
  （白宮是美國總統在華盛頓特區的家。）
- Many **students'** eyesight is getting poorer and poorer.
  （許多學生的視力變得越來越差了。）

ⓑ 表示時間、距離、價值、重量、國家、城市、機構等名詞，也常用 's 所有格。

- **today's** newspapers　（今天的報紙）
- **a mile's** distance　（一英哩的距離）
- **Taiwan's** economy　（台灣經濟）
- the **Middle East's** problems　（中東問題）
- the **city's** environment　（城市環境）

ⓒ 用於組成不同的節日。

- ☐ **Children's** Day　（兒童節）
- ☐ **New Year's** Day　（新年）
- ☐ **Mother's** Day　（母親節）
- ☐ **Teachers'** Day　（教師節）

ⓓ 表示店家、醫院、學校、住宅及公共建築時，名詞所有格後面的名詞可以省略。

- ☐ at the **doctor's** (office)（在醫生辦公室）
- ☐ at the **butcher's** (shop)　（在肉鋪）
- ☐ at **Tom's** (home)　（在湯姆家）
- ☐ at the **Greens'**(home)　（在格林家）
- ☐ at the **tailor's** (shop)　（在裁縫店）
- ☐ at the **barber's** (shop)　（在理髮店）

ⓔ 有時為了避免重複，可以單獨使用 's 所有格，在句子裡相當於名詞。

- This teddy bear is my little **sister's (doll)**.（這是我妹妹的泰迪熊。）
- My spoken English is just as good as **Susan's (spoken English)**.
  （我的英語說的和蘇珊一樣好。）

Extension【延伸學習】

's 所有格除表示所屬關係外，還可表示類別、度量、動作的執行者或接受者。

- a women's college（女子學院）
- a five days' journey（一趟為期五天的旅行）
- teacher's praise（老師的表揚）
- the girl's rescue（女孩的救援）

B

「of＋名詞」組成了of所有格，主要有如下幾種用法：

❶ 一般表示無生命名詞的所有關係。

- From the top **of the hill**, you can get a bird's eye view **of the city**.
  （從山頂上你可以鳥瞰整座城市。）
- The environment **of the city** is getting better and better.
  （這個城市的環境變得越來越好。）

❷ 人和其他有生命的名詞，有時也可用 of 所有格。

- We've taken necessary measures to increase the number **of black bears**.
  （我們已採取了必要的措施，來增加黑熊的數量。）
- When in trouble, I usually ask for the advice **of my teachers**.
  （遇到麻煩時，我通常會去詢問老師的建議。）

❸ 名詞化的形容詞，常用 of 所有格。

- the life **of the poor**（窮人的生活）
- the living conditions **of the old**（老年人的生活條件）

❹ 名詞後面有修飾語或同位語時，用 of 所有格。

- I followed the advice **of the old man** who had experienced a lot.
  （我採納了這位經驗豐富的老人的建議。）
- This is the opinion **of my father**, who seems never to agree with me.
  （這是我父親的意見，他似乎從來就不認同我。）

❺ 與人密切相關的活動，既可用 of 所有格，也可用 's 所有格。

- **Taiwan's** economy = the economy **of Taiwan**
  （台灣的經濟）
- **today's** weather = the weather **of today**
  （今天的天氣）

❻ 表示某人「所發生的事情或遭遇」時，常用 of 所有格，但是也可以用 's 所有格。

- After the death **of his father**, his mother supported the whole family.
- After his **father's** death, his mother supported the whole family.
  （他父親死後，母親撐起了整個家。）

巧學妙記

名詞所有格用法口訣

英語名詞所有格，表示某物是「誰的」。
所有格組成有方法，多數要加 's。
複數字尾有 s 時，只加撇號「'」就可以。
名詞若為無生命，我們常用 of。
時間、地點和距離，所有格也可用 's。

C

雙重所有格

「of＋名詞's的所有格」，便形成了雙重所有格，它的主要用法有兩種：

❶ 表示特定人的不特定所有關係

☐ a latest work **of my father's (works)**
（我父親最新的一部作品）
☐ another friend **of George's** （喬治的另一個朋友）
☐ some friends **of George's** （喬治的一些朋友）
☐ a friend **of hers/his/theirs/ours**
（她/他/他們/我們的一個朋友）

注意一下
雙重所有格中帶有 's 所有格的名詞，必須是一個明確限定、指人的名詞，同時，of 前面所修飾的名詞必須是非限定名詞，不能在它的前面加 the, this, that, these 等限定詞。

特別強調

● a friend of my father 與 a friend of my father's 表示的意義不同，前者強調「朋友關係」，後者強調「許多朋友中的一個」。

▪ Sam is **a friend of my father**.
山姆是我父親的朋友。(強調朋友關係，不是其他關係。)
▪ Sam is **a friend of my father's**.
山姆是我父親的一個朋友。(強調許多朋友中的一個。)

❷ 表達特殊的情感

雙重所有格修飾的名詞前有指示代名詞時，往往帶有讚賞、厭惡、不滿等情緒色彩。

▪ That dog **of Tom's** is very fierce.
（湯姆的那條狗非常兇。）
▪ Those sweet eyes **of Mary's** struck all of us.
（瑪麗甜美的眼神讓我們所有人留下了深刻印象。）

4 名詞的句法功能

名詞在句中可以作為主詞、受詞、主詞補語、受詞補語、同位語、稱呼語、副詞、限定詞等。

A

作為主詞

- **Self-confidence** is the key to success.（自信是成功的關鍵。）
- **Technology** plays an important role in modern life.
  （科技在現代生活中扮演重要的角色。）

B

作為受詞

- It is everyone's duty to obey **the law**.（遵守法律是每個人的義務。）
- We were asked to close **the windows** before we left the lab.
  （我們被要求在離開實驗室之前要把所有窗戶關起來。）
- During **the manager's absence**, I'll take his place.
  （經理不在時，我代替他的位置。）
- We're going to talk about **the American way of life**.（我們將討論美式生活。）

C

作受詞補語

- This kind of flower is called **carnation**.（這種花叫做康乃馨。）
- We are trying to make our home **a comfortable place**.
  （我們努力把家打造成舒適的地方。）

D

作主詞補語

◀◀◀

注意
一下

「turn」的後面接名詞
作為主詞補語，名詞前
面不用加冠詞，但若名
詞有修飾語，則需加上
冠詞。

- I'm not **a wage-earner**, I'm a **self-employed man**.
  （我不是受薪階級，我是自營商。）
- Mary turned **nurse**, which she didn't wish to be.
  （瑪麗當了護理師，但那並不是她所希望的。）

E

作同位語

◀◀◀

- Mr. Black, **our new history teacher**, is strict but kind.
  （布萊克先生，我們新來的歷史老師，對我們既嚴格又親切。）
- We **students** need to develop our interests fully.
  （我們做學生的應該要充分發展個人興趣。）

F

作稱呼語

◀◀◀

- **My friends**, we each have a good dream of our own.
  （朋友們，我們每個人都有一個美好的夢想。）
- I'm coming, **Mum**.（媽媽，我來了。）

G

作副詞

◀◀◀

注意
一下

名詞作為副詞，通常用
來指時間或距離。

- I have been waiting here **hours**.（我在這裡等了好幾個小時。）
- I used to walk **miles** to go to school.（我過去經常走好幾英哩的路去上學。）

H

作限定詞

◀◀◀

- In the south of Taiwan, there grow many **banana** trees.
  （在台灣南部種了很多香蕉樹。）
- Sorry, I am a **chemistry** teacher, not an **English** teacher.
  （抱歉！我是化學老師，不是英文老師。）

考題演練

■（一）大學入試考古題：Choose the correct answer.（選擇正確的答案）

(1) Those who suffer from headache will find they get _____ from this medicine.

A. relief   B. safety   C. defense   D. shelter

(2) I haven't seen Sara since she was a little girl and she has changed beyond _____.

A. hearing   B. strength   C. recognition   D. measure

(3) James took the magazines off the little table to make _____ for the television.

A. room   B. area   C. field   D. position

(4) This restaurant has become popular for its wide _____ of foods that suit all tastes and pockets.

A. circle   B. range   C. area   D. division

(5) After the earthquake, the first thing the local government did was to provide _____ for the homeless families.

A. occupation   B. furniture   C. equipment   D. accommodation

(6) Last year the number of students who graduated with a driving licence reached 200,000, a(n) _____ of 40,000 per year.

A. average   B. number   C. amount   D. quantity

(7) The doctor is skilled at treating heart trouble and never accepts any gift from his patients, so he has a very good _____.

A. expectation   B. reputation   C. contribution   D. civilization

(8) The school advisers help you talk through your problems but they don't give you any direct _____.

A. solution   B. target   C. measure   D. function

(9) It took us quite a long time to get to the amusement park. It was _____ journey.

A. three hour   B. a three-hours   C. a three-hour   D. three hours

(10) The top leaders of the two countries are holding talks in a friendly _____.

    A. atmosphere   B. state   C. situation   D. phenomenon

■（二）模擬試題：Choose the correct answer.（選擇正確的答案）

(1) Any help from you will be greatly appreciated. Please give me a reply at your earliest _____.

    A. interruption   B. instruction   C. consideration   D. convenience

(2) To write a novel is not as easy as you imagine. It will take a lot of time and _____.

    A. power   B. force   C. energy   D. strength

(3) The plan was in _____ just because people were unwilling to cooperate.

    A. ruins   B. pieces   C. danger   D. trouble

(4) We'll have PE this afternoon but I forgot to bring my _____.

    A. sports clothes   B. sport clothes

    C. clothes of sports   D. sport's clothes

(5) _____ uncle is going to pick them up at the airport this afternoon.

    A. Jack's and Joan's   B. Jack's and Joan

    C. Jack and Joan's   D. Jack and Joan

(6) They are _____ of different presses. Now they are having a meeting in one of _____ office.

    A. editor-in-chief; editors-in-chief's

    B. editors-in-chief; editor-in-chief's

    C. editor-in-chief's; editor's-in-chief's

    D. editors-in-chief; editors-in-chief's

(7) One of the advantages of living on the top floor of a high-rise is that you can get a good _____.

    A. scenery   B. scene   C. view   D. look

(8) The most important _____ of his speech was that we should all work whole-heartedly for the people.

    A. element   B. spot   C. sense   D. point

(9) My mother's _____ is getting white, but my father has only a few white _____.

    A. hairs; hair   B. hair; hair   C. hair; hairs   D. hairs; hairs

⑽　John wrote Julia a letter to show his ＿＿＿＿＿ of her consideration.

　　A. attitude 　　　　**B.** appreciation 　　**C.** agreement 　　　**D.** attention

答案 · 解說 ①

▶ ⑴ **A** ⑵ **C** ⑶ **A** ⑷ **B** ⑸ **D** ⑹ **A** ⑺ **B** ⑻ **A** ⑼ **C** ⑽ **A**

⑴　解釋：那些頭痛的人會發現吃這種藥可以減輕痛苦。relief「（焦慮、痛苦等的）減輕；解脫」，符合解釋。safety「安全」；defense「防禦，保衛」；shelter「遮蔽，庇護」。

⑵　解釋：自從莎拉還是小女孩的時候我就再也沒見過她了，她已經變得我都認不出來了。beyond recognition

「認不出來」，符合解釋。hearing「聽力，聽覺」；strength「力氣」；measure「測量；措施」。

⑶　解釋：詹姆士把小桌子上的雜誌拿走，騰出空間放電視機。room「空間」，make room for「騰出空間給……」為固定片語，符合解釋。area「地區；區域」；field「田地；領域；場地」；position「位置；立場」。

⑷　解釋：這家餐廳因為食物種類繁多，適合所有人的口味和經濟負擔而備受歡迎。range 意思是「範圍」，wide range of「各式各樣的」，符合解釋。circle「圓；迴圈」；area「地區；面積」；division「區分，分開」。

⑸　解釋：地震發生後，當地政府所做的第一件事情，就是為那些無家可歸的人們提供食宿。accommodation「住處，膳宿」，符合解釋。occupation「職業；佔有」；furniture「傢俱」；equipment「設備，裝備」。

⑹　解釋：去年擁有駕照的畢業生數量達到 20 萬，平均每年 4 萬人。an average of「平均是……」，符合解釋。a number of「大量的，許多的」；an amount of「一些的，一定數量的」；a quantity of「一些」。

⑺　解釋：這位醫生擅長治療心臟病，而且從來不接受病人的任何禮物，因此他享有很高的聲望。reputation「名聲，聲譽」，符合解釋。expectation「期待，期望」；contribution「貢獻，奉獻」；civilization「文明」。

⑻　解釋：學校的指導老師會幫你把問題說清楚，但是他們不會直接給你任何解決方法。solution「方法，辦法」，符合解釋。target「目標，標靶」；measure「測量，計量」；function「功能，作用」。

⑼　解釋：我們花了相當長的時間才到達遊樂園，那是三個小時的路程。在「數字＋名詞」構成的複合形容詞中，該名詞需用單數形式，數字與名詞之間並用連字號連接。

⑽　解釋：解釋：兩國最高領導人正在友好的氣氛中進行會談。atmosphere「氣氛」，符合解釋。state「狀態」；situation「形勢，局面」；phenomenon「現象」。

答案・解說② 2

■ (1) D (2) C (3) A (4) A (5) C (6) D (7) C (8) D (9) C (10) B

(1) 解釋：：對於你的任何幫助我們都表示極大的感謝，請你在方便的時候回覆我。at one's convenience「在某人方便的時候」，是固定片語。interruption「阻礙；打擾」；instruction「說明」；consideration「考慮；體諒」。

(2) 解釋：寫一篇小說不像你想像的那麼容易，需要耗費大量的時間和精力。energy 指人的精力或自然界的能量等，符合解釋。power「力量；威力；權力」；force「暴力；軍事力量；（物理）推動力」；strength「力氣，力量」。

(3) 解釋：：因為大家不願意合作，計畫泡湯了。in ruins「毀滅，毀壞」，這裡指計畫泡湯。in pieces「破碎」；in danger「處於危險中」；in trouble「處於困境」。

(4) 解釋：今天下午我們有體育課，但是我忘了帶運動服來。sports 作為限定詞修飾其他名詞時，仍用複數形式。

(5) 解釋：今天下午，傑克和瓊的叔叔將去機場接他們。由 is 可知，這裡指兩人共有的叔叔，其所有格形式只需在第二個名詞後加 -'s 即可。

(6) 解釋：他們是各出版社的總編輯，現在正在其中一個總編輯的辦公室開會。第一個空格，由 they 可知，空格中應該填入複數形式，複合名詞 editor-in-chief 的複數形式是 editors-in-chief；第二個空格，應該填入名詞的所有格形式，editors-in-chief 的所有格形式是直接在詞尾加 -'s。

(7) 解釋：住在高樓層的優勢之一，就是能夠看到美麗的風景。view「風景，景色」，通常指從某個特定或較高的位置所見到的景物。scenery 指抽象的自然風景；scene 指戲劇或電影的場景；look 指朝某一個物品看一眼。

(8) 解釋：他講話的要點，就是我們應該全心全意地為他人服務。point「要點，主旨」，符合解釋。element「要素」；spot「斑點，污漬」；sense「感覺；意識」。

(9) 解釋：我母親的頭髮開始變白了，但是我父親卻只有幾根白頭髮。第一個 hair 僅表示物質概念，是不可數名詞；第二個 hair 表示個體概念，是可數名詞，a white hair「一根白髮」，所以答案選 C。

(10) 解釋：約翰寫信給朱莉亞，對她的體貼表示感謝。appreciation「感激；欣賞」，符合解釋。attitude「態度」；agreement「同意」；attention「注意」。

02

代名詞

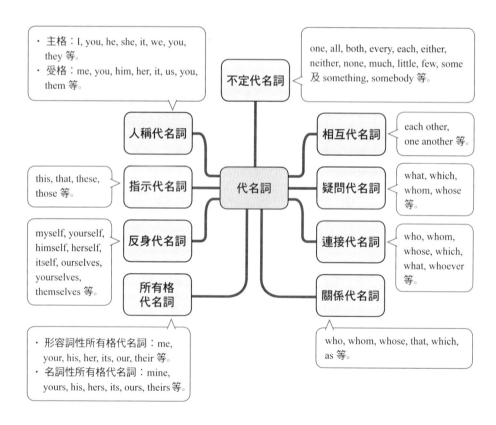

　　代名詞是用來代替名詞或名詞片語的形式詞。根據意義、特徵及在句子中的作用，英語中的代名詞主要分為人稱代名詞、所有格代名詞、反身代名詞、指示代名詞、不定代名詞、相互代名詞、疑問代名詞、關係代名詞和連接代名詞九種。

1 人稱代名詞

英語中表示「我（們）」、「你（們）」、「他（們）」、「她（們）」、「它（們）」的詞稱為人稱代名詞。人稱代名詞有人稱、性別、單複數及格位的變化。

A

人稱代名詞的種類

數	單　數		複　數	
格 人稱	主格	受格	主格	受格
第一人稱	I	me	we	us
第二人稱	you	you	you	you
第三人稱	he, she, it	him, her, it	they	them

B

人稱代名詞的句型 ◀◀◀

人稱代名詞的主格形式在句子中作為主詞或主詞補語使用；受格形式在句子中作受詞或同位語使用，有時也可以作為主詞補語使用。

❶ 作主詞

人稱代名詞作主詞時用主格。

- **We** always seem to want those things we don't have.
  （我們好像總是想得到一些自己沒有的東西。）
- **You** can not turn back the hand of the clock.
  （你沒辦法把時鐘往回調。）

❷ 作受詞

人稱代名詞作受詞時用受格。

- The girl's parents bought **her** a packet of candies and a pair of gloves.
  （女孩的父母買了一包糖果和一雙手套給她。）
- The doctor advised **me** to give up smoking without delay.
  （醫生勸告我要立刻戒煙。）

❸ 作主詞補語

人稱代名詞作主詞補語通常用主格，但是在口語中常用受格。

- If I were **you**, I would take the job.
  （如果我是你，我就接受這份工作了。）
- —Who gave out the news?
  （是誰把消息傳出去的？）
- —It's **I/me**.（是我。）

❹ 作同位語

人稱代名詞作同位語用主格還是受格，取決於被修飾的名詞在句子中的分量。

- To read more books is the best policy for **us** young students.
  （對我們年輕的學生來說，多讀書是上策。）
- The two members, Mary and **I**, were to set the date.
  （我和瑪麗兩位成員來決定時間。）

特別強調 **人稱代名詞單獨使用時，常用受格。**

- —I don't want to go to the theater tonight.
  （今天晚上我不想去看戲。）
- —Me neither!（我也不想去!）
- Me to say sorry to her? No!（要我向她道歉?不!）

42

C

人稱代名詞的用法

◀◀◀

❶ we，you，they 都可以用來泛指「人們」。

- **We** all get into trouble sometimes.
  （我們每個人有時候都會遇到麻煩。）

- **You** should do your best at all times.
  （無論什麼時候，每個人都應該要盡最大的努力。）

- **They** say that everyone can make mistakes. （人們說每個人都會犯錯。）

❷ he 指男性代名詞，she 指女性代名詞，有時 he，she 也可以用來指事物或動物代名詞。

ⓐ 指寵愛的動物或是通人性的動物，往往用 he, she；不帶有感情色彩時，則用 it。

- Go and find the dog and put **him** out. （把狗找出來，並且放他出去。）

- Would you please take care of my little parrot? **She** needs good care.
  （你能不能照顧一下我的小鸚鵡？她需要妥善的照顧。）

ⓑ she 可以用來代表國家、船隻、大地、月亮等。

- Taiwan will always do what **she** has promised to do.
  （台灣永遠會去做她承諾過的事情。）

- Titanic was the greatest ship of the time but **she** sank down to the bottom of the Atlantic Ocean.
  （鐵達尼號是當時最大的船，可惜她沉到大西洋底部了。）

ⓒ 詩歌、寓言或故事中，溫柔、善良的動物（如鹿、貓、熊貓、小鳥等）常用 she 代表；而兇猛、野性的動物（如老虎、獅子、狼、熊、狐狸等），則用 he 代表。

- Do you remember our cat? **She** had kittens last week.
  （你還記得我們的貓嗎？她上個星期生小貓了。）

- The fierce tiger came at the monkey but the monkey escaped **him** into the thick trees. （兇猛的老虎向猴子撲來，而猴子甩掉他逃到茂密的樹林裡去了。）

❸ it 的用法

ⓐ 指前面句子提到的某樣東西

- —Where's my pen? **It** was on my desk a minute ago.
  （我的筆呢？一分鐘前它還在我桌上。）

- —You left **it** by the phone. （你把它放到電話旁了。）

- Look at the bird. **It** always comes to my window.
  （看那隻小鳥，牠總是飛到我的窗口。）

43

ⓑ 指前面句子提到的事情

- You've helped me a lot. I shall never forget **it**.
  （你幫了我很多，我永遠也忘不了。）
- I tried my best to persuade him, but **it** didn't help.
  （我盡力說服他，可是沒有用。）

ⓒ 指不知性別的孩子或不明確的人

- The baby is crying.**It** might be hungry.
  （小嬰兒正在哭，有可能肚子餓了。）
- —Who is **it** knocking on the door?（誰在敲門？）
- —**It** might be the postman.（可能是郵差。）

ⓓ 指時間、距離、天氣、溫度、環境、情況等

- —What day is **it** today?（今天星期幾？）
- —**It**'s Sunday.（今天星期天。）
- **It**'s 112 miles from London to Birmingham.
  （從倫敦到伯明罕距離有 112 英里。）
- **It**'s very noisy in the room.（房間裡非常吵。）

D

| 人稱代名詞並列時
的順序
◀◀◀ | 在英語中如果有多個人稱代名詞同時出現，其排列順序主要有下列幾種情況： |

❶ 單數的場合：you + he/she + I

- **You and I** have done our best.（你和我都已經盡了最大的努力。）
- **She and I** are good friends.（我和她是好朋友。）
- **You, he and I** are of the same age.（你、我、他的年紀都一樣。）

❷ 複數的場合：we + you + they

- **We and you** are to spare no efforts over this work.
  （對於這項工作，我們和你們都將不遺餘力。）
- **We and they** are longing to see you.
  （我們和他們都很想見你。）
- **We, you and they** are all Chinese.
  （你們、我們和他們都是中國人。）

❸ 男女兩性並列場合：he + she

- **He and she** don't agree with me.
  （他和她都不同意我的看法。）

注意
一下

如果是承擔責任，則把
I／me 或 we／us 放在
第一位。

- I and he are to
  blame for the
  accident.（我和他
  都應該承擔這次意外
  的責任。）

- We, you and they
  have all made
  mistakes.（我們、
  你們和他們都犯了
  錯。）

44

2

巧學妙記

人稱代名詞的排列順序

人稱代名詞並列觀，注意順序禮貌見。

單數人稱二、三、一，複數人稱一、二、三。

麻煩事情「我」站前，其他人稱沒意見。

兩性並用為三單，男先女後是習慣。

2 所有格代名詞

所有格代名詞是表示所有關係的代名詞，是人稱代名詞的屬格形式，與人稱代名詞一樣，也分第一人稱、第二人稱和第三人稱，每個人稱又分為單數和複數形式。所有代名詞可以分為形容詞性所有格代名詞和名詞性所有格代名詞。

形容詞性所有代名詞只能作限定詞，後面跟名詞或動詞的-ing形式；而名詞性所有格代名詞相當於「形容詞性所有格代名詞＋名詞」，在句子中可以作為主詞、受詞或主詞補語。所有格代名詞的分類如下表所示：

類型 ＼ 詞義	我的	你的	他的	她的	它的	我們的	你們的	他／它們的
形容詞性所有格代名詞	my	your	his	her	its	our	your	their
名詞性所有格代名詞	mine	yours	his	hers	its	ours	yours	theirs

- Parents always expect too much of **their** children.
  （父母總是對孩子寄予太多期待。）
- It's not my computer. **Mine** is on the desk.
  （那不是我的電腦，我的在桌子上。）
- I won't believe anything unless I see it with **my** own eyes. （除非我親眼看見，否則我不會相信任何事情的。）
- She's an old friend of **mine**. （她是我的一位老朋友。）
- The computer and recorder in the room are **theirs**.
  （房間裡的電腦和錄音機是他們的。）

 巧學妙記 所有格代名詞用法口訣

所有格代名詞分兩類，
形容詞性、名詞性。
形容詞性作限定詞，
後面要接名詞用。
名詞性，獨立用，
主詞、受詞、主詞補語它都通。

3 反身代名詞

表示「我（們）自己」、「你（們）自己」、「他／她／它（們）自己」的代名詞，稱為反身代名詞。各種人稱的反身代名詞如下表所示：

數＼人稱	第一人稱	第二人稱	第三人稱
單數	myself	yourself	himself /herself /itself
複數	ourselves	yourselves	themselves

A

反身代名詞的句型

◀◀◀

反身代名詞可以作為動詞或介系詞的受詞，表示動作的承受者反歸於行為者自己的身上。因此，反身代名詞與它所代表的名詞或代名詞形成互相關係，在人稱、性別及單複數上保持一致。反身代名詞在句子中可以作為受詞、主詞補語、同位語，但是不可以單獨作為主詞。

- You first of all should respect **yourself** or no one would respect you.
  （你首先得尊重自己，否則沒有人會尊重你。）〔作為受詞〕
- Look at the girl in the middle. This is **myself**.
  （看一下中間的小女孩，這就是我。）〔作為主詞補語〕
- I want to see Bob **himself**. （我想見鮑伯本人。）〔作為同位語〕

B

反身代名詞的用法

❶ 反身代名詞用來加強語氣

反身代名詞作為名詞或代名詞的同位語，以加強語氣，表示「自己」、「親自」、「本身」等意思。通常跟在名詞或代名詞後面，也常常放在句尾。反身代名詞用在用來強調時，讀音應該加重。

- The boss **himself** answered the phone, not his secretary.
  （老闆親自接電話，而不是他的祕書。）
- Sunny never goes out at night **herself**.
  （桑妮晚上從來不自己一個人外出。）

反身代名詞的用法口訣

反身代名詞莫亂用，

能作句中受詞、主詞補語、同位語，

主詞、限定詞不能用，

固定搭配要記牢。

❷ 反身代名詞構成的固定片語

反身代名詞可以用在動詞、介系詞等後面構成固定片語。常用的有：

□ for oneself（親自）	□ enjoy oneself（自得其樂）
□ of oneself（自動地）	□ feel oneself（感覺正常）
□ in oneself（本身）	□ forget oneself（忘我、失態）
□ by oneself（獨自）	□ help oneself to（自便）
□ dress oneself（自己穿衣服）	□ make oneself at home（不受拘束）
□ come to oneself（恢復知覺）	□ talk/speak to oneself（自言自語）
□ devote oneself to（致力於）	□ teach oneself（自學）

- Jim is not bad **in himself**, but he is a little shy.
  （吉姆本身並不壞，只是有點害羞。）
- You shouldn't leave the child **by himself** at home.
  （你不應該把孩子獨自一人留在家裡。）

C

不用反身代名詞的
情況

❶ 反身代名詞不能單獨作為主詞，但在 and, or, nor 連接的並列主詞中，反身代名詞可以作為第二、三主詞。

- **Myself** will meet him at the airport. (✗)（我自己會去機場接他。）
- **My classmates and myself** agreed on going to the seaside this summer. (✓)（我和同學們都同意今年夏天要去海邊。）

❷ 作為並列受詞中的一個，如果其他受詞為名詞或非反身代名詞，此時不能用反身代名詞。

- The speaker invited **my wife** and **myself** to the meeting. (×)
- The speaker invited **my wife** and **me** to the meeting. (√)
  （主講人邀請了我和我太太參加這次會議。）

❸ 如果介系詞表示位置或場所，其受詞和主詞雖然指同一件物品，但也不能用反身代名詞。

- I looked about **myself**, hoping to find the lost keys. (×)
- I looked about **me**, hoping to find the lost keys. (√)
  （我看了一下周圍，希望能找到丟掉的鑰匙。）

❹ 省略反身代名詞的情況。

　　　說明自己的日常行為時，代表自己的反身代名詞可以省略。

- I don't need to shave **(myself)** every day.
  （我沒有必要每天刮鬍子。）
- The child can dress **(himself)** now.
  （那個孩子現在可以自己穿衣服了。）

 4 指示代名詞

指示代名詞是用來表示或標記人或事物的代名詞，表示「這個／這些」、「那個／那些」。常用的指示代名詞有 this, that, these, those 等。

A

指示代名詞的句型

指示代名詞在句子中，可以作為主詞、受詞、主詞補語或限定詞。

◀◀◀

- **This** is the one I want.
  （這就是我想要的。）〔作為主詞〕
- God helps **those** who help themslves.
  （天助自助者。）〔作為受詞〕
- The winning numbers are **these**.
  （這些是得獎號碼。）〔作為主詞補語〕
- **That** pie tastes good.
  （那個餡餅很好吃。）〔作為限定詞〕

B
指示代名詞的用法

◀◀◀

❶ 指示代名詞 this, these 往往指時間或空間比較接近的人或物；而 that, those 則是指時間或空間跟我們距離較遠的人或物。

- **This** is my friend Charlie Brown.
（這是我的朋友查理 · 布朗。）〔指距離近的〕

- **This** gift is for you and **that** one is for your brother.
（這個禮物是給你的，那個是給弟弟的。）〔this 指距離近的，that 指距離遠的〕

- I love **these** books but I don't like **those (ones)**.
（我喜歡這些書，但不喜歡那些。）〔these 指距離近的，those 指距離遠的；美國人常會在 these 和 those 後加上 ones〕

注意
一下

英國人打電話時，用 this 指自己，that 指對方。
- Hello. <u>This</u> is Alan. Who is <u>that</u> speaking?
（喂，你好！我是艾倫，你是哪位？）

❷ 剛才提到過的事情或已經完成的事情用 that，即將要發生或將要提到的事情用 this。

- He said I was lying, and **that** was unfair.
（他說我在撒謊，那不公平。）

- —I'm going on a hiking **this** weekend.
（這個週末我要去健行。）

- —**This** is very exciting.
（這真是太刺激了。）

❸ that, those 常常用來代替已經提到過的事物，以避免重複。

- The population of China is a quarter of **that** of the world.
（中國的人口佔了全世界的四分之一。）〔that 代替 the population〕

- The days in summer are longer than **those** in winter.
（夏天的白晝比冬天長。）〔those 代替 the days〕

特別強調

- that 既可代替不可數名詞，也可代替可數名詞單數，代替可數名詞單數時相當於 the one，表示特定的意義；而 those 只能代替可數名詞複數。
  - This dress is larger but cheaper than **that (the one)** on the top hanger.
  （這件衣服比頂層衣架上的那件更大而且更便宜。）
  - I love reading poems by Emerson better than **those (the ones)** by Whitman.
  （比起惠特曼的詩，我更喜歡愛默生的。）

5 不定代名詞

不明確代表某個或某些人、某個或某些事物的代名詞叫作不定代名詞。不定代名詞可以代替名詞和形容詞，表示不同的數量概念。不定代名詞沒有主格和受格之分，在句中可以作為主詞、受詞、主詞補語或限定詞等。

不定代名詞的分類如下表所示：

個體不定代詞	every, each, other, another, either, neither, everybody, everyone,everything, one
數量不定代詞	a lot, many, much, a few, a little, few, little

A

one 的用法

one代表單數可數名詞，既可以指人，也可以指物；既可以單獨使用，也可以放在單數可數名詞的前面作為限定詞。其複數形式為ones，所有格形式為one's，反身代名詞為oneself。

❶ 單獨使用時，泛指「人」、「一個人」、「人們」。

- **One** often fails to see **one's/his** own faults.
  （人們往往看不見自己的缺點。）
- **One** should do **one's/his** best at all times.
  （一個人無論何時都要盡其所能。）
- **One** should love **one's/his** neighbour as **oneself/himself**.
  （每個人都應該愛鄰如愛己。）

❷ 表示特定且具體的「一個人」或「一件事物」

- He is not **one** who is easy to work with.
  （他不是一個容易合作的人。）
- This is the **one** you're looking for.
  （這就是你要找的那一個。）

one 表示泛指時是非常正式的用法，但在口語或一般用法中常用 you和 we 表示泛指。
- You should not waste time. （我們不能浪費時間。）
- We often fail to see our own faults. （人們往往看不見自己的缺點。）

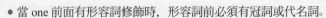
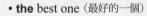

巧學妙記

- 當 one 前面有形容詞修飾時，形容詞前必須有冠詞或代名詞。
  - **the** best one （最好的一個）
  - **a** nice one （一個好的）

❸ 代替與前面句子中出現過的名詞同類，但不是同一個的單數可數名詞

- The train was crowded so we decided to catch a later **one**.
  （這班火車太擠了，我們決定乘坐下一班。）〔這裡的 one 代表 train〕
- I don't like this book. Show me a more interesting **one**.
  （我不喜歡這本書，給我一本更有趣的。）〔這裡的 one 代表 book〕

 用法差異
It, one 與 that 的用法區別

★ It, one, that 都可以替代前面句子出現過的名詞。it 往往代表前面句子出現過的
同一件事物，複數用 they/them；one 則代表與前面句子提到過的同一類事物，
但並不是同一個的單數可數名詞，既可以指物也可以指人，複數用 ones；that
代表同類但不是同一個的可數名詞單數或不可數名詞，表示特定意義，只能
指物不能指人，其複數 those 只能替代可數名詞複數，可以指物也可以指人。

- I bought a radio yesterday, but **it** doesn't work well.
  （我昨天買了一台收音機，但是不好用。）
- I don't like this radio. Will you please show me another **one**?
  （我不喜歡這台收音機，你可以給我另一台嗎?）
- The book on the desk is better than **that** under the desk.
  （桌上的那本書比桌子下的那本好。）

B

**no one, none 的用
法**
◂◂◂

　　no one 只能表示人的單數可數名詞；none 可以代表人或
物，而且可數、不可數名詞都可以，後面常搭配介系詞 of。no
one 常用來回答以 who 開頭的問題，none 則比較常用來回答以
how many/much 開頭的問題。

- **No one** in our class failed the maths exam.
  （我們班上沒有人數學考試不及格。）
- I have invited them all but **none** have/has arrived yet.
  （我已經邀請了他們所有人，但是一個人都還沒來。）
- —Who told you the news?
  （是誰告訴你這個消息的？）
- —**No one**. I read the newspaper.
  （沒人，是我看報紙的。）
- —How many students failed in the exam?
  （這次考試有多少學生不及格？）
- —**None**. （一個也沒有。）

either, neither 的用法

❶ either 指兩者中的任何一個，可以在句子中作為主詞、受詞或限定詞。作主詞時述詞動詞常用單數。

- —Do you want tea or coffee?
  （你想喝茶還是咖啡？）
- —Oh, I don't mind. **Either** will do.
  （噢，無所謂，哪一種都可以。）
- You can have **either** of these two books.
  （你可以挑選這兩本書當中的任何一本。）
- You may go by **either** road.
  （你兩條路都可以走。）

❷ neither 的意義與 either 相反，指兩者中任何一個都不要，它的結構和用法與 either 相同。

- You talked about Gina and John, but I know **neither**.
  （你談到吉娜和約翰，但是這兩個人我都不認識。）
- **Neither** of my parents allows me to take up medicine.
  （我爸爸和媽媽都不准我學醫。）
- **Neither** statement you provide holds water.
  （你所陳述的兩個觀點都沒有一個講得通。）

D

all, both 的用法

❶ all 是指三個或三個以上的人或物，both 僅指兩個人或物。all of/both of 後面接名詞時，of 可以省略，但是如果是受格代名詞時，of 就不可以省略。

- **All (of)** the students went to the concert last night.
  （昨天晚上所有學生都去聽音樂會了。）
- **Both of** them are non-smokers.
  （他們兩個都不抽煙。）

❷ all 指事物的整體或抽象概念時視為單數，指人的時候視為複數。

- **All** is going perfectly.
  （一切進展順利。）
- **All** are here. So let's get started. （所有人都到齊了，我們開始吧！）

❸ all, both 作主詞同位語時，應該要放在實意動詞之前，連繫動詞、助動詞或情態動詞之後。

- They **both** like English very much.
  （他們兩個人都很喜歡英語。）
- You should **all** hand in your homework tomorrow.
  （你們明天都必須交作業。）

❹ 在簡略答語中，二者均不可置於句尾。

- —Were you **all** present at the meeting?
  （你們都出席會議了嗎？）
- —Yes, we **all** were.
  （是的，我們都出席了。）

all, both, every, everyone, everything 及 everywhere 等表示總體意義的字，當它用在否定句時，常表示部分否定。

E

each, every 的用法
◀◀◀

each代替或修飾可數名詞單數，強調個體，可以用在用在兩者之間，也可以用在用在三者或三者以上。在句子中作為主詞、受詞、限定詞、同位語等，作為主詞時述詞動詞用單數。

every只修飾可數名詞單數，強調整體，用在用在三者或三者以上的場合，在句子中只能作為限定詞。

- They both came on time, but **each** left ahead of time.
  （他們兩個都準時到達了，但是兩人都各自提前走了。）〔作為主詞〕
- Tokyo and London are two large cities. I really love **each**.
  （東京和倫敦兩個都是大城市，兩個我都喜歡。）〔作為受詞〕
- We **each** hope to have free weekends.
  （我們每個人都希望有自由的週末。）〔作為同位語〕
- **Every** student needs to be careful with their studies.
  （所有的學生上課時都要細心。）〔作為限定詞〕

特別強調

- each 作同位語時位於實意動詞之前或連繫動詞、第一個助動詞之後。
  - We **each** have received a special gift from the teacher.
    （我們每個人都有收到老師送的特別禮物。）

> other、another 的
> 用法
> ◀◀◀

❶ other 的用法

　　other既可以指人，也可以指物，但不能單獨使用。一般與the連用或用來修飾名詞，與the連用，表示「兩者（部分）中的另外一者（部分）」或「多者（部分）中的最後一者（部分）」；修飾名詞時，other前面除了the以外，還可以用some, no, any, several, 所有格代名詞等詞；others是它的複數形式，相當於「other＋複數名詞」，常跟some一起用，表示「一些……另一些……」；the others表示兩部分中剩下的（全部），或是多個部分中剩下的（全部）。

- I have two brothers.One is a soldier and **the other** is a singer.
  （我有兩個哥哥，一個去當兵，另一個是歌手。）
- On one side of the river grow willows, and on **the other** side grow poplars.（河的一岸種柳樹，另一岸種楊樹。）
- Her first-born is a doctor. **Her other** children are all in the army.
  （她最大的孩子是醫生，其他的孩子都在當兵。）
- We have plenty of beautiful lilacs in the garden.**Some** are red, **others** purple, and still **others** white.
  （我們在花園種了許多漂亮的丁香花。有些是紅色的，有些是紫色的，其餘是白色的。）
- Three of us remain here and all **the others** go to the next door.
  （我們當中有三個人留在這裡，其他人都去隔壁了。）

❷ another 的用法

　　another指三個或三個以上中的「另外一個」，可以單獨使用，常用「one... another... the other...」句型；可以修飾單數名詞，後面還可以接基數詞（或few）再接複數名詞，表示「另外的幾個」。

- Then **another** stood up.（接著，另一個人站了起來。）
- If you don't like this one, try **another**.
  （如果你不喜歡這一個，可以試試另一個。）
- The old man's three daughters are all abroad. **One** is in the US, **another** is in England and **the other** seems to be in France.
  （這位老人的三個女兒都在國外。一個在美國，一個在英國，另一個好像在法國。）
- He has bought **another** cellphone recently.
  （他最近又買了一支手機。）
- They need **another three** hours to finish this work.
  （他們需要再三個小時才能完成這項工作。）

G

little, a little, few,
a few 的用法

little, a little用來代替或修飾不可數名詞；few, a few用來代替或修飾可數名詞複數。Few, little表示否定意義；a few, a little表示肯定意義。

- **Few** of the visitors were happy with this trip.
  （沒有幾個遊客對這次的行程感到滿意。）
- It was too late, but I could still see **a few** people in the street.
  （已經很晚了，但是我還是看到路上有些行人。）
- There is **little** orange juice in the bottle. （瓶子裡幾乎沒有柳橙汁了。）
- Please add **a little** sugar to the coffee. （請在咖啡裡加一點糖。）

H

many, much 的用法

many可以代表或修飾可數名詞複數，與few相對；much可以代表或修飾不可數名詞，與little相對。many和much都可以作為限定詞，也可以單獨使用。

- Did you see **many** friends at the party?
  （你在聚會上見到很多朋友嗎？）
- We don't have **much** time.
  （我們沒有太多時間。）
- **Many** hands make light work.
  （人多好辦事。）
- Sorry, I'm afraid I can't go with you. I've got **much** work to do.
  （對不起，我恐怕不能和你一起去了，我還有很多工作要做。）
- **Many of** my friends live abroad.
  （我有很多朋友住在國外。）
- **Much of** the work has been done.
  （這項工作大部分都已經完成。）

many, many more,
a (large) number of

much, much more,
a (great) deal of

a lot of, lots of,
plenty of

特別強調

- Many, much 前面可以有 as, so, too, how 等詞修飾。
  - There are **too many** mistakes in your composition.（你的作文裡有太多錯誤。）
  - You should spend **as much** time as you can on English.
    （你應該盡可能多花一點時間學英語。）

some, any 的用法

❶ some 和 any 表示「一些」，都可以修飾或代表可數名詞和不可數名詞。一般來說，some 用在用在肯定句，any 用在用在否定句、疑問句或條件句。
- **Some** people work to live, and **some** live to work.
  （一些人為了生活而工作，一些人為了工作而生活。）
- Are there **any** hamburgers in the box?
  （盒子裡有漢堡嗎？）

❷ some 有時候也用在用在疑問句中，表示說話者希望得到肯定的回答。any 有時候也用在用在肯定句中，表示「任何一個」或「任何一些」。
- Would you like **some** tea?
  （你想喝點茶嗎？）
- **Any** normal child can learn a language very quickly.
  （任何一個正常的兒童學習一門語言都非常快。）

❸ some/any of... 句型作為主詞時，述詞動詞的單複數需要根據 of 後面的名詞而定。
- **Some** of the food **has** gone bad.
  （有些食物變質了。）
- I don't think **any** of them are coming.
  （我不認為他們有人會來。）

❹ some 還可以指「某一個」，此時常修飾可數名詞單數。
- **Some** person parked his car here.
  （有人把車子停在這裡。）
- There must be **some** job I could do.
  （一定會有我能做的工作。）

J

複合不定代名詞的
用法

由some-, any-, every-, no-與-one, -body, -thing構成的不定代名詞，稱為複合不定代名詞。複合不定代名詞在句子中可以作為主詞、受詞或主詞補語，複合不定代名詞如下表所示：

前綴＼後綴	-one	-body	-thing
some-	someone	somebody	something
any-	anyone	anybody	anything
every-	everyone	everybody	everything
no-	no one/none	nobody	nothing

❶ some- 類複合不定代名詞主要用在用在肯定句，any- 類複合不定代名詞主要用在用在否定句、疑問句和條件句。some- 類複合不定代名詞用在用在疑問句時，表示希望得到對方肯定的回答，any- 類複合不定代名詞用在用在肯定句時，表示「任何」之意。

- Does **someone** here know Lily's telephone number?
  （這裡有人知道莉莉的電話號碼嗎？）
- I haven't seen **anybody** around here that I can turn to for help.
  （我在附近沒找到任何能幫助我的人。）

巧學妙記　複合不定代名詞用法口訣

複合代名詞美名揚，
修飾成分後邊藏；
如果它來當主語，
單數謂語沒商量。

❷ every one 常用在用在 of 片語之前，表示在一定範圍內的每一個人或每件事物；everyone 相當於 everybody，只指人，不指物，經常單獨使用，後面不能接 of 片語。

- I checked **every one** of the drawers, but none had the book.
  （我找遍了所有的抽屜，但是都沒有找到這本書。）
- **Everyone** likes to be appreciated. （每個人都喜歡得到賞識。）

❸ someone/somebody, anyone/anybody, everyone/everybody, no one 等字後面不能接 of 片語，此時只能用 some one, any one, every one, none 等。

- You may choose **some one** of these people.
  （你可以在這些人之中選一個。）
- **None** of the suggestions are acceptable. （這些建議沒有一樣行得通的。）

❹ 複合不定代名詞後面可以加上 's 構成所有格，而後面加上 else，則表示「另外……的」。

- There's **somebody's** backpack left in the classroom.
  （有人的背包掉在教室裡。）
- There're already five people included in our group. Does **anyone else** prefer to join?
  （我們這組已經有五個人了，還有人想加入的嗎？）

❺ 複合不定代名詞有形容詞修飾時，應該把形容詞放在後面。如果需要強調，可以將形容詞放在複合不定代名詞之前。

- There's **nothing important** in today's newspaper.
  （今天報紙上沒有什麼重要的新聞。）
- If you want to get **successful something**, you are to work twice as hard.
  （如果你想得到某些成功，你就應該加倍努力。）〔強調〕

特別強調

- somebody, nobody, something, nothing 的特殊用法

  somebody 可以指有一點地位或小有名氣的人物；nobody 指沒有地位或默默無名的人物。）something 往往指了不起的東西；nothing 則是指無關緊要的東西。

  - He thinks himself **somebody**, but he's really **nobody**.
    （他以為自己是了不起的人物，其實他什麼也不是。）
  - I thought the project **something**, but it is **nothing**.
    （我原本以為這個計劃很了不起，結果並不是。）

6 相互代名詞

表示句子中動詞所敘述的動作或感覺，在彼此之間是相互存在的，英語中的相互代名詞有 each other 和 one another，意思是「互相」。

　　each other 主要用在用在兩者之間，one another 主要用在用在三者或三者以上，在現代英語中兩者經常可以互通。相互代名詞在句子中只能作為受詞，所有格形式分別為 each other's 和 one another's。

- We often help **each other** when in trouble.
（遇到麻煩時我們常常相互幫助。）
- Henry and I often write e-mails to **each other**.
（我和亨利經常寫電子郵件給對方。）
- We said hello to **one another's/each other's** family.
（我們相互向對方的家人問好。）

each other's, one another's 和後面接的名詞所構成的片語不能作為主詞。
- One another's a postcards have been received. (×)
- We have received one another's post-cards. (✓)
（我們已經收到對方寄來的明信片了。）

疑問代名詞

用來表達疑問或構成疑問句的代名詞叫作疑問代名詞。

疑問代名詞各有其不同的含義，在選用疑問代名詞時需根據其具體的含義而定；而且還有主格、受格和屬格之分，在句中所作的成分也不相同。主要的疑問代名詞及其功能如下表所示：

形式		用法	主詞	受詞	主詞補語	限定詞	of 片語
指人	主格	who	✓	✓	✓		
	受格	whom		✓			✓
	屬格	whose	✓	✓	✓	✓	
指物	主格	which （也可指人）	✓	✓		✓	✓
	受格	what	✓	✓	✓	✓	

A

who, whom 的用法

who意思是「誰」，既可以指單數，也可以指複數，在句子裡主要作為主詞、受詞和主詞補語；而whom在句子中只能作為受詞。作為動詞受詞時可以和who互換使用，作為介系詞受詞且跟在介系詞後面時，只能用whom。但是如果不出現在介系詞後面，也可以用who代替。

- **Who** has been chosen leader of the team? （誰被選為隊長了？）
- **Who/Whom** were you talking about when I came in?
  （我進來的時候你們在談論誰？）
- With **whom** did you go to the concert?
  （你和誰去聽的音樂會？）〔此時 whom 不可以用 who 代替〕

特別強調

- 疑問代名詞作主詞時，動詞要用單數還是複數，要根據它們代表的數量來決定。如果數量不夠確定，動詞多半採用單數形式。
  - Who **are** there on the playground?
    （誰在操場上?）〔雙方都知道操場上有一些人。〕
  - Who **is** in the room?（誰在屋裡?）〔雙方都可能不知道有多少人。〕

B

whose 的用法

whose表示「誰的」，既可置於名詞前面作為限定詞；也可以單獨使用，在句子中作為主詞、受詞或主詞補語等。

注意一下

whose 既可以指單數，也可以指複數，還可以指不可數名詞。
- Whose are these backpacks? （這些背包是誰的？）
- Whose money did the boy steal? （這個小孩偷了誰的錢？）

- They are all good at maths, but **whose** is the best?
  （他們的數學都很好，但是誰的數學最好？）
- **Whose** do you like better, Jack's or Sally's?
  （傑克或莎莉你比較喜歡誰呢？）

C

which 的用法

在明確、已知的範圍中做出選擇時要用which，它既可以用在用在人上面，也可以用在用在物品上面；既可以指單數也可以指複數；可以作為主詞、受詞或限定詞等，後面可以接「of＋the/these/those...」。

- **Which** is bigger, this apple or that one?
  （哪一個蘋果比較大，這個還是那個？）〔作為主詞〕

- I don't know **which** to choose. （我不知道該選哪一個。）〔作為受詞〕
- **Which** cities are you going to visit this summer?
  （今年夏天你打算參訪哪些城市？）〔作為限定詞〕

D

what 的用法

◀◀◀

❶ what 意思是「什麼」，可以單獨使用，在句子中作為主詞、受詞或主詞補語等；也可以用在名詞前面作為限定詞。

- **What** makes you love your hometown so much?
  （什麼原因讓你這麼熱愛你的家鄉呢？）
- **What** do you usually do on Sundays? （星期天你通常都會做什麼？）
- **What** color is your coat? （你的大衣是什麼顏色的？）

 用法差異

what 和 which 的用法區別
★ what 常泛指「哪一類」，which 則是指在限定範圍內進行選擇。
- **What** colour do you like? (你喜歡什麼顏色?)〔沒有指定選擇的範圍〕
- **Which** colour do you like better, red or yellow?
  （紅色和黃色, 你比較喜歡哪一種?）〔在紅色和黃色中進行選擇〕

what 和 who 的用法區別
★ what 多半指職業、地位等，who 多半指姓名、身份、關係等。
- **What** is your father?(你爸爸是做什麼的?)〔詢問職業〕
- —**Who** is the man?(那個人是誰?)〔詢問身份〕
- —He is my brother.(他是我哥哥。)

❷ what 的習慣用法

❶ 用「What be +主詞？」和「What do/does +主詞＋ do ？」詢問職業。
- **What is** your mother? （你媽媽是做什麼的？）
- **What do** you **do** for a living? （你以什麼工作為生？）

ⓑ 用「What be ＋主詞＋ like？」詢問品行、性格、狀況等。

- **—What is** your manager **like?**（你們經理怎麼樣？）
- **—He is** humorous.（他很幽默。）
- **What is** the weather **like?**（天氣怎麼樣？）

ⓒ 用「What do/does ＋主詞＋ look like？」詢問長相。

- **—What does** Mary look **like?**（瑪麗長得怎麼樣？）
- **—She is** pretty.（她很漂亮。）

ⓓ 常用「What... for...?」詢問原因和目的，有時也會省略成「What for?」。

- **—What** did she put the books away **for?**（她把書整理好幹什麼？）
- **—She wanted** to give them to her cousin.（她想把它們送給她表妹。）
- **—I should** get up early tomorrow morning.（明天早上我得早起。）
- **—What for?**（為什麼？）

ⓔ 用「What about...?」提出建議或詢問以前的情況，通常可以和「How about...?」相通。

- **—What time** shall we meet?（我們什麼時候見面？）
- **—What/How about** 7 tomorrow?（明天七點如何？）
- I'll stay here for another week. **What/How about** you?
  （我還要在這裡待一個星期，你呢？）

連接代名詞

連接代名詞大多由疑問代名詞充當，用來引導各種名詞性子句，並在子句中充當一定的成分。連接代名詞主要有 who, whom, whose, which, what, whoever, whomever, whosever, whichever, whatever 等。

　註：連接代名詞的詳細介紹，請參閱第 15 章《名詞性子句》的相關內容。

關係代名詞

關係代名詞主要用在用在限定詞子句，常用的有 who, whom, whose, that, which, as 等。

　註：關係代名詞的詳細介紹，請參閱第 17 章《限定詞子句》的相關內容。

考題演練

■（一）大學入試考古題：Choose the correct answer.（選擇正確的答案）

(1) The cost of renting a house in central Taiepi is higher than _____ in any other area of the city.

A. that   **B.** this   **C.** it   **D.** one

(2) When you introduce me to Mr Johnson, could you please say _____ for me?

A. everything   **B.** anything   **C.** something   **D.** nothing

(3) He had lost his temper and his health in the war and never found _____ of them again.

A. neither   **B.** either   **C.** each   **D.** all

(4) On my desk is a photo that my father took of _____ when I was a baby.

A. him   **B.** his   **C.** me   **D.** mine

(5) Helping others is a habit, _____ you can learn even at an early age.

A. it   **B.** that   **C.** what   **D.** one

(6) You are a team star! Working with _____ is really your cup of tea.

A. both   **B.** either   **C.** others   **D.** the other

(7) _____ in my life impressed me so deeply as my first visit to the Palace Museum.

A. Anything   **B.** Nothing   **C.** Everything   **D.** Something

(8) I'll spend half of my holiday practising English and _____ half learning drawing.

A. another   **B.** the other   **C.** other's   **D.** other

(9) Swimming is my favorite sport. There is _____ like swimming as a means of keeping fit.

A. something   **B.** anything   **C.** nothing   **D.** everything

⑽ Neither side is prepared to talk to _____ unless we can smooth things over between them.

    A. others   B. the other   C. another   D. one other

■（二）模擬試題：Choose the correct answer.（選擇正確的答案）

⑴ Do you believe that Mr. White has blamed us for the accident, especially _____?

    A. you and me   B. me and you   C. you and I   D. I or you

⑵ —Have you finished your cooking?

    —No, I'll finish it in _____ ten minutes.

    A. another   B. other   C. more   D. less

⑶ This bus service is very good. There's a bus _____ ten minutes.

    A. each   B. any   C. all   D. every

⑷ —What would you like to eat?

    —I don't mind. _____ that you've got.

    A. Something   B. Anything   C. Nothing   D. Everything

⑸ —What is Mr. White, do you know?

    —I don't know exactly. But I think he can be _____ but a doctor.

    A. anybody   B. something   C. anything   D. everybody

⑹ _____ comes as no surprise that San Francisco wins the honor as the fittest city in the US for its steep hills and fresh food.

    A. It   B. That   C. This   D. What

⑺ —Have you finished all your exercises?

    —Yes, _____ is left. As a matter of fact, they are as easy as ABC.

    A. nothing   B. no one   C. none   D. neither

⑻ We needed a new cupboard for the kitchen. So Peter made _____ from some wood we have.

    A. it   B. one   C. himself   D. another

⑼ He talked again and again to his friend about careful driving, but _____ just turned a deaf ear to his words.

    A. another   B. other   C. others   D. the other

⑽　—How do you usually keep in touch with your friends, by e-mail or letter?

—_____ . I use telephone only.

A. None　　　　B. Neither　　　C. Any　　　　D. Either

答案・解說①

■ ⑴ **A**　⑵ **C**　⑶ **B**　⑷ **C**　⑸ **D**　⑹ **C**　⑺ **B**　⑻ **B**　⑼ **C**　⑽ **B**

⑴　解釋：在台北市中心租屋的費用比在這個城市的其他任何地區都要高。that 指同名異物的不可數名詞或單數可數名詞，表示特定的意義。this 不作為代名詞用；it 指前面出現過的同一事物；one 指同名異物的單數可數名詞，表示廣義的意義。

⑵　解釋：你把我介紹給強生先生認識時，能幫我說一點好話嗎？表示「某物；某事；某種東西」，並用在問句中希望得到對方的肯定回答時，用 something。

⑶　解釋：他的脾氣與健康在戰爭中都變得很差，並且之後就再也沒有恢復過來。根據句子前面的 his temper and his health 判斷，是在兩者中選擇，因此先排除 C、D 兩個選項；因為前面已經出現 never，如果選 neither 則會形成雙重否定，與解釋不符，所以答案選 B。

⑷　解釋：我的書桌上有一張我父親在我很小的時候幫我拍的照片。that my father took of _____ 作為限定詞修飾 photo，that 在限定詞子句中作為 took 的受詞，根據片語 take a photo of sb.「為某人拍照」判斷用代名詞 me。

⑸　解釋：幫助他人是一種習慣，一種即使是孩提時代都能學會的習慣。指同名異物的單數可數名詞 habit，表示廣義的意義用 one。在本句中，one 作為 habit 的同位語。

⑹　解釋：你是團隊裡最出色的！與他人合作是你的職責。others「其他人」。both「兩者都」；either「（兩者中的）任何一個」；the other「（兩個中的）另一個」。

⑺　解釋：在我一生中，沒有什麼能比我第一次參觀故宮的印象深刻。nothing「沒有什麼」。

⑻　解釋：我將花費一半的假期時間練習英語，另一半時間學習畫畫。由 half of my holiday 可知，這裡指將整個假期時間一分為二。the other 表示「（兩者之中的）另外一個」。

⑼　解釋：游泳是我最喜歡的體育運動。作為保持健康的一種方式，沒有什麼能比得上游泳。nothing like「沒有什麼能比得上」，為固定用法。

⑽　解釋：雙方都不準備和另一方交談，除非我們能消除他們之間的障礙。由句首的 neither 判斷，代名詞指的是雙方，因此用 the other，意思是「（兩者之中的）另外一個」。

▶ (1) **B** (2) **A** (3) **D** (4) **B** (5) **C** (6) **A** (7) **C** (8) **B** (9) **D** (10) **B**

(1) 解釋：你相信懷特先生因為這次事故責備了我們嗎，尤其是我和你？幾個人稱代名詞並列時的順序，若是單數場合用「二、三、一」，但如果是承擔責任，則將「我」於在前面，所以答案選 B。

(2) 解釋：「你煮好飯了嗎？」「沒有，再過十分鐘就好了。」「another ＋數詞＋複數名詞」表示「另外的幾個」，其他選項沒有這種用法。

(3) 解釋：這條路線的公車服務非常好，每隔 10 分鐘就有一班。every 表示「每隔」，其他選項沒有這種用法。

(4) 解釋：「你想吃點什麼？」「隨便，你有什麼就吃什麼。」anything 用在肯定句表示「任何東西」。

(5) 解釋：「你知道懷特先生是做什麼的嗎？」「我不確定，但我想他絕對不是醫生。」anything but 是固定用法，意思是「根本不，絕不」。

(6) 解釋：舊金山被評為美國最健康的城市，它以其險峻的山巒和鮮美的食物而著名，所以獲此殊榮並不奇怪。it 是形式主詞，真正的主詞是後面的 that 子句。

(7) 解釋：「你做完所有的練習了嗎？」「是的，都做完了。實際上，它們非常簡單。」none 強調數量，指「一個也沒有」。nothing「沒有什麼東西」，一般用來回答含 anything 的一般問句，及 what 引起的特殊問句。

(8) 解釋：我們廚房裡需要新的櫥櫃，所以彼得用木頭做了一個。指剛剛提到的同一類但非同一個的可數名詞 cupboard 用 one。it 指前面出現的同一個事物。

(9) 解釋：他不停地和朋友說要小心開車，但是他朋友聽不進他的話。語意涉及兩個人，即他和他的朋友，因此用 the other 表示「另外那個人（他的朋友）」。

(10) 解釋：「你通常都怎麼和朋友們保持聯繫，透過電子郵件還是書信？」「都不是。我只用電話聯繫。」由答句的第二句可知，對 e-mail 和 letter 兩者的否定，因此用 neither。

冠詞

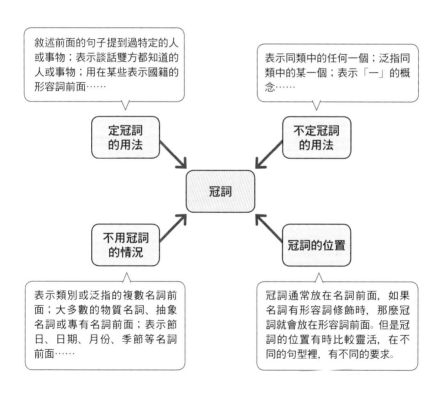

敘述前面的句子提到過特定的人或事物；表示談話雙方都知道的人或事物；用在某些表示國籍的形容詞前面……

表示同類中的任何一個；泛指同類中的某一個；表示「一」的概念……

定冠詞的用法

不定冠詞的用法

冠詞

不用冠詞的情況

冠詞的位置

表示類別或泛指的複數名詞前面；大多數的物質名詞、抽象名詞或專有名詞前面；表示節日、日期、月份、季節等名詞前面……

冠詞通常放在名詞前面，如果名詞有形容詞修飾時，那麼冠詞就會放在形容詞前面。但是冠詞的位置有時比較靈活，在不同的句型裡，有不同的要求。

Motto 【座右銘】

Genius only means hard-working all one's life.

天才只是表示終身不懈的努力。

　　英語中有 a, an 和 the 這三個冠詞，a/an 為不定冠詞，the 為定冠詞。有時候名詞前面不用加冠詞，稱之為零冠詞。冠詞是一種虛詞，是名詞的一種註記，它不能單獨作為句子的組成部分，只能放在名詞前面，幫助說明這個名詞的含義。

1 不定冠詞

不定冠詞 a/ an 與 one 同來源，表示「一」的概念，但是並不強調數目，只是表示名詞為不特定者。a 用在子音前面，一般弱讀為 [ə]，在強調時才重讀為 [eɪ]；an 用在母音前面，一般弱讀為 [ən]，在強調時才重讀為 [æn]。

- □ **a** European country（一個歐洲國家）
- □ **a** university（一所大學）
- □ **an** hour（一小時）
- □ **an** honest boy（一個誠實的男孩）

　　university中的u讀作為 [jʊ]，European中的eu讀作為 [jʊə]，皆以半母音 [j] 開頭，所以在它們前面用a，而不用an。

A

表示同類型中的任何一個

這種用法是在具有相同特性的同類人或事物中的任何一個，來泛指同一類型的人或事物。

- **A** doctor is a person who saves people's life.
  （醫生是拯救人們生命的人。）
- Have you got **a** pen? I want to sign my name here.
  （你有鋼筆嗎？我想在這裡簽名。）

B
泛指同類型中的某
一個
◀◀◀

- I met **a** friend of yours today as I hurried off to work.
（我今天在趕去上班的路上，遇到你的一位朋友。）
- My father bought me **a** nice present, but I don't know what it is.
（爸爸買了一件很棒的禮物給我，可是我不知道是什麼。）

C
表示「一」的概念
◀◀◀

- **A** bird in the hand is worth two in the bush.
（ 一鳥在手勝過兩鳥在林。〈到手的才是自己的。〉）
- I would like **a** cup of juice and **a** tomato.
（我想要一杯果汁和一顆番茄。）
- There is going to be **an** English lecture tomorrow.
（明天有一場英語講座。）

★ **用法差異**
a/an 與 one 用法的區別

★ a/an 在意義上接近 one，可以譯作「一」，但是並不特別強調數量；one 則是強調
數量概念，表示是「一個」，而不是其他數目。
- Let's go to **a** Chinese restaurant. (我們去一家中式餐廳吧!)
- —Is **one** pen enough? （一支鋼筆就夠了嗎?）
- —No, at least three. （不夠，至少三支。）

D
表示「相同的」，和
the same 一樣意思
◀◀◀

不定冠詞的這種用法，通常與of搭配，構成「of＋a/an
＋名詞」，表示具有同樣大小、長短、高度、寬度、年齡、
特徵、顏色、形狀等。

- Birds of **a** feather flock together.
（物以類聚。）
- We are all of **an** age.
（我們的年紀相同。）

表示某種身份、職
業、地位、國籍等

◀◀◀

- He studied law in his spare time and became **a** lawyer.
（他用業餘時間來研讀法律，並且成了一名律師。）
- My foreign teacher is **a** Canadian.（我的外語教師是加拿大人。）

表示單位量詞的
「每」　　　　　　用在表示時間或度量單位的名詞前面，表示「每」的概念。

◀◀◀

- Take three pills **a** day and you'll get better soon.
（每天吃三顆藥，你很快就會康復。）
- The apples are sold at three dollar **a** kilo.（蘋果每公斤三元。）

用在視為整體的集
體名詞前面

◀◀◀

- I was put in **a** large **class** this term.（這個學期我被編到一個大班級。）
- John Smith has **a** happy **family**.（約翰・史密斯有一個幸福的家庭。）

用在表示「一……」的
意思的物質名詞前面　　物質名詞如coffee, food, tea, fruit, fog, rain, snow, wind
等，在表示「一種、一杯、一場」等意思的時候，前面常
◀◀◀　　　　　　　　會加上不定冠詞。

- **A** heavy **rain** fell yesterday.（昨天下了一場大雨。）
- I would like **a coffee** and two beers.（我想要一杯咖啡和兩瓶啤酒。）

用在表示具體意義
的抽象名詞前　　　　抽象名詞如danger, beauty, failure, pity, surprise, success,
pleasure等表示具體的人或事物時，前面可用a/an。

◀◀◀

- They regard overpopulation as **a danger** to society.
（他們把人口過剩視為社會的危機。）
- The 2008 Beijing Olympic Games was **a** great **success**.
（2008 年北京奧運會很成功。）
- Music is really **a** great **pleasure**.（音樂的確是一種很好的娛樂。）

J

用在表示具有某種特性的人或物,
或不確定時間的專有名詞前面

用在人名或時間名詞前面, 表示不確定的某個人或某個時間; 用在人名前面還可以表示與某人有類似性質的人。

- **A John** called during your absence.
  (你不在的時候, 有一個叫約翰的人打過電話。)
- I remember he came here on **a Sunday** and left soon.
  (我記得他在某個星期天來過, 不過很快就走了。)
- I want to be **a Picasso** when I grow up.
  (長大以後我想成為像畢卡索一樣的畫家。)

K

用在表述某一部分或某一方面概念的不可數名詞前面

不可數名詞如education(教育)、history(歷史)、knowledge(知識)、population(人口)、time(時間)、world(世界)等, 在表述其某一部分或某一方面概念時, 前面常會加不定冠詞。

- India is a country which has **a long history**. (印度是一個擁有悠久歷史的國家。)
- He was brought up in a rich family and received **a good education**.
  (他在一個富裕的家庭中長大, 接受良好的教育。)

L

用在部分固定的動詞片語中

具有動作為意義的名詞在與動詞have, take, make, give, let out等構成片語時, 表示一種短暫性的動作。

☐ have **a** look/walk/break/try/bath/go/swim
  (看一看 / 散步 / 休息一下 / 試一試 / 洗澡 / 試一試 / 游泳)

☐ take **a** rest/walk/break/bath (休息一下 / 散步 / 休息一下 / 洗澡)

☐ make **a** choice/decision/plan/study (作出選擇 / 作決定 / 制訂計畫 / 研究一下)

M

用在同字受詞前面

在句子中, 與動詞「同字」的名詞前面, 通常要加不定冠詞。

☐ dream **a** sweet dream (做了一個甜美的夢)　☐ die **a** glorious death (光榮犧牲)

☐ smile **an** attractive smile (笑得迷人)　☐ sleep **a** sound sleep (睡得很香)

☐ fight **a** hard fight (進行艱苦的鬥爭)　☐ live **a** happy life (過著幸福的生活)

定冠詞

定冠詞 the 與 this/that/these/those 同源，用在名詞的前面常表示特定對象，在子音前面讀 [ðə]，在母音前面或強調時讀作為 [ðɪ]，意思是「這、那、這些、那些」等。

A

> 述前面的句子提到
> 過的特定人事物
> ◄◄◄

- I went to a nearby restaurant. The food there was good, but the service of **the** restaurant was terrible.
  （我走進附近的一家飯店，那裡的食物很好，但是服務卻很糟糕。）
- I have been staying here for two weeks. **The** two weeks has been wonderful.
  （我在這裡待了兩個星期，這兩個星期過得很開心。）

 巧學妙記

定冠詞 the 的用法巧記	
特指、重提和唯一，	年代、季節與機關，
島嶼、海峽和海灘，	船名、建築和組織，
海洋、黨派、最高級，	協議、合約與報刊，
沙漠、河流與群山，	姓氏複數、全名，
方位、順序和樂器，	請你記住用定冠。

B

> 表示談話雙方都知
> 道的人事物
> ◄◄◄

- Would you mind turning down **the** radio a little? A baby is sleeping.
  （請把收音機關小聲一點好嗎？有嬰兒在睡覺。）
- Shut **the** windows before you leave **the** lab.
  （離開實驗室的時候請關上窗戶。）

C

用在某些表示國籍的形容詞
前面，泛指這個國家的所有人
◀◀◀

- **The** English are fond of climbing.
  （英國人喜歡登山。）
- **The** Chinese eat with chopsticks.
  （中國人用筷子吃飯。）

D

用在獨一無二的事
物的名詞前面
◀◀◀

- Man is now studying and using **the** sun.
  （人類正在研究及利用太陽。）
- Man traveled to **the** moon scores of years ago.
  （幾十年前人類就登上月球了。）

E

用在姓氏的複數形式前面，
代表全家人或夫婦倆人
◀◀◀

- **The** Browns are all living in Taipei.
  （布朗一家人都住在台北。）
- **The** Turners were sitting at the breakfast table then.
  （當時透納一家人正在吃早餐。）

F

用在單數名詞前面，代表同
一類的人事物
◀◀◀

- Do you know who invented **the computer**?
  （你知道是誰發明電腦嗎？）
- **The cat**, like **the dog**, is liked by many people.
  （貓和狗一樣受到很多人的喜歡。）

用在表示地點、方向
和時間的名詞前面）

- □ in the world（在世界上）
- □ in the country（在鄉村）
- □ on the moon（在月球上）
- □ in the east（在東方）
- □ in the middle of（在⋯⋯中間）

- □ on the lef（在左邊）
- □ in the morning（上午）
- □ in the daytime（白天）
- □ in the end（最後）

特別強調

- 在表示季節的名詞前面，不用加冠詞。
  - in spring（在春天）
  - in autumn（在秋天）〔美國用 in the fall, the 不可省略〕
- 如果出現對稱的方位或時間時，冠詞往往可以省略或不用。
  - day by day（一天天地）
  - day after day（日復一日地）
  - from **(the)** east to **(the)** west（從東到西）

H

用在形容詞最高級
前面和序數前面

- Maths is **the most difficult** subject and English is **the easiest**, I think.
  （我認為數學是最難的科目，而英語是最容易的。）
- He is always **the first** to come and **the last** to leave.
  （他總是第一個來，最後一個離開。）

I

用在表示「越⋯⋯越⋯⋯」
的 the..., the... 結構中

- **The more** we get together, **the happier** we'll be.
  （我們在一起的時間越多，就越快樂。）
- **The more** careful you are, **the fewer** mistakes you'll make.（你越小心，犯的錯誤就會越少。）

注意
一下

序數前面也可以用不定
冠詞，但意義與用定冠
詞不同，表示「再、又」。

- I have failed twice, but I'll try a third time.（我失敗兩次了，但我還要再試一次。）〔強調再一次〕

J

用在形容詞或分詞前面,
表示某一類人或事物

◄◄◄

- **The rich** should help **the poor**. （富人應該要幫助窮人。）
- **The wounded** were sent to the nearest hospital. （受傷的人被送到最近的醫院。）

K

用在演奏的西洋樂
器名詞前面

◄◄◄

- The boy of no more than four years old can play **the piano** very beautifully.
  （這個年僅四歲的小男孩鋼琴彈得很好。）
- Shall we dance to **the guitar**? （我們可以隨著吉他旋律跳舞嗎？）

L

用在集合名詞前面,
表示複數的概念

◄◄◄

- The museum is open to **the public**. （博物館對大眾開放。）
- **The people** in this country are kind and ready to help.
  （這個國家的人民善良而且又樂於助人。）

M

用在表示特定意義的物
質名詞、抽象名詞前面

◄◄◄

- **The iron** is harder than **the stone**. （鐵比石頭硬。）
- We don't want **the air** to be dirty. （我們不想讓空氣變污濁。）
- The younger generation is **the hope** of the nation. （年輕一代是國家的希望。）

N

用在由普通名詞構
成的專有名詞前面

◄◄◄

- ☐ **the** Great Wall （長城）
- ☐ **The** White House （白宮）
- ☐ **the** *Analects* （《論語》）
- ☐ **the** Little Bear （小熊星座）
- ☐ **the** Milky Way （銀河）
- ☐ **the** Silk Road （絲路）
- ☐ **the** South Sea Islands （南太平洋諸島）
- ☐ **the** Atlantic Ocean （大西洋）

O

用在固定結構「動詞＋ sb. ＋
介系詞＋ the ＋某個部位」

◀◀◀

- The teacher patted the child on **the** shoulder and encouraged him to answer.
（老師拍拍孩子的肩膀，鼓勵他回答問題。）
- A stone hit me in **the** face as I walked by the garden.
（當我從花園旁經過時，一塊石頭擊中了我的臉。）

P

用在「by ＋ the ＋計
量單位名詞」結構

◀◀◀

- ☐ by **the** pound（按磅）
- ☐ by **the** foot/yard（按英呎 / 碼）
- ☐ by **the** hour/day/week/year（按時 / 日 / 周 / 年）
- ☐ by **the** thousand（數以千計）

- I pay the rent by **the** month.
（我按月付房租。）
- Eggs are usually sold by **the** dozen.
（雞蛋通常以打出售。）

Q

用在地名、組織名
等專有名詞前面

◀◀◀

- ☐ **the** Tamsui River（淡水河）
- ☐ **the** Longshan Temple（龍山寺）
- ☐ **the** National Palace Museum
（故宮博物院）
- ☐ **the** Chiaming Lake（嘉明湖）
- ☐ **the** Himalayas（喜馬拉雅山）
- ☐ **the** Taiwan Straits（臺灣海峽）

- ☐ **the** History Museum（歷史博物館）
- ☐ **the** UK（英國）
- ☐ **the** US（美國）
- ☐ **the** UN（聯合國）
- ☐ **the** WTO（世界貿易組織）
- ☐ **the** WHO（世界衛生組織）

3 不用冠詞（零冠詞）的情況

A

表示類別或泛指的
複數名詞前面
◀◀◀

- Young **people** like to read **books**. （年輕人喜歡讀書。）
- **Tigers** sometimes can be very kind. （老虎有時也很善良。）
- **Trees** can help clean the air. （樹木可以幫助淨化空氣。）

B

大多數物質名詞、抽象
名詞、專有名詞前面
◀◀◀

- **Money** is not everything. （金錢不是萬能的。）
- **Music** can bring people **pleasure**. （音樂可以給人帶來樂趣。）
- **Philip** has lived in **Taipei** for years. （菲力浦住在台北很多年了。）

C

表示節日、日期、月
份、季節等名詞前面
◀◀◀

- **January 1st** is **New Year's Day**.
  （一月一日是元旦。）
- I have visited many cities since **September 2003**.
  （自從 2003 年 9 月以來，我已經走訪了很多城市。）
- **Spring** is the best season of the year.
  （春天是一年中最好的季節。）

特別
強調

當談論具體的季節或日
期時，常用定冠詞，以
Festival 組成的傳統節
日前面，也要加定冠詞
the。
- My sister was born
  in <u>the</u> summer of the
  year 1998.（我妹妹出
  生於 1998 年的夏天。）

D

表示三餐、球類運
動的名詞前面
◀◀◀

- What do you usually have for **lunch**?
  （你午餐通常吃什麼？）
- Do you like to play **football** or **baseball**?
  （你喜歡踢足球還是打棒球？）

> 表示學科、語言的
> 名詞前面

- I like **physics** though it's a bit difficult.
  （我喜歡物理，儘管它有點難。）
- **English** is one of the most important languages.
  （英語是最重要的語言之一。）

特別強調

- 當表示語言的詞語後面加上 language 時，它的前面需要加上定冠詞 the。
  - **The** Chinese language is spoken by the largest number of people.
    （講中文的人數最多。）

> 稱呼語及表示獨一無二的職位、頭銜的名
> 詞，作為主詞補語、補語或同位語時

- Mr. Smith, **head** of the group, will plan for the whole trip.
  （小組長史密斯先生將為整個行程制訂計畫。）
- Wendy was made **monitor** for this month.（溫蒂當選這個月的班長。）
- **Doctor**, I'm not feeling myself today.（醫生，我今天覺得不太舒服。）

> man 泛指全人類時

- **Man** can save the earth; **man** can destroy the earth.
  （人類能拯救地球，也能毀滅地球。）
- **Man** can't live without water or air.（沒有水和空氣，人類將不能生存。）

> 名詞前面已經有指示代名詞、所
> 有代名詞或所有格等限定詞時

- This is **my** address. Let's keep in touch.（這是我的住址，我們保持聯絡。）
- I'd like **some** books about cars and toys.（我想買一些關於汽車和玩具的書。）
- **Bill's** camera is like mine.（比爾的相機跟我的很像。）

I

介系詞或連接詞連接兩個相同、相對
或關係密切的字，構成固定片語時

◄◄◄

- [ ] all day and all night（整日整夜）
- [ ] arm in arm （手臂挽著手臂）
- [ ] day and night（日日夜夜）
- [ ] day by day（每天）
- [ ] face to face（面對面）
- [ ] hand in hand（手牽手）
- [ ] heart and soul（全心全意）
- [ ] little by little（漸漸地）

J

不可數名詞前面不用
加不定冠詞 a/an

◄◄◄

- [ ] advice（建議）
- [ ] baggage（行李）
- [ ] bread（麵包）
- [ ] change（零錢）
- [ ] furniture（傢俱）
- [ ] money（錢）
- [ ] information（資訊）
- [ ] luggage（行李）
- [ ] homework（家庭作業）
- [ ] news（新聞）
- [ ] progress（進步）
- [ ] traffic（交通）
- [ ] energy（能量）
- [ ] equipment（設備）
- [ ] fun（樂趣）
- [ ] health（健康）
- [ ] ice（冰）
- [ ] wealth（財富）

巧學
妙記

名詞前何時不用冠詞

獨一職位在某地，
用作為主詞補語、受詞補語、同位語；
獨立主格作為副詞，
by 片語表方式；
man 一詞意人類，
對比含義兩名詞；
系動詞 turn 接表語，
新聞語體及標題；
具體意義變抽象，
含有 as/though 的倒裝句；

人名、地名、國一詞，
抽象、物質不特指；
月份、星期、節假日，
學科、語言、稱呼語；
顏色、病名、五感覺，
棋類、球類、三餐詞；
複數形式表類別，
固定片語、慣用語。

★ 下列片語用不用冠詞，意義差別很大，一定要注意它們的區別。

- at table（在吃飯）
- in charge of（掌握）
- at the table（在桌子旁）
- in the charge of（在……掌握之中）
- at school（上學）
- in front of（在……的前面）
- at the school（在學校）
- in the front of（在……的內部前面）
- by day（白天）
- out of question（毫無疑問）
- by the day（以日計算）
- out of the question（不可能）
- go to church/college/hospital/prison/school（做禮拜／上大學／住院／坐牢／上學）
- go to the church/college/hospital/prison/school
  （去教堂／去大學／去醫院／去監獄／去學校）

 # 4 冠詞的位置

一般來說，冠詞放在名詞前面，但是冠詞的位置有時候比較靈活，在不同的結構中有不同的要求。

A

> 一般來說，冠詞位於一個名詞或名詞片語的最前面
◀◀◀

- **a** European country（一個歐洲國家）
- **an** honest and warm-hearted boy（一個誠實又熱心的男孩）
- **the** difficult situation（困難的處境）
- **the** happiest time（最幸福的時光）

B

> 單數名詞前面有「as/so/too ＋形容詞」時，冠詞放在形容詞後面
◀◀◀

- I have never spent as delightful **a** time as this Sunday.
  （我從來沒有度過像這個星期天那麼快樂的一天。）
- Jane is not so smart **a** girl as I thought.（珍不像我認為的那麼聰明。）

- The teacher asked so hard **a** question that none of us could answer it.
（老師問的問題這麼難，以至於我們之中都沒有人能回答得出來。）
- Maggie is too young **a** girl to be left by herself at home.
（瑪姬太小，不能把她單獨留在家裡。）
- I'm afraid it's too heavy **a** load for such a boy of ten.
（對於十歲的孩子來說，這恐怕是一個太重的負擔。）

C

> quite, rather 加上單數名詞
> 時，冠詞放在它的後面
◀◀◀

- This is rather/quite **a** valuable suggestion.
（這是一個很好的建議。）

D

> 單數名詞前面有 such 修飾
> 時，冠詞放在 such 後面
◀◀◀

- We are in such **a** difficult situation as we came across last time.
（我們正處在一個與上次遇到相同的困境中。）
- He has never written such **an** interesting book as that.
（他從來沒寫過像那本一樣有趣的書。）
- Albert Einstein is such **a** great scientist that people throughout the world all respect him.
（阿爾伯特・愛因斯坦是一位偉大的科學家，全世界的人都尊敬他。）

特別強調

- quite 後面沒有形容詞，只有修飾名詞時，冠詞只能放在 quite 後面。
  - She is quite **a** girl. （她真是個了不起的女孩。）
- 另外在 quite/rather a few, quite/rather a little 等片語中，由於 a few, a little 是固定片語，不可以拆開變成 a quite/rather few, a quite/rather little。

> 由 what 和 how 開頭的感歎句中，冠詞放在
> what 後面，以及 how 修飾的形容詞後面

◀◀◀

- What **a** splendid performance you gave us!
  （你們的演出多麼精彩呀！）
- How timely **a** rain we've got in such a dry season.
  （在乾枯的季節，這真是一場及時雨呀！）

> 名詞前面有 all, both, double, exactly
> 等字時，定冠詞通常放在這些字後面

◀◀◀

- You've arrived at exactly **the** right moment.
  （你來的正是時候。）
- All **the** information is true.
  （所有的資訊都是真的。）
- They offered him double **the** amount, but he still refused.
  （他們給他雙倍的數量，但是他還是拒絕了。）

考題演練

(1) It's _____ good feeling for people to admire the World Expo that gives them _____ pleasure.
   A. /; a   **B.** a; /   **C.** the; a   **D.** a; the

(2) Everything comes with _____ price; there is no such _____ thing as a free lunch in the world.
   A. a; a   **B.** the; /   **C.** the; a   **D.** a; /

(3) First impressions are the most lasting. After all, you never get _____ second chance to make _____ first impression.
   A. a; the   **B.** the; the   **C.** a; a   **D.** the; a

(4) In _____ most countries, a university degree can give you _____ flying start in life.
   A. the; a   **B.** the; /   **C.** /; /   **D.** /; a

(5) If we sit near _____ front of the bus, we'll have _____ better view.
   A. /; the   **B.** /; a   **C.** the; a   **D.** the; the

(6) There are over 58,000 rocky objects in _____ space, about 900 of which could fall down onto _____ earth.
   A. the; the   **B.** /; the   **C.** the; /   **D.** a; the

(7) The visitors here are greatly impressed by the fact that _____ people from all walks of life are working hard for _____ new Taipei.
   A. /; a   **B.** /; the   **C.** the; a   **D.** the; the

(8) Many lifestyle patterns do such _____ great harm to health that they actually speed up _____ weakening of the human body.
   A. a; /   **B.** /; the   **C.** a; the   **D.** /; /

■ （二）模擬試題：Choose the correct answer.（選擇正確的答案）

(1) Towards _____ evening _____ heavy rain began to fall.
A. an; a   B. /; a   C. /; /   D. the; a

(2) You don't have to go to _____ hotel. I can find you _____ bed in my apartment.
A. /; a   B. a; the   C. the; a   D. the; the

(3) —I have _____ high temperature and _____ sore throat.
—Well, you may have the flu.
A. a; a   B. a; the   C. the; the   D. the; a

(4) Jack had _____ feeling of excitement when hearing his article had been published in _____ school magazine.
A. the; a   B. a; the   C. /; the   D. the; /

(5) —_____ potato salad is good.
—I'm very glad you like it. I used _____ special cheese to make it.
A. The; the   B. The; a   C. A; a   D. A; the

(6) Keelung is _____ most beautiful coastal city and I think I'll go there for _____ second time.
A. a; a   B. the; a   C. the; the   D. a; the

(7) —Did you get _____ part that you tried out for in the play?
—No, someone else got it, but I got _____ better one.
A. the; a   B. the; the   C. a; the   D. a; a

(8) I earn ten dollars _____ hour as _____ supermarket cashier on Saturdays.
A. a; an   B. the; a   C. an; a   D. an; the

(9) To make _____ living, the beggar doesn't mind risking being laughed at in _____ public.
A. /; the   B. the; /   C. a; /   D. /; a

(10) In the US _____ Mother's Day is a holiday celebrated on _____ second Sunday in May.
A. the; /   B. /; /   C. the; the   D. /; the

答案・解說①

(1) B　(2) D　(3) C　(4) D　(5) C　(6) B　(7) A　(8) B

(1) 解釋：參觀世博會讓人感覺很好，為他們帶來了樂趣。feeling 為可數名詞，意思是「感覺」，故第一個空格用不定冠詞；pleasure 在此表示「樂趣」，是抽象名詞，前面不用冠詞。

(2) 解釋：任何事情都是有代價的，世界上沒有免費的午餐。可數名詞 price 在此表示廣義的意義，故第一個空格用不定冠詞；thing 表示「任何東西，任何事情」，有 such 修飾，不再加冠詞，所以答案選 D。

(3) 解釋：第一印象最持久，畢竟你不會再有機會取得第一印象了。second 在本題中不表示順序概念，前面用不定冠詞，表示「再一」的意思；first 後的 impression 表示廣義的意義，前面用不定冠詞。

(4) 解釋：在大多數國家，大學文憑可以為你的人生提供一個良好的開始。在此泛指很多國家，countries 前不用冠詞。a flying start 是固定片語，意思是「良好的開始」。

(5) 解釋：如果我們坐在公車的前側，視線會更好。特別指公車的前側，front 前面用 the；泛指一個不錯的視線，第二個空格用 a。

(6) 解釋：太空中有 58,000 多個岩石體，其中大約 900 個都有可能會墜落到地球上。space 是「太空」的意思，前面不用冠詞；表示宇宙中獨一無二的天體 earth 前面用定冠詞。

(7) 解釋：各行各業的人都在努力建設新台北，這件事讓遊客留下了深刻的印象。泛指各行各業的人們，people 前面不加冠詞；專有名詞 Taipei 前本來不用加上冠詞，但是在這裡表示「一個……的台北」，應該加上不定冠詞。

(8) 解釋：很多生活方式對人體造成如此大的傷害，以致它們加速了人類身體的耗弱。do harm to「對……有害」，是固定片語，第一個空格不用冠詞；weakening 後面有 of 片語作為限定詞，是特別指這件事，前面應該加上定冠詞。

答案・解說②

(1) B　(2) C　(3) A　(4) B　(5) B　(6) A　(7) A　(8) C　(9) C　(10) D

(1) 解釋：接近傍晚下了一場大雨。時間名詞 evening 前面不用冠詞；a...rain 物質名詞表示個體概念，表示「一場……的雨」。

(2)　解釋：你不用去住旅館，我可以在我住的公寓幫你找一張床。hotel 前面用 the，表示這一類的事物；bed 前面用 a 表示「一張床」。

(3)　解釋：「我發燒，還喉嚨痛。」「哦！你可能得了流感。」have a high temperature「發高燒」；have a sore throat「喉嚨痛」，均是固定片語。

(4)　解釋：：聽到自己的文章在校刊上發表後，傑克很興奮。這裡 feeling 表示「感覺」，是可數名詞，a feeling of...「一種……的感覺」；而「校刊」magazine 前面用定冠詞。

(5)　解釋：「馬鈴薯沙拉很好吃。」「很高興你喜歡，我用一種特別的起司做成的。」在此指雙方都知道的「馬鈴薯沙拉」，第一個空格用定冠詞；泛指「一種特別的乳酪」，第二個空格用不定冠詞。

(6)　解釋：基隆是一座很美的沿海城市，我想我會再去那裡一次的。句子中的 most 沒有比較含義，只表示程度，意思是「非常，很」，它前邊的冠詞依名詞 city 而定，用 a；「a/an ＋序數」表示「再次」，修飾 time(次數)。

(7)　解釋：「你有得到那齣戲中你想演的那個角色嗎？」「沒有，別人得到了，但是我得到了一個更好的角色。」part 後面有修飾語，表示特別的意思，第一個空格用 the；「a ＋比較級＋名詞」表示「更……的一個……」。

(8)　解釋：我星期六當超市收銀員，一個小時賺 10 美元。不定冠詞用在表示時間的單位名詞前，表示「每……」；「a/an ＋單數名詞」泛指某一類的人或物，也就是 a supermarket cashier「超市收銀員」。

(9)　解釋：為了謀生，乞丐不介意冒著被當眾嘲笑的危險。make a living「謀生」，in public「當眾，公開地」，均為固定用法。

(10)　解釋：在美國，人們在五月的第二個星期天慶祝母親節。表示節日的名詞 Mother's Day「母親節」前面不用加任何冠詞；在表示順序的序數 second 前面用定冠詞 the.

數詞

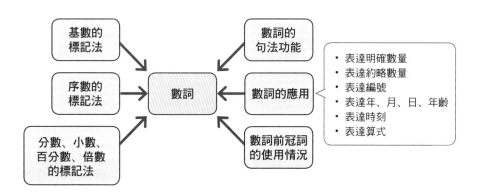

Motto 【座右銘】

Slow and steady wins the race.

穩紮穩打無往而不勝。

　　表示數目多寡或順序先後的詞叫數詞，主要有基數、序數、小數、分數和百分數等，其中基數、小數、分數和百分數表示數目或數量的多寡；序數表示彼此的順序或等級。數詞與不定代名詞用法很相似，它的功能相當於名詞或形容詞，在句中可以作為主詞、受詞、主詞補語、限定詞和同位語等。

1 基數的表示法

數詞分為基數詞和序數詞兩種。

A

基本基數

　　基本基數共31個，其中100以下的27個，100及100以上的4個。見下表：

| 100 以下的基本基數 | | | 100 以上的基本基數 |
1 ～ 10	11 ～ 19	20 ～ 90	≧ 100
1 one	11 eleven	20 twenty	100 a/one hundred
2 two	12 twelve	30 thirty	1, 000 a/one thousand
3 three	13 thirteen	40 forty	1, 000, 000 a/one million
4 four	14 fourteen	50 fifty	1, 000, 000, 000 a/one billion
5 five	15 fifteen	60 sixty	
6 six	16 sixteen	70 seventy	
7 seven	17 seventeen	80 eighty	
8 eight	18 eighteen	90 ninety	
9 nine	19 nineteen		
10 ten			

B

21—99 的非整十數

先說十位數，再說個位數，中間加上連字號「-」。

- 24 讀作：twenty-four
- 39 讀作：thirty-nine
- 55 讀作：fifty-five

C

101—999 的非整百數

先說百位數，加上and後，再加上後面的兩位數（或末尾數）。

- 502 讀作：five hundred and two
- 760 讀作：seven hundred and sixty
- 275 讀作：two hundred and seventy-five

D

1,000 以上的基數

　　從後面往前數，每三位數加一個逗號，以此把數目分為好幾段，再一段一段讀。從後面往前第一個逗號前的數為thousand，第二個逗號前的數為million，第三個逗號前為billion。

- 6,283 讀作：six thousand, two hundred and eighty-three
- 15,002,147 讀作：fifteen million, two thousand, one hundred and forty-seven
- 134, 056, 486 讀作：one hundred and thirty-four million, fifty-six thousand, four hundred and eighty-six

特別強調

- hundred 後面通常會加上 and，但是在美式英語中可以省略。如果讀數中沒有 hundred，則會在 thousand 後面加上 and，例如 two thousand and seventeen (2, 017)。

- 英語中沒有「萬」這個單位，要表示「萬」的時候，就需要借用 thousand，如「一萬」用「十個千」（ten thousand）來表示。

序數的表示法

基本序數

序數除了第一、第二和第三這三個字(first, second, third)比較特別之外，其他大部分都是在基數字尾加上-th構成，不過一百以內整十的序數需要先將基數字尾變成i之後，再加上-eth。

基本序數的構成		
1st first	11th eleventh	20th twentieth
2nd second	12th twelfth	30th thirtieth
3rd third	13th thirteenth	40th fortieth
4th fourth	14th fourteenth	50th fiftieth
5th fifth	15th fifteenth	60th sixtieth
6th sixth	16th sixteenth	70th seventieth
7th seventh	17th seventeenth	80th eightieth
8th eighth	18th eighteenth	90th ninetieth
9th ninth	19th nineteenth	
10th tenth		

B

非整十的多位序數

非整十的多位數，只要把個位數變成序數。

- 第 21 讀作：twenty-first
- 第 101 讀作：one hundred and first
- 第 999 讀作：nine hundred and ninety-ninth

C

hundred, thousand, million 的序數

hundred, thousand, million的序數形式都是在字尾加上-th，分別為hundredth, thousandth, millionth。

- 第 600 讀作： six hundredth
- 第 20, 000 讀作：twenty thousandth

3 分數、小數、百分數、倍數的表示法

A
分數

表示分數時，分子用基數，分母用序數。如果分子大於1，分母就要用複數。

- $\frac{2}{5}$ 讀作：two fifths
- $\frac{3}{8}$ 讀作：three eighths
- $\frac{5}{12}$ 讀作：five twelfths

❶ $\frac{1}{2}$ 用 a (one) half 表示，而不用 a second。

❷ $\frac{1}{4}$ 和 $\frac{3}{4}$ 可以說 a/one fourth 和 three fourths，也可以用 a quarter 和 three quarters 表示。

❸ 對於比較複雜的分數，分子和分母都用基數，中間再用 over 連接。
- $\frac{7}{20}$ 讀作：seven over twenty
- $\frac{51}{80}$ 讀作：fifty-one over eighty

❹ 帶分數要用「整數部分＋ and ＋分數」表示。
- $5\frac{3}{5}$ 讀作：five and three fifths

B
小數

與中文一樣，小數點前面的數字與普通基數的讀法相同，小數點後面的數字則必須一一讀出來。小數點讀作為point，小數點後面的0通常讀作為字母「o」的音，也可以讀作naught或zero。

- 0.128 **讀作**：(naught/zero) point one two eight
- 61.89 **讀作**：sixty-one point eight nine
- 15.305 **讀作**：fifteen point three O five

> **注意
> 一下**
> 小於 1 的小數，小數點左邊的零讀作 naught(英) 或 zero(美)，也可以不讀。

C
百分數

百分數由「基數/小數＋百分號(%)」組成，百分號(%)讀作percent，沒有複數形式。

- 20% **讀作**：twenty percent
- 0.58% **讀作**：(naught) point five eight percent

D

倍數

表示倍數時，兩倍用twice/double，三倍以上用「基數＋times」。數詞表達倍數主要用在以下五種句型：

❶「倍數＋ as...as...」型
- We have produced **three times as many computers as** we did last year.(我們生產的電腦是去年的三倍。)

❷「倍數＋ the size of...」型
用法與size相同的名詞有weight(重量), height(高度), depth(深度) , width(寬度) , age(年齡) , length(長度)等。
- China is almost **twice/double the size of** Mexico in area.
（中國的面積幾乎是墨西哥的兩倍大。）

❸「倍數＋ what 子句」型
- The length of the road is **twice/double what it was three years ago**.
（ 這條路是三年前的兩倍長。）

❹「倍數＋比較級＋ than」型
- He has read **three times more books than I have**.
（他讀的書是我的三倍多。）

❺「比較級＋ than... ＋ by ＋倍數程度」型
- The line is **longer than** that one **by twice**.
（這條線是那條線的兩倍長。）

數詞的句法功能
數詞在句子中可以作為主詞、主詞補語、受詞、限定詞等。

A

主詞

- **Three** from eight leaves five.（八減三等於五。）
- **The second** was a tall man.（第二位是個高個子的男人。）

B

┌─────────────┐
│ 主詞補語 │
└─────────────┘
◀◀◀

- My telephone number is **2165-3289**. (我的電話號碼是 2165-3289。)
- I am **the second** to invite you. (我是第二個邀請你的。)

C

┌─────────────┐
│ 受詞 │
└─────────────┘
◀◀◀

- You can take as many as you want, but leave me **two**.
  (你想拿多少就拿多少，但是要留兩個給我。)
- Do you prefer **the first** or **the second**? (你比較喜歡第一個還是第二個？)

D

┌─────────────┐
│ 限定詞 │
└─────────────┘
◀◀◀

- We still have **one** hour left. (我們還有一個小時的時間。)
- January is **the first** month of the year. (一月是一年中的第一個月。)

數詞的應用

A

┌─────────────┐
│ 表示明確數量 │
└─────────────┘
◀◀◀

表達明確數量時，直接用基數或分數、小數、百分數等。hundred, thousand, million, billion等前面有具體數詞修飾時，這些詞不能用複數形式。

- The journey took exactly **one hundred** days.
  (那次旅行花了剛好 100 天。)
- A light-year is the distance light travels in one year at a speed of **299, 792** kilometers per second.
  (一光年是指光以每秒 299, 792 公里的速度在一年中走過的距離。)
- **Three fifths** of the population voted for him. (五分之三的人投票給他。)
- The bank charges interest at **7 percent**. (銀行貸款的利息為 7%。)
- Our income is now **5.6 times** that of 2000. (我們現在的收入是 2000 年的 5.6 倍。)

ten, dozen, score, hundred, thousand, million, billion等可以構成片語，表示約略的數量。此時這些詞用複數形式，不能用具體的數字修飾，後面則是跟of搭配。

- ☐ **tens of**（數十）
- ☐ **dozens of**（十幾個）
- ☐ **scores of**（幾十個）
- ☐ **hundreds of**（數百）
- ☐ **tens of hundreds of**（數千）
- ☐ **thousands of**（數千）

- ☐ **tens of thousands of**（上萬）
- ☐ **millions of**（數百萬）
- ☐ **a few hundreds of**（上百）
- ☐ **several thousands of**（上千）
- ☐ **many millions of**（好幾百萬）
- ☐ **billions of**（數十億）

C

表達編號

編號可以用序數或基數表示。序數位於名詞之前，並加上定冠詞；基數位於名詞之後，此時名詞和基數第一個字母大寫。一般情況下，用基數較常見。

- **第 12 號**：Number 12（讀作為 number twelve，縮寫為 No.12）
- **第 408 房間**：Room 408, Room No.408 或 the No.408 Room
- **12 路公車**：Bus 12, Bus No.12 或 the No.12 Bus
- **第 5 大街**：Street No.5 或 the No.5 Street
- **電話號碼**：009-902-435-7334：Tel. No.009-902-435-7334

  讀作為 telephone number: zero, zero, nine, (dash,) nine, zero,two, (dash,) four, three, five, (dash,) seven, double three, four
- **郵遞區號 100089**：postcode (或 zip code) 100089

注意一下

電話號碼中的0可讀作為 zero 或 O [əu]，重複的數字如 33 可讀作 three, three 或 double three，中間的「-」可讀作為 dash，也可以稍微停頓後再接後面的號碼。

D

表達年、月、日、年齡

- **西元前 476 年**：476B.C. 讀作 four seven six B.C. 或 four seventy-six B.C. 或 four hundred and seventy-six B.C.
- **西元 381 年**：381A.D. 或 A.D.381 讀作 three eight one A.D. 或 three eighty-one A.D. 或 three hundred and eighty-one A.D.
- **2007 年 11 月 25 日**：November 25(th), 2007 或 25(th) November, 2007
- **在 2007 年 12 月 22 日**：on December 22, 2007
- **在 1990 年代**：in the 1990s 或 in the 1990's

- **在七歲時**：at the age of seven 或 at seven
- **一個七歲的女孩**：a girl who is seven, a girl who is seven years old, a girl aged seven, a seven-year-old girl, a girl of seven

特別強調

- 在表示時間時，中文常用「年—月—日」的順序表示，而英文則是用「日—月—年」或「月—日—年」的順序表示。2008 年 6 月 1 日在英語中可寫為：June 1st, 2008 或 1st June, 2008，也可以表示為 1/6/2008，在美式英語中也可寫作 6/1/2008。

- 英語中各月份的省略寫法如下：

• January—Jan.	• May（無）	• September—Sept.
• February—Feb.	• June—Jun.	• October—Oct.
• March—Mar.	• July—Jul.	• November—Nov.
• April—Apr.	• August—Aug.	• December—Dec.

E

表達時間

◄◄◄

在表達時間時，如果在30分鐘以內，英式英語用「分鐘＋past＋小時」，美式英語用「分鐘＋after＋小時」；如果超過30分鐘，英式英語用「分鐘＋to＋小時」，美式英語用「分鐘＋of＋小時」。最簡便的方法即「時＋分」（所有時間都可以這樣表達）。

- **9:05**：nine O five 或 five (minutes) past/after nine
- **9:20**：twenty (minutes) past/after nine 或 nine twenty
- **9:15**：a quarter past/after nine 或 nine fifteen
- **8:30**：half past eight 或 eight thirty
- **8:56**：four (minutes) to/of nine 或 eight fifty-six
- **9:45**：a quarter to/of ten 或 nine forty-five

英式英語和美式英語表達時間的方式有些差異，但一般情況下都不會採用二十四小時制。

F

表達算式

◄◄◄

英語中加、減、乘、除的讀法，主要有以下幾種情況：

- 5+6=11 讀作：Five and/plus six is/are/makes/make/equals/equal eleven.
- 11-5=6 讀作：Eleven minus five is/makes/equals six.
- 5×6=30 讀作：Five times six is/are/makes/make/equals/equal thirty. 或 Five multiplied by six is/are/makes/make/equals/equal thirty.
- 30÷5=6 讀作：Thirty divided by five is/makes/equals six. 或 Five into thirty is/makes/equals six.

在表示加法和乘法的算式中，述詞動詞可以用動詞的單數形式，也可以用複數形式；但是減法和除法中只能用單數形式。

序數前面冠詞的使用情況

A

表示「又一、再一」
時，用不定冠詞

◂◂◂

- I'll try **a second time** and see if I can do it.
  （我還要再試一次看看我能不能做得到。）

B

序數前面有所有代
名詞時，不用冠詞

◂◂◂

- This is **my ninth** birthday.（這是我的九歲生日。）

C

序數與名詞構成複合形容詞時，冠
詞的使用取決於被修飾的名詞

◂◂◂

- There is a **second-hand** bookstore.（那裡有一間二手書店。）
- When I was a kid, I hated wearing **second-hand** clothes.
  （我小時候最不喜歡穿別人穿過的衣服。）

D

某些包含序數的固定搭配
中，經常不用加冠詞

◂◂◂

- □ first of all（首先）
- □ at first（當初）
- □ from first to last（從頭至尾）
- □ every third day（每三天）

E

冠詞省略的情況

◂◂◂

❶ 在月、日表達中

- □ March **(the)** eighth（三月八日）
- □ October **(the)** first（十月一日）

❷ 對等使用兩個序數，後面的序數前面可以省略 the
- the twentieth and twenty-first centuries（20 世紀和 21 世紀）

❸ 在某些動詞片語中
- take/win/get/gain first place（得到冠軍）
- come out first（得到第一名）

4
數
詞

考題演練

（一）大學入試考古題：Choose the correct answer.（選擇正確的答案）

⑴ Peter's jacket looked just the same as Jack's, but it cost _____ his.
　A. as much twice as
　B. twice as much as
　C. much as twice as
　D. as twice much as

⑵ Ten years ago the population of our village was _____ that of theirs.
　A. as twice large as
　B. twice as large as
　C. twice as much as
　D. as twice much as

⑶ It is reported that the floods have left about _____ people homeless.
　A. two thousand
　B. two-thousands
　C. two thousands
　D. two thousands of

⑷ She went to the bookstore and bought _____.
　A. dozen books
　B. dozens books
　C. dozen of books
　D. dozens of books

⑸ _____ of the land in that district _____ covered with trees and grass.
　A. Two fifth; is
　B. Two fifth; are
　C. Two fifths; is
　D. Two fifths; are

（二）模擬試題：Choose the correct answer.（選擇正確的答案）

⑴ Smoking increases the risk of heart disease. The average smoker is about _____ to die of a heart attack as a non-smoker.
　A. twice more likely
　B. twice so likely
　C. twice as likely
　D. twice likely

⑵ My father served in the army in _____ when he was in _____.
　A. 1950's; twenties
　B. the 1950s; his twenties
　C. the 1950's; the twenties
　D. 1950's; the twenties

⑶ After the new reform, the output of the factory is now _____ it was in 2008.
　A. larger as three times as
　B. three times as large
　C. as three times many
　D. three times larger than

(4) I wonder if I can ask him _____ time.
   A. four   B. fourth   C. the fourth   D. a fourth

(5) _____ of the people on the Net _____ China's economy is among the strongest in the world.
   A. Four fifth; believes   B. Four fifth; believe
   C. Four fifths; believe   D. Four fifths; believes

(6) She went to the countryside _____.
   A. in the morning at nine on June first, 1968
   B. on June first, 1968 in the morning at nine
   C. at nine in the morning on June first, 1968
   D. on June first, 1968 at nine in the morning

(7) _____ martyrs have heroically laid down their lives for the people.
   A. Thousand upon thousand of   B. Thousand and thousands of
   C. Thousands upon thousands of   D. Thousand and thousand of

(8) We have _____ such tall buildings in our city.
   A. two scores of   B. two score   C. two score of   D. two scores

(9) _____ trees have been planted in our school in the past 10 years.
   A. Two thousand of   B. Two thousands
   C. Thousand of   D. Thousands of

(10) We are going to learn _____ this term.
   A. book six   B. six book   C. the book six   D. Book Six

(答案 ・ 解說) 1

■ (1) **B**   (2) **B**   (3) **A**   (4) **D**   (5) **C**

(1) 解釋：彼得的夾克看起來和傑克的完全一樣，但是價錢卻是傑克的兩倍。在 as... as 句型中，原級副詞放在第一個 as 的後面；倍數修飾原級比較時，應該放在放在第一個 as 的前面，所以答案選 B。

(2) 解釋：十年前，我們村莊的人口是他們村莊的兩倍。倍數修飾原級比較時，應該放在該比較形式的第一個 as 前面；修飾 population 用 large，所以答案選 B。

(3) 解釋：根據報導，這次洪水使得兩千人無家可歸。thousand, hundred 等前面有具體數字修飾時，不加 -s；而 thousands of, hundreds of 等約數，前面不用具體數字修飾。

(4) 解釋：她到書店買了數十本書。表示約數時用「數詞的複數形式＋of」句型。

(5) 解釋：那個地區的五分之二面積都覆蓋著草地和樹木。分數的分子用基數，分母用序數表示。如果分子大於 1，作為分母的序數後面加 -s。分數和百分數作為主詞時，述詞動詞的形式取決於分數和百分數後的名詞。句子中的主詞 land 是不可數名詞，所以述詞動詞要用單詞。

答案・解說 ②

▶ (1) C (2) B (3) D (4) D (5) C (6) C (7) C (8) C (9) D (10) D

(1) 解釋：吸煙增加了罹患心臟病的風險，一般吸煙者死於心臟病的可能性大約是非吸煙者的兩倍。倍數修飾原級或比較級時，要放在比較句型的最前面；原級比較在肯定句中不用 so，所以答案選 C。

(2) 解釋：我父親在 50 年代服兵役的時候二十幾歲。表示「在……年代」用「in + the ＋年代＋ -s/-'s」；表示「在某人幾十多歲時」用「in + one's ＋整十數的複數」。

(3) 解釋：自從新的改革之後，這家工廠現在的產量是 2008 年的三倍。倍數修飾原級或比較級時，放在 as ... as 或比較句型前面，所以答案選 D。

(4) 解釋：我想知道我是不是可以再問他一次。序數前面用不定冠詞表示「再一」。

(5) 解釋：網路上有五分之四的人認為中國的經濟居於世界最強之列。分數的構成為：分子用基數，分母用序數，分子大於 1 時，分母用複數，先排除 A、B；「分數＋ of ＋名詞」作為主詞時，述詞的單、複數由 of 後的名詞決定，people 為複數名詞，所以答案選 C。

(6) 解釋：她在 1968 年 6 月 1 日早上 9 點去了鄉下。多個表示時間的詞放在一起時，要依從小到大的順序排列。

(7) 解釋：成千上萬的烈士為了人們英勇地獻出了自己的生命。表達「成千上萬」用 thousands upon/and thousands of。

(8) 解釋：我們城市裡有四十座這麼高的大樓。score 前面有具體的數詞修飾，不能用複數形式；常和 of 連用。

(9) 解釋：在過去的十年裡，我們學校種了數千棵樹。表示泛指的數目時，thousand 用複數形式，後面加 of；但是前面有具體數字時，不能用複數，後面也不加 of。

(10) 解釋：我們這學期要學第六冊。表達編號時可以用「the ＋序數＋名詞」，也可以用「名詞＋基數」表示，但名詞和基數的首字母都要大寫。

介系詞

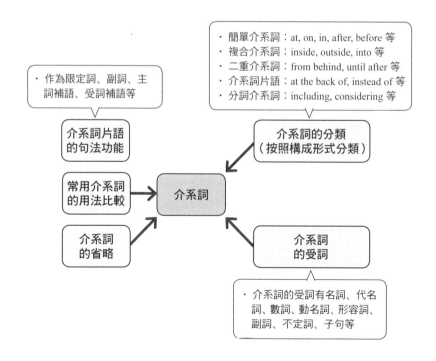

- 作為限定詞、副詞、主詞補語、受詞補語等

介系詞片語的句法功能

- 簡單介系詞：at, on, in, after, before 等
- 複合介系詞：inside, outside, into 等
- 二重介系詞：from behind, until after 等
- 介系詞片語：at the back of, instead of 等
- 分詞介系詞：including, considering 等

介系詞的分類（按照構成形式分類）

常用介系詞的用法比較

介系詞

介系詞的省略

介系詞的受詞

- 介系詞的受詞有名詞、代名詞、數詞、動名詞、形容詞、副詞、不定詞、子句等

　　介系詞是一種虛詞，不能加強語氣，也不能單獨作為句子成分，通常用在名詞或代名詞（或相當於名詞的詞）前面，表示後面的詞語與句子裡其他詞之間的關係。

1 介系詞的分類

根據介系詞的構成形式可將介系詞分為簡單介系詞、複合介系詞、二重介系詞、介系詞片語和分詞介系詞五類。

A

簡單介系詞

　　由一個單字構成的介系詞，稱為簡單介系詞。如：at, on, in, after, before, behind 等。

B

複合介系詞

　　由兩個單字複合組成的介系詞，稱為複合介系詞。如：inside, outside, onto, into, within, without等。

C

二重介系詞

由兩個簡單的介系詞重疊在一起構成的介系詞，稱為二重介系詞。如：from behind, until after, from among等。

D

介系詞片語

介系詞片語是由一個或幾個簡單介系詞，和一個或幾個其他詞類組合構成的片語，相當於一個簡單介系詞。如：at the back of, instead of, in place of, in front of, at the top of, thanks to, owing to等。

E

分詞介系詞

在英語中有一部分動詞的分詞形式具備介系詞的性質，在很多情況下，將它們視為介系詞。如：including, considering, regarding, concerning等。

介系詞的受詞

介系詞不能單獨使用，必須與它後面的受詞構成介系詞片語才行。能作為介系詞受詞的可以是名詞、代名詞、數詞、動名詞、形容詞、副詞、不定詞、子句等。

- There is a telephone booth **near the cinema**.
  （電影院附近有一座電話亭。）
- He tends to get angry when people do not agree **with him**.
  （當他聽到不同意見時總是會生氣。）
- He was among **the first** to come here.
  （他是最早到的其中一個。）
- I'm looking forward **to hearing from you** soon.
  （我希望能快點收到你的來信。）
- Her spoken English is far **from perfect**.
  （她的口說英語離完美還很遠。）

- My home is far **from here**.（ 我家離這裡很遠。）
- The man lives for nothing **but to gather money**.
  （ 這個人活著除了聚財以外一無是處。）
- Enough has been said **on how to learn a foreign language**.
  （ 如何學習外語這件事已經說得夠多了。）
- I don't care **about where you went yesterday**.
  （ 我對你昨天去哪裡一點也不在意。）

介系詞片語的句法功能

介系詞片語在句子裡可以作為限定詞、副詞、主詞補語、受詞補語等。

A

作為限定詞

介系詞片語作為限定詞，常放在被修飾詞或片語的後面。

- She is a woman **of strong character**.（ 她是一個個性鮮明的女人。）
- Most of the cars **on display** are new products.（大多數展示的汽車都是新產品。）
- The beautiful kindergarten **in front of this building** was built last year.
  （這棟樓前面那個漂亮的幼稚園是去年蓋的。）

B

作為副詞

介系詞片語作為副詞的用法最多，可以表示時間、地點、方式、條件、目的、原因等。

- The shop was closed **at six o'clock in the afternoon**.
  （ 這間商店下午六點關門了。）〔表時間〕
- We will meet **at the station**.（ 我們會在車站碰面。）〔表地點〕
- I like travelling **by train**.（ 我喜歡搭火車旅行。）〔表方式〕
- **But for Tom**, we should have lost the match.
  （ 要不是湯姆，我們就輸掉那場比賽了。）〔表條件〕
- What can I do for you **in return for your help**?
  （我能做什麼來報答你的幫助呢？）〔表目的〕
- The sports meeting was put off till next Sunday **because of the rain**.
  （因為下雨的關係，運動會延到下個星期天。）〔表原因〕
- **As against last year**, the number of pupils in our school increased 10
  percent.（跟去年相比，我們學校的學生增加了百分之十。）〔表比較〕

C

作為主詞補語

- The Whites will be **for holiday** in Kenting this winter vacation.
（今年寒假懷特一家要去墾丁度假。）
- How many delegates are **in favour of this motion**?
（有多少委員支持這項提議？）
- Byron is **among the world's greatest poets**.
（拜倫是世界上最偉大的詩人之一。）

D

作為受詞補語

- He took me **for a fool**.（他把我當成傻瓜。）
- I found everything **in good condition**.（我覺得一切都很好。）
- It's wrong to think oneself **above others**.（自以為高人一等是錯誤的。）

幾組常用介系詞的用法比較

A

時間介系詞 in, at, on

　　一般in表示時間區間，即在較長的一段時間內；at表示時間點，即幾點鐘、做某件事的時間等；on表示特定的日子、具體的日期、星期幾或節日。

- ☐ in the morning（在上午）
- ☐ in a day（在一天）
- ☐ in August（在八月）
- ☐ in spring（在春天）
- ☐ in 2009（在 2009 年）
- ☐ in the 21st century（在二十一世紀）
- ☐ at 7:30（在七點半）
- ☐ at noon（在中午）

- ☐ at that time（在那時候）
- ☐ at the moment（現在）
- ☐ on Monday（在星期一）
- ☐ on that day（在那天）
- ☐ on September 20, 2007
（在 2007 年 9 月 20 日）
- ☐ on a rainy day（在雨天）

- 在以下的時間片語中，at 表示時間區間。
  - at dinner time（在晚餐時）
  - at night（在夜間）
  - at weekends/the weekend（在週末）
  - at Christmas（在聖誕假期）

- 表示上午、下午或晚上的單字前面，一般用介系詞 in，但某一天的上午、下午或晚上，則應該用介系詞 on。
  - on Sunday morning（星期日早上）
  - on the night of August 10（8 月 10 日晚上）

B

時間介系詞 during, in
◀◀◀

during和in都表示一段時間。但during更加強調時間的延續，表示在一段時間內自始至終的狀態，述詞動詞一般是延續性的；而需要準確地說出某動作發生的時間時，則要用in。

- He swims every day **during/in** summer.
  （整個夏天他每天都去游泳。）
- The thief broke into the house **during/in** the afternoon.
  （小偷下午破門闖進了住宅。）
- The shop was closed **during** the whole three months.
  （那家店整整三個月都沒有營業。）
- The fire happened **in** the evening.（傍晚發生了火災。）〔不用 during〕

C

時間介系詞 for, since
◀◀◀

for和since引導的時間副詞都有延續的意思，「for＋時間區間」表示「延續多久」，作為時間副詞時，句子可以用過去式、完成式或未來式；since後面接表示時間點的片語，意思是「自從(過去某時)以來」，表示從過去某個時間開始，延續至今的一段期間，因此會用現在完成式。

- I have lived in this city **for more than 10 years**.
  （我在這個城市居住十多年了。）
- I worked in this company **for two years**.（我在這家公司工作過兩年。）
- The guests will stay in Taipei **for one day**.（客人將在台北停留一天。）
- He has worked in this company **since graduation**.
  （自從畢業後他就在這家公司工作了。）
- I haven't seen her **since ten years ago**.（自從十年前我就再也沒見過她了。）

D

時間介系詞 in, after

◀◀◀

in和after後面都可以接時間區間，表示「……（時間）之後」，但是in用在未來式，after用在過去式；不過「in＋一段時間」也可以用於過去式，意思是「在……（時間）內」，after後面接一個具體的時間點時，也可以用於未來式。

- We will meet again **in two weeks**.
  （ 兩個星期後我們會再碰面。）
- We started out for the United States on July the first and **after 20 hours**, we arrived at Los Angeles Airport.
  （我們 7 月 1 日啟程前往美國，20 個小時後抵達洛杉磯機場。）
- He wrote the book **in two years**.
  （ 他花了兩年的時間寫這本書。）
- My brother will go there **after five o'clock**.
  （ 我哥哥五點以後會去那裡。）

E

時間介系詞 before, by

◀◀◀

二者都可表示「在……之前」，但by含有「最晚不超過……」、「到……為止」的意思。如果by後面接著未來的時間，時態要用未來式或未來完成式；如果是過去的時間，時態則要用過去完成式。

- I will be back **before suppertime**.
  （ 晚飯前我會回來。）
- Supper will be ready **by 6:00**.
  （ 晚餐會在六點之前準備好。）
- This factory had produced more than one million cars **by the end of last year**.（到去年年底，這家工廠已經生產超過一百萬輛汽車了。）

F

方位介系詞 in front of, in the front of

◀◀◀

in front of 指的是某物體外部的前面，in the front of指的是某物體內部的前面。

- **In front of** my house runs a small river.
  （ 在我家門前有一條小河。）
- Don't sit **in the front of** the car.
  （ 不要坐在汽車的前座。）

G

方位介系詞
between, among
◀◀◀

between一般指「兩者之間」，也可用來指三個或三個以上的人或物其中的兩者之間；而among用在三個或三個以上的人或物之間，或廣泛的一群人或物之中。

- The house stands **between** two farms.
  （這間房子位於兩個農場之間。）
- My village lies **among** mountains.
  （我們村莊座落於群山之間。）

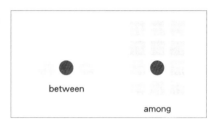

between

among

H

方位介系詞 on,
in, above, over
◀◀◀

on是指在某個物品的表面上，與物體表面接觸；in表示「在……的上面」時，表示占去某物體的一部分；above是指沒有和物體表面接觸，而是在物體的上方，但並不一定是在正上方；over則是指在物體的正上方，有時還有「覆蓋、越過」的意思。

- There are some books **on** the desk.（桌上有幾本書。）
- There is a picture **on** the wall.（牆上有一幅畫。）
- There is a hole **in** the wall.（牆上有一個洞。）
- There is a bird **in** the tree.（樹上有一隻鳥。）
- The plane flew **above** the clouds.（飛機在雲層上空飛行。）
- The mountain is about 2, 000 metres **above** the sea.
  （那座山的海拔約 2,000 公尺。）
- A lamp was hanging **over** the table.（桌子上方吊著一盞燈。）
- The thief climbed **over** the wall and ran away.（那個小偷翻過圍牆逃走了。）

巧學
妙記
！

表示地點的介詞用法口訣

裡面、上面 in 和 on, over, under 上下方。

in front of 前，behind 後，at 在某一地點上。

來自 from，朝前 to，裡面穿過是 through，表面穿過是 across。

到上面 onto，進入 into。

在旁邊 beside，在附近 near。

看圖唱歌難也易，

課後還須認真記。

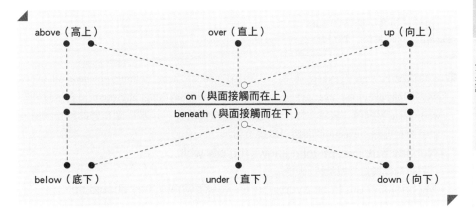

I

方位介系詞 across, through, past, over

across強調從表面上通過；through強調從某一個空間內部穿過；past強調從某個物品的一旁經過；over則是強調從上方跨過。

- Be careful enough while walking **across** the street.
  (過馬路時千萬要小心。)
- Walk **through** the gate and you'll see the rest room.
  (穿過大門你就會看到洗手間了。)
- Our bus drove **past** the Taipei 101.
  (我們搭的公車經過了 101 大樓。)
- The dog jumped **over** the fence and ran away.
  (那條狗跳過柵欄跑掉了。)

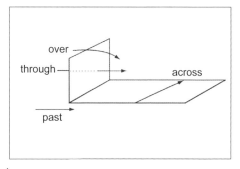

J

方式介系詞 with, by, in

with, by, in都表示「使用」，with多半指使用具體的工具，或是身體的某個部位或器官；by指使用某種方法或手段；in則是指使用某種語言、工具等。

- What can I cut the cake **with**?
  (我要用什麼切蛋糕？)
- Why don't we go there **by** car instead?
  (我們怎麼不坐車去呢？)
- He made the speech **in** English.
  (他用英語演說。)

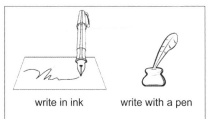

write in ink　　write with a pen

K

❶ 一般情況下，but 和 except 通用，主要用在 nobody, none, nothing, nowhere, all, every, everything, everyone, everywhere, anybody, anyone, anything, anywhere 和表示疑問的 who, what 等詞後，表示「除……之外」，後面的受詞是被排除在外的，強調對同類事物的排除；except 後面還可以接子句。

- Nobody **but/except** John knows the city well.
  （只有約翰對這個城市特別瞭解。）
- My books seem to be everywhere **except** where they should be.
  （除了能放的地方外，我的書到處都是。）
- Who **but/except** you should be blamed for the mistake?（除了你還有誰應該為這個錯誤負責？）
- They look very similar **except that one is a little taller**.（除了一個比較高之外，他們看起來很像。）

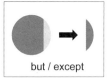

but / except

❷ except for 的意思為「除了……之外」，它主要強調對不同類事物的排除。

注意
一下

- Now the woods was silent **except for** the leaves.
  （樹林裡一片寂靜，只有樹葉發出的聲響。）
- The bus is empty **except for** two passengers.
  （公車上只有兩名乘客。）

有時候 except for 和 except 的用法相同，也可表示「除了……」。
- I almost know nobody except for/except a few. （除了少數幾個人之外，其他人我幾乎都不認識。）

❸ besides 的意思是「除……之外（其他的也）」，後面的受詞是被包括在內的。

- Many students have been to the National Palace Museum **besides** me.
  （除了我以外，還有很多學生也去過故宮。）
- **Besides** reading, I love listening to music.（除了閱讀，我還喜歡聽音樂。）

besides

 用法辨異

- All of them have been to the National Palace Museum **except me**.
  （除了我以外，所有的人都去過故宮。）〔只有我沒去過故宮〕
- All of them have been to the National Palace Museum **besides me**.
  （除了我以外，其他人也都去過故宮。）〔我和其他人都去過故宮〕

介系詞的省略

一般來說，介系詞是不可以省略的，但是在一些特殊用法或固定片語中，有些介系詞是可以省略的。主要有以下幾種情況：

A

> 表示時間的介系詞
> 的省略

❶ 在 next, last, this, these, today, yesterday, tomorrow, one, any, every, each 和 all 等字前面，at, on, in 通常都要省略。

- □ this morning（今天早晨）
- □ yesterday（昨天）
- □ the next day（第二天）
- □ next week（下星期）
- □ every week（每週）
- □ last year（去年）

❷ 在某些表示時間的名詞片語前面，可以省略介系詞。

- □ **(on)** that day（那天）
- □ **(in)** the year before last（前年）
- □ **(on)** Mondays（每週一）
- □ **(on)** Sundays（每周日）
- □ **(on)** Monday（星期一）

❸ 在肯定句中表示一段時間的 for，經常可以省略。

- I have been waiting for you **(for) a whole afternoon**.
  （我已經等你整整一個下午了。）

> **特別強調**
>
> - 如果位於句首或否定句中，for 則不會省略。
>   - **For a whole month**, there is no rain.
>   （整整一個月沒下雨了。）
>   - We haven't seen each other **for a long time**.
>   （我們很久沒見面了。）

❶ 「of ＋大小、形狀、年齡、面積、材料」時，of 經常會省略。
- When I was **(of)** your age, I knew much less than you.
  （我在你這個年齡時，知道的比你少得多。）
- The desks in our class are **(of)** the same color, material, shape, height and length.（我們教室裡的桌子顏色、材質、形狀、高度和長度都一樣。）

❷ all/both/half of 用在帶限定詞的名詞前面時，of 經常會省略。
- Both **(of)** my sons are good at maths.（我的兩個兒子數學都很厲害。）
- Half **(of)** her money is spent on clothes.（她把一半的錢花在衣服上。）

在prevent/stop... (from) doing結構中，介系詞from通常會省略。

- The heavy traffic stopped him **(from)** attending the meeting on time.
  （塞車讓他無法準時與會。）
- I can't stop him **(from)** drinking.（我無法阻止他喝酒。）

特別強調

- 在被動語態中，或是與 prevent/stop...(from) 相同意思的 keep...from doing 中的 from 不可以省略。
  - He kept me **from** going there.（他不讓我去那裡。）

☐ be busy **(in)** doing（忙著做某件事）
☐ **(in)** this/that way（以這種／那種方法）
☐ opposite **(to)**（在……對面）
☐ next **(to)**（靠近、緊臨）
☐ **(at)** any time（任何時候）
☐ have difficulty **(in)** doing（做某件事有困難）
☐ spend... **(in)** doing（花……做某件事）

☐ have a good time **(in)** doing
  （很高興做某件事）
☐ pass time **(in)** doing
  （做某件事度過時光）
☐ kill time **(in)** doing（做某件事消磨時光）
☐ It's **(of)** no use **(in)** doing
  （做某件事沒用）

考題演練

■ （一）大學入試考古題：Choose the correct answer.（選擇正確的答案）

⑴ More and more high-rise buildings have been built in big cities _____ space.

    A. in search of   **B.** in place of   **C.** for lack of   **D.** for fear of

⑵ The dictionary is what I want, but I don't have enough money _____ me.

    A. by   **B.** for   **C.** in   **D.** with

⑶ Would you mind not picking the flowers in the garden? They are _____ everyone's enjoyment.

    A. in   **B.** at   **C.** for   **D.** to

⑷ Tired, Jim was fast asleep with his back _____ a big tree.

    A. in   **B.** below   **C.** beside   **D.** against

⑸ My father warned me _____ going to the West Coast because it was crowed with tourists.

    A. by   **B.** on   **C.** for   **D.** against

⑹ It is illegal for a public official to ask people for gifts or money _____ favors to them.

    A. in preference to   **B.** in exchange for

    C. in place of   **D.** in agreement with

⑺ We give dogs time, space and love we can spare, and _____, dogs give us their all.

    A. in all   **B.** in fact   **C.** in short   **D.** in return

⑻ Nowadays some hospitals refer to patients _____ name, not case number.

    A. of   **B.** as   **C.** by   **D.** with

⑼ I agree to his suggestion _____ the condition that he drops all charges.

    A. by   **B.** in   **C.** on   **D.** to

(10) So far we have done a lot to build a low-carbon economy, but it is _____ ideal. We have to work still harder.

    A. next to   **B.** far from   **C.** out of   **D.** due to

■（二）模擬試題：Choose the correct answer.（選擇正確的答案）

(1) The speech by the mayor on TV is strongly impressed _____ my memory.

    A. to   **B.** by   **C.** on   **D.** over

(2) This is the very toy car _____ which he came here the other day.

    A. by   **B.** in   **C.** for   **D.** on

(3) _____ production up by 60%, the company has had another excellent year.

    A. As   **B.** For   **C.** With   **D.** Through

(4) Let's look up the word in the dictionary. Do you have one _____?

    A. at hand   **B.** in need   **C.** at once   **D.** at your hands

(5) John is good at French. Does he know any other foreign languages _____ French?

    A. except   **B.** but   **C.** besides   **D.** beside

(6) The sunlight came in _____ the windows in the roof and lit up the whole room.

    A. through   **B.** across   **C.** past   **D.** over

(7) As we have much time left, let's discuss the matter _____ tea.

    A. over   **B.** at   **C.** with   **D.** by

(8) At what age are children able to distinguish _____ right and wrong?

    A. among   **B.** during   **C.** with   **D.** between

(9) Sports cars such as Ferraris and Porsches are priced _____ the reach of most people.

    A. under   **B.** out   **C.** within   **D.** beyond

答案・解說 ①

▶ (1) C (2) D (3) C (4) D (5) D (6) B (7) D (8) C (9) C (10) B

(1) 解釋：由於缺少空間，大城市裡興建越來越多的高樓大廈。for lack of「由於缺少……」。in search of「尋找……」；in place of「代替……」；for fear of「擔心……」。

(2) 解釋：這本字典正是我想要的，但是我身上沒有帶這麼多錢。表示「隨身帶著」用介系詞 with。by「由……，通過……」，常表示方式、方法；for 表示原因、物品等；in 表示時間、地點等「在……」。

(3) 解釋：你不要摘花園裡面的花好嗎？它們是供所有人欣賞的。for 表示針對的物品或目的，意思是「為了，給」。

(4) 解釋：因為很累，吉姆背靠著一棵大樹很快就睡著了。against「靠，倚」。in「在……」；below「在……下面」；beside「在……旁邊」。

(5) 解釋：父親提醒我不要去西海岸，因為那裡擠滿了遊客。warn sb. against (doing) ...「警告某人不要……」，為固定用法。

(6) 解釋：政府官員因為幫助別人而向他們索取禮物或金錢是違法的。in exchange for「作為……的交換」。in preference to「勝於」；in place of「替代，取代」；in agreement with「與……達成一致」。

(7) 解釋：我們對狗狗騰出時間、空間和關愛，為了回報我們，狗狗也把牠們的一切獻給我們。in return「作為回報，作為……的報酬；作為交換」。in all「總共，總計」；in fact「事實上」；in short「簡言之」。

(8) 解釋：現在有一些醫院直接稱呼病人的姓名，而不是用編號叫他們。by「依據」。of 表示所屬關係或某物所具有的特徵；as「作為，當作」；with「用（工具、手段等）」。

(9) 解釋：只要他降低所有收費，我就同意他的提議。on the condition that「只要」，是固定片語，用來引導條件副詞子句。

(10) 解釋：截至目前為止，我們已經做了許多事情來建立低碳經濟，但是與我們的理想還相差很遠，我們仍需更加努力。far from「與……相距甚遠」。next to「相鄰」；out of「在……範圍外」；due to「由於」。

▶ (1) **C** (2) **C** (3) **C** (4) **A** (5) **C** (6) **A** (7) **A** (8) **D** (9) **D**

(1) 　解釋：市長在電視上做的演講深深地印在我的記憶中。impress sth. on sb. 指「給某人留下深刻印象」，是固定用法。

(2) 　解釋：他前幾天來這裡就是為了這輛玩具汽車。for 表示來的目的。根據常識，「他」不可能坐玩具車到這裡來，排除其他三個選項。

(3) 　解釋：隨著產量增加了 60%，今年又是公司業績優異的一年。with 表示伴隨。as 作為介系詞時意思是「作為」，作為「隨著」講是連接詞；for「為了；對於」；through「穿過」。

(4) 　解釋：我們用字典查這個單字吧！你手上有字典嗎？at hand「在手上」。in need「需要」；at once「立刻」；沒有 at your hands 這個片語。

(5) 　解釋：約翰的法語很好，除了法語外，他還懂得其他外語嗎？besides 表示「除……之外（還有）」，後面的受詞是被包括在內的。except, but 後面的受詞則是被排除在外的；beside 表示「在……旁邊」。

(6) 　解釋：陽光從屋頂的窗子射進來，照亮了整個房間。through「從……內部透過」。across「從……表面穿過」；past「從……旁邊經過」；over「從……上方跨過」。

(7) 　解釋：由於還剩很多時間，我們一邊討論一邊喝茶吧！over 表時間時，意思是「在……期間」。at「在某個時間點」；with 表示伴隨；by 表時間時，指「到……時候」。

(8) 　解釋：孩子在幾歲的時候能夠分辨對錯？between...and...「在……和……之間」，用在兩者之間。among「(三者或三者以上)之間」；during「在……期間」；with「和；隨著」。

(9) 　解釋：像法拉利和保時捷這樣的跑車，價格是大多數人付不起的。beyond「超出」。under「在……下方」；若選 B 則應該用 out of；within「在……之內」。

連接詞

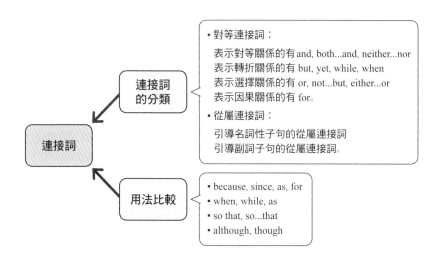

連接詞

連接詞
的分類

- 對等連接詞：

  表示對等關係的有 and, both...and, neither...nor
  表示轉折關係的有 but, yet, while, when
  表示選擇關係的有 or, not...but, either...or
  表示因果關係的有 for。

- 從屬連接詞：

  引導名詞性子句的從屬連接詞
  引導副詞子句的從屬連接詞。

用法比較

- because, since, as, for
- when, while, as
- so that, so...that
- although, though

　　連接詞是連接單字、片語或句子的一種虛詞，在句中不能單獨構成一個句子，一般不會重讀。依照性質，連接詞可以分為對等連接詞和從屬連接詞兩種。

類　　別	定　　義	例　　詞
對等連接詞	連接具有對等關係的單字、片語或句子。	and 和；both... and... ⋯⋯和⋯⋯都；not only... but (also)... 不但⋯⋯而且⋯⋯；but 但是；while 而；yet 然而；either...or... 或⋯⋯或⋯⋯；for 因為
從屬連接詞	通常引導一個子句，修飾主句。	once 一旦；as 正當；when 當⋯⋯時；while 當⋯⋯時；before 在⋯⋯以前；as soon as 一⋯⋯就⋯⋯；where 在⋯⋯地方；wherever 無論在 / 到哪裡；because 因為；since 既然；so...that 如此⋯⋯以致；if 如果；as/so long as 只要；suppose/supposing 假設；unless 除非；in order that 為了；so that 以便；even if 即使；as if 好像；as 像

1 對等連接詞

對等連接詞通常連接詞性、結構相同的部分，也就是連接「單字」與「單字」、「片語」與「片語」，或是「子句」與「子句」。對等連接詞主要用來表示對等關係、轉折關係、選擇關係和因果關係等。

A

表示對等關係

表示具有對等關係的連接詞有and（和），not only...but also...（不但……而且……），both...and...（……和……都），neither...nor...（既不……也不……）等。

- I used to live in Paris **and** London.（我曾經住過巴黎和倫敦。）
- **Both** Jane **and** Jim are interested in fishing.（珍和吉姆都對釣魚感興趣。）
- The weather here is **neither** too cold **nor** too hot.
  （這裡的天氣既不太冷也不太熱。）
- She is **not only** kind **but also** honest.（她不但和善而且誠實。）

B

表示轉折關係

用來表示轉折關係的對等連接詞有but（但是），yet（然而），while（然而），when（然而、偏偏）等。

- The car is very old **but** it runs very fast.
  （這輛汽車雖然很舊，但是還是跑得很快。）
- The problem was a little hard, **yet** I was able to work it out.
  （這個問題有點難，然而我卻能把它解決。）
- The winter in Taipei is very cold **while** that of Kaohsiung is warm.
  （台北的冬天很冷，然而高雄的冬天卻很暖和。）
- Why did you borrow the book **when** you had one?
  （這本書你已經有一本了，為什麼還要再借一本呢？）

C

表示選擇關係

表示選擇關係的對等連接詞有or（或者），not...but...（不是……而是……），either...or...（或……或……）等。

- Would you like to leave **or** would you like to stay?
  （你想離開還是想留下來？）
- He is **not** a teacher **but** a writer.
  （他不是老師，而是一位作家。）
- You can come **either** on Saturday **or** on Sunday.
  （你可以星期六來，也可以星期天來。）

表示因果關係

表示因果關係的對等連接詞有for，此時for連接的子句不能放在句首。

- It must have rained last night, **for** the ground is wet now.
  （昨天晚上一定下過雨，因為現在地上濕濕的。）
- The leaves of the trees are falling, **for** it's already autumn.
  （樹葉在飄落，因為秋天已經來了。）

從屬連接詞

從屬連接詞通常引導一個子句來修飾主句。從屬連接詞一般分為引導名詞類子句的從屬連接詞和引導副詞子句的從屬連接詞兩類。

A

引導名詞類子句的
從屬連接詞

引導名詞類子句的從屬連接詞主要有that, whether, if等。

- They were all very much worried over the fact **that** you were sick.
  （他們對你生病這件事都很擔心。）〔that 引導同位語子句〕
- **Whether** he'll come or not is unknown.
  （沒人知道他要不要來。）〔whether 引導主詞子句〕
- She asked **if** I could forgive her.
  （她問我可不可以原諒她。）〔if 引導受詞子句〕
- Your trouble is **that** you are absent-minded.
  （你的問題在於你心不在焉。）〔that 引導主詞補語子句〕

B

引導副詞子句的從
屬連接詞

引導副詞子句的從屬連接詞有很多，而且不同的副詞子句，會由不同的連接詞引導。

❶ 引導時間副詞子句的從屬連接詞

引導時間副詞子句的從屬連接詞主要有when, while, as, after, before, until/till, since, as soon as等。

- **When** you came in, I was watching TV.
  （你來的時候我正在看電視。）

- It started to rain **while** we were playing outdoors.
  （我們正在室外玩的時候開始下雨。）
- They talked **as** they walked down the river.
  （他們沿著河岸邊走邊談。）
- **After** you finish this form, come to my office.
  （你填完這張表格後，到我辦公室來。）
- Don't hand in your papers **before** you are sure there are no mistakes.
  （確認沒有錯誤後再交卷。）
- Wait here **until/till** I come back.
  （在這裡等我回來。）
- I have lived in England **since** I was three.
  （我從三歲開始就住在英國了。）
- **As soon as** you feel sick, go to see a doctor.
  （一感覺到不舒服，就要去看醫生。）

❷ 引導地點副詞子句的從屬連接詞

引導地點副詞子句的從屬連接詞主要有where和wherever。

- I live **where** there are mountains.（我住在多山的地方。）
- We must camp **wherever** we can get water.
  （我們必須在能找到水的地方露營。）

❸ 引導原因副詞子句的從屬連接詞

引導原因副詞子句的從屬連接詞，主要有because, since, as等。

- We'll have to go to bed early **because** we'll start off early tomorrow.
  （因為明天一早就要出發，所以我們得早一點睡覺。）
- **Since** you know all about it, tell me please.
  （既然你都知道了，那就告訴我吧！）
- **As** all the seats were taken, I had to stand.
  （由於所有位子都坐滿了，我只好站著。）

❹ 引導條件副詞子句的從屬連接詞

引導條件副詞子句的從屬連接詞，主要有if, unless, as/so long as, once等。

- **If** you wish to go, please go.（如果你想去，那就去吧！）
- We won't finish the work in time **unless** we work hard.
  （除非我們努力工作，否則會無法完成這項工作。）
- I will lend you 500 dollars **as long as** you return it by the end of the month.（只要月底前能還我錢，我可以借你 500 元。）

❺ 引導目的副詞子句的從屬連接詞

引導目的副詞子句的從屬連接詞，主要有in order that, so that, so等。

- **In order that** we can get there on time, we should start off early.
（為了準時抵達那裡，我們必須提早出發。）
- I have decided to learn photography **in order that/so that/so** I can better appreciate the beauty of nature.（為了欣賞更多大自然的美，我決定學攝影。）

❻ 引導讓步副詞子句的從屬連接詞

引導讓步副詞子句的從屬連接詞主要有although, though, even if, even though等。

- **Though/Although** Canada is large, the population is small.
（儘管加拿大的面積大，但是人口很少。）
- **Even if/Even though** we got a local guide, we still had some difficulty walking through the bush.
（儘管我們找了一位當地嚮導，但是穿過灌木叢時還是遇到了一些困難。）

❼ 引導結果副詞子句的從屬連接詞

引導結果副詞子句的從屬連接詞，主要有so, so...that..., such...that..., so that等。

- It was very cold yesterday, **so** I had to stay at home.
（昨天非常冷，所以我只好待在家裡。）
- He was **so** careless **that** he forgot to write his name on the paper.
（他如此粗心，以至於忘了在考卷寫上自己名字。）
- Hualien is **such** a beautiful city **that** a great many people go there for holidays.（花蓮是如此美麗的城市，很多人都到那裡度假。）
- The teacher explained very clearly **so that** we all understood.
（老師解釋得很清楚，因此我們都了解了。）

❽ 引導比較副詞子句的從屬連接詞

引導比較副詞子句的從屬連接詞，有than, as等。

- China has a larger population **than** India (does).（中國的人口比印度多。）
- Some people think that planes now are not so safe **as** trains (are).
（有些人認為飛機現在沒有比火車安全。）

❾ 引導方式副詞子句的從屬連接詞

引導方式副詞子句的從屬連接詞，主要有as, as if, as though等。

- You should do **as** I do.（你應該照我做的去做。）
- He cried **as if** he was frightend.（他好像受到驚嚇哭了。）
- He walked about **as if/though** he had lost something.
（他走來走去，好像丟掉什麼東西。）

3 幾組常用連接詞的比較用法

A

because, since, as,
for

❶ because 是從屬連接詞，引導原因副詞子句，表示造成某種情況的直接原因。語氣最強，通常用來回答由 why 提問的問句。

- —Why didn't he pass the exam?
  （他為什麼考試不及格？）
- —**Because** he didn't work hard.
  （因為他不用功。）
- He didn't have breakfast **because** he got up too late.
  （他因為太晚起床了，沒有吃早餐。）

❷ since, as 往往表示大家都知道的原因，也就是「既然、由於」的意思，而 since 的語氣比 as 更強烈一點。

- He must have taken the book **since** it isn't here.
  （他一定把書拿走了，因為書不在這裡了。）
- We didn't know what to do **as** we were just visiting there.
  （我們不知道該怎麼辦，因為當時我們只是去參觀而已。）
- **Since** you won't help me, I'll ask someone else.
  （既然你不肯幫我，我只好去問別人了。）
- **As** she has no car, she can't get there easily.
  （由於她沒有車，所以無法順利到達那裡。）

❸ for 表示原因是對等連接詞，語氣最弱，僅對前面的子句加以解釋或推斷原因。for 所連接的子句只能放在句尾，前面要用逗號與另一段子句隔開。

- I stopped to rest, **for** I was very tired.
  （我停下來休息，因為我很累。）
- The days are short, **for** it is now December.
  （白天很短，因為現在已經十二月了。）

B

when, while, as

◀◀◀

❶ 當主句表示一個短暫性的動作，子句表示一個持續性的動作時，可以用 when, while, as 這三個當連接詞。

- Little Tom fell asleep **when/while/as** he was watching TV.
  （小湯姆看電視的時候睡著了。）

❷ 主要子句表示兩個同時進行的持續性動作，並強調主句的動作延續到子句所指的整個時間時，通常會用 while 當連接詞；如果主要子句的動作不同時發生，則會用 when 當連接詞。

- I kept silent **while** he was complaining.
  （當他在抱怨的時候，我保持沈默。）
- You can't do your homework **while** you're watching TV.
  （你不能在看電視的時候寫作業。）
- **When** the clock struck twelve, all the lights went out.
  （當時鐘敲十二下的時候，燈全部都熄滅了。）
- **When** he was a child he was always trying out new ideas.
  （他小時候就總是有一些新點子。）

❸ 主要子句表示兩個同時或幾乎同時發生的短暫性的動作，或者主句是一個持續性的動作時，子句是一個短暫性動作，可以用 as 或 when 當連接詞，不可以用 while 當連接詞。

- I thought of it just **when/as** you opened your mouth.
  （就在你開口要說的時候，我也想到了。）
- **When** my mother came back home yesterday evening I was doing my homework.
  （昨天晚上媽媽回家的時候，我正在寫作業。）
- It was raining hard **when/as** he arrived.
  （他到達的時候正下著大雨。）

❹ 如果要表示兩個正在發展變化的情況，相當於中文的「隨著」，會用 as 當連接詞。

- Things are getting better and better **as** time goes on.
  （隨著時間的推移，情況越來越好。）
- The students took notes **as** they listened.
  （學生們邊聽邊做筆記。）

❺ 表示「每當⋯⋯的時候」，隱藏著一種規律性時，會用 when 當連接詞。

- It's cold **when** it snows.
  （下雪的時候會變冷。）
- He smiles **when** you praise him.
  （你誇獎他的時候他總是微笑。）

❻ as 和 when 後面，可以直接用一個名詞構成省略句，while 則不可以這麼用。

- **As** (he was) a boy, he lived in a small village.
  （小時候他住在一個小村子裡。）

❼ when, while 後面可以接分詞、介系詞片語、形容詞構成省略句，as 則不可以這麼用。

- **While** reading, he fell asleep.（他看書的時候睡著了。）
- **When** in trouble, ask her for help.（有麻煩的時候就找她幫忙。）

❽ when 和 while 還可以作為對等連接詞，as 則沒有這種用法。

- The students were running out to play football **when** their teacher came in.（老師進來的時候，學生們正要跑出去踢足球。）
- He is strong **while** his brother is weak.（他長得很結實，而他弟弟卻很瘦弱。）

C

so that，so...that

❶ so that 的意思是「以便⋯⋯」、「為了⋯⋯」、「以致」，引導目的副詞子句和結果副詞子句。引導目的副詞子句時，子句中常用 may, can, will 等情態動詞，口語中有時候也可以省略 that。

- Work hard **so (that)** you can pass the exam.
  （努力學習，以便通過考試。）（目的）
- He went by air **so that** he could get there on time.
  （為了能準時抵達，他搭飛機去。）（目的）
- He went by air **so that** he got there on time.
  （他搭飛機去，以致他準時抵達那裡了。）（結果）

❷ so...that 的意思是「如此⋯⋯以至於」，其中 that 引導結果副詞子句。

- Their city is **so** small **that** we can't find it on the map.
  （他們的城市那麼小，以至於我們在地圖上找不到。）
- He walked **so** quickly **that** I could hardly catch up with him.
  （他走得那麼快，我幾乎都趕不上他了。）

● 當 so...that 引導結果副詞子句時，子句如果是否定式，可以和「too...to」的句型互通。例如：

We were **so** tired **that** we couldn't go any farther.
We were **too** tired **to** go any farther.
（我們累得走不動了。）

The box is **so** heavy **that** we can't move it away.
The box is **too** heavy for us **to** move away.
（箱子太重，我們搬不動。）

D

| although, though |

表示「雖然」，兩者的意思相同，可以互通，只是although 比though更為正式。though引導讓步副詞子句時，子句中的主詞補語、副詞、實義動詞等可以提前，但是although不這樣用。另外，在as though, even though這些固定片語中，兩者就不能互通。

- **Though/Although** it was barely 4 o'clock, the lights were already on.
  （儘管才四點鐘，可是燈都已經亮了。）

- **Though/Although** we are poor, we live a happy life.
  （雖然我們很窮，但是我們活得很快樂。）

- Poor **though** we are, we live a happy life.
  （雖然我們很窮，但是我們活得很快樂。）

考題演練

(1) Tom was about to close the window _____ his attention was caught by a bird.
A. when   B. if   C. and   D. till

(2) John thinks it won't be long _____ he is ready for his new job.
A. when   B. after   C. before   D. since

(3) The engineers are so busy that they have zero time for outdoor sports activities, _____ they have the interest.
A. wherever   B. whenever   C. even if   D. as if

(4) The school rules state that no child shall be allowed out of the school during the day, _____ accompanied by an adult.
A. once   B. when   C. if   D. unless

(5) _____some people come here for a short break, others have decided to stay forever.
A. Because   B. If   C. Once   D. While

(6) Just use this room for the time being, and we'll offer you a larger one _____ it becomes available.
A. as soon as   B. unless   C. as far as   D. until

(7) Today, we will begin _____ we stopped yesterday so that no point will be left out.
A. when   B. where   C. how   D. what

(8) One reason for her preference for city life is _____ she can have easy access to places like shops and restaurants.
A. that   B. how   C. what   D. why

(1) —Why were you absent yesterday?

   —I caught a cold, _____ I had been walking in the rain for a long time.

   A. but   B. so   C. and   D. for

(2) He imagines that his parents don't like him, _____ they love him deeply.

   A. and   B. then   C. so   D. but

(3) Will you deliver, _____ do I have to come to the shop to collect the goods?

   A. and   B. or   C. so   D. then

(4) We were just about ready to leave _____ it started to snow.

   A. when   B. before   C. after   D. since

(5) It's not the place, nor the condition, _____ the mind alone that can make anyone happy or miserable.

   A. as   B. or   C. but   D. and

(6) We'd better set off at once, or it will be dark _____ we arrive.

   A. before   B. after   C. when   D. until

(7) _____ you keep on trying, I don't really mind whether you can come out top in your class.

   A. So long as   B. As soon as   C. Once   D. The moment

(8) —How can I wake up that early?

   —Set the alarm at 3 o'clock, _____ you'll make it.

   A. but   B. or   C. and   D. so

(9) For a person with good reading habits, a printed page contains not only words _____ ideas, thoughts and feelings.

   A. though   B. and   C. or   D. but

(10) —What's happened?

   —People often mistake us for each other _____ we are twins.

   A. if   B. when   C. because   D. after

答案・解說①

▶ (1) **A** (2) **C** (3) **C** (4) **D** (5) **D** (6) **A** (7) **B** (8) **A**

(1) 解釋：湯姆正要關上窗子，突然一隻鳥吸引了他的注意力。be about to do sth. when...「正要做某事這時……」，為固定句型，when 在此作為並列連接詞。if「如果」，引導條件副詞子句；and 連接順承關係的並列句；till「直到」，引導時間副詞子句。

(2) 解釋：約翰認為他不用花太多時間就能為新工作做好準備。「It will not be ＋期間＋before...」表示「不用花太多時間就……」，是固定句型。when「當……時候」；after「……之後」；since 常用於「It is/has been ＋期間＋since...」句型。

(3) 解釋：工程師們太忙了，雖然他們有興趣，但是沒有時間做戶外活動。even if「即使，雖然」，引導讓步副詞子句。

(4) 解釋：學校規定，上學期間如果沒有成人陪同，任何學生都不准離開學校。unless「除非」，引導條件副詞子句。once「一旦」；when「當……時候」；if「如果」。

(5) 解釋：當一些人來這裡只是為了短暫休息的時候，其他的人已經決定永遠待下去。while「然而」，引導讓步副詞子句。because「因為」；if「如果」；once「一旦」。

(6) 解釋：你只是暫時用這個房間，一有空房我們就會幫你換一個大一點的。as soon as「一……就……」，引導時間副詞子句。unless「除非，如果不」；as far as「就……而言」；until「直到……」。

(7) 解釋：今天，我們要從昨天結束的地方開始，才不會漏掉重點。根據解釋，子句在複合句中作地點副詞，因此用 where 引導。

(8) 解釋：她偏愛城市生活的原因之一，是因為她能輕鬆地進出商店、飯店之類的場所。is 後面的主詞補語子句中不缺少任何成分，因此用 that 引導，that 也沒有意義。

答案・解說②

▶ (1) **D** (2) **D** (3) **B** (4) **A** (5) **C** (6) **A** (7) **A** (8) **C** (9) **D** (10) **C**

(1) 解釋：「你昨天怎麼缺席了？」「因為在雨中走了很長時間，我感冒了。」由解釋可知，這裡表示因果關係，排除 A、C 兩個選項。For 開頭的子句表示原因，常有補充、說明的作用；而 so 開頭的子句表示結果，因此選項 D 才正確。

(2) 解釋：他以為父母不喜歡他，但是其實父母深深地愛著他。前後意思表示轉折，所以答案選 but。

(3) 解釋：你要郵寄還是要我到店取貨？or 是表示選擇的並列連接詞。and 表示並列和同時成立；so 表示結果；then 是「那麼」。

(4) 解釋：我們正準備離開時，突然開始下雪了。be about to do when「正要做某事時突然……」，是固定句型，when 在此是並列連接詞。

(5) 解釋：決定人的苦樂不是地點，也不是環境，而是思想。not...,nor...,but... 表示「不是……也不是……，而是……」。

(6) 解釋：我們最好立刻出發，否則還沒到達天就黑了。before「在……之前」，符合解釋。

(7) 解釋：只要你努力不懈，我真的不介意你在班上能不能得到第一名。so/as long as「只要」，表示條件。as soon as「一……就……」；once「一旦；既然」；the moment「一……就……」。

(8) 解釋：「我怎麼有辦法那麼早起床？」「把鬧鐘調到三點，你就能做到了。」「祈使句＋and ＋陳述句」，意思是「如果……就……」。雖然 or 也可以用在此句型，但 or 意思是「否則，要不然」。

(9) 解釋：對於一個有良好閱讀習慣的人來說，一張印刷的紙不僅包含字詞，而且還包含觀點、思想和感情。not only...but (also)... 是複合連接詞，意思是「不但……而且……」。

(10) 解釋：「發生什麼事情了？」「因為我們是雙胞胎，大家經常誤認我們。」「雙胞胎」是「被誤認」的原因，所以用 because 表示原因。

形容詞和副詞

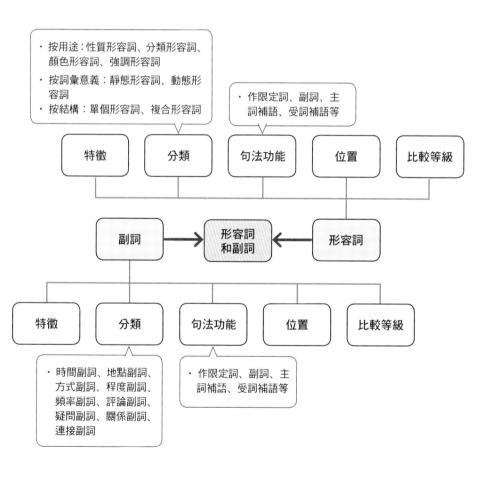

- 按用途：性質形容詞、分類形容詞、顏色形容詞、強調形容詞
- 按詞彙意義：靜態形容詞、動態形容詞
- 按結構：單個形容詞、複合形容詞

- 作限定詞、副詞、主詞補語、受詞補語等

| 特徵 | 分類 | 句法功能 | 位置 | 比較等級 |

| 副詞 | → | 形容詞和副詞 | ← | 形容詞 |

| 特徵 | 分類 | 句法功能 | 位置 | 比較等級 |

- 時間副詞、地點副詞、方式副詞、程度副詞、頻率副詞、評論副詞、疑問副詞、關係副詞、連接副詞

- 作限定詞、副詞、主詞補語、受詞補語等

　　形容詞是描述人和事物的性質、特徵或狀態的一種詞性，主要用來修飾名詞或部分代名詞。副詞則是指在句子中表示行為或狀態特徵的詞性，用來修飾動詞、形容詞、其他副詞或整個句子等，表示時間、地點、程度或方式等概念。

形容詞的特徵

A

「限定形容詞」通常
位於被修飾詞的前面
◀◀◀

- □ a **sunny** day（陽光燦爛的一天）
- □ a **kind** person（一位和藹可親的人）
- □ a **funny** story（滑稽可笑的故事）
- □ **classical** music（古典音樂）

B

「敘述形容詞」一般位於
連綴動詞後面當補語使用
◀◀◀

- Miss Green is very **strict**.
  （格林老師非常嚴格。）
- I am feeling **lonely**.
  （我覺得孤單。）
- She got **angry** at the news.
  （聽到這個消息她感到生氣。）

C

多數形容詞可以有不同程度的變化，有原級、比較級和最高級
◀◀◀

- a clever boy（一個聰明的男孩）
- a cleverer boy（一個較聰明的男孩）
- the cleverest boy（最聰明的男孩）

D

多數形容詞具有獨特的字尾形式
◀◀◀

　　形容詞大多具有獨特的字尾形式，常見的字尾有-able, -ible, -al, -ical, -ant, -ary, -ful, -less, -ly, -ous, -ious, -some、-y等。

- comfortable（舒適的）
- terrible（糟糕的）
- national（國家的）
- political（政治的）
- important（重要的）
- pleasant（愉快的）
- ordinary（普通的）
- necessary（必要的）
- beautiful（美麗的）
- wonderful（奇妙的）
- hopeless（絕望的）
- careless（粗心的）
- lovely（可愛的）
- friendly（友善的）
- dangerous（危險的）
- serious（嚴肅的）
- handsome（帥氣的）
- tiresome（疲憊的）
- angry（生氣的）
- hungry（飢餓的）
- funny（好笑的）
- sunny（陽光燦爛的）

2 形容詞的分類

形容詞按其用途可以分為性質形容詞、分類形容詞、顏色形容詞、強調形容詞等；按其辭彙意義可分為靜態形容詞和動態形容詞；按其句型可分為單一形容詞和複合形容詞。

A

性質形容詞
◀◀◀

　　英語中大部分的形容詞屬於這一類，它們表示事物所具有的性質或特徵，這類形容詞有等級的變化。常見的有：

- hot（熱的）
- short（短的）
- poor（貧窮的）
- cold（冷的）
- good（好的）
- rich（富有的）
- long（長的）
- bad（壞的）
- healthy（健康的）
- lovely（可愛的）
- funny（好笑的）
- brave（勇敢的）

巧學妙記

形容詞，細分析；
有四類，要注意；
表性質，真善美；
表形狀，圓平直；
表顏色，紅黃綠；
表變化，快慢急。

133

B

類屬形容詞主要用來表示事物所屬的特定類別，沒有等級程度的區別，不能用表示程度的副詞修飾，如a little, quite, rather, very, extremely, too等。常見的有：

- □ basic （基本的）
- □ central （中心的）
- □ cultural （文化的）
- □ daily （日常的）

- □ direct （直接的）
- □ eastern （東部的）
- □ empty （空的）
- □ golden （金色的）

- □ local （本地的）
- □ mental （精神的）
- □ national （全國的）
- □ political （政治的）

C

顏色形容詞

專門用來表示事物顏色的形容詞。常見的有：

- □ black （黑色的）
- □ blue （藍色的）
- □ brown （棕色的）
- □ green （綠色的）

- □ grey （灰色的）
- □ orange （橘色的）
- □ pink （粉紅色的）
- □ purple （紫色的）

- □ red （紅色的）
- □ violet （紫羅蘭的）
- □ white （白色的）
- □ yellow （黃色的）

D

強調形容詞

強調形容詞主要是指對所描述事物進行強調的形容詞。常見的有：

- □ absolute （絕對的）
- □ complete （完全的）
- □ entire （全部的）

- □ positive （確定的）
- □ perfect （完美的）
- □ pure （純粹的）

- □ real （真正的）
- □ true （正確的）

E

靜態形容詞

靜態形容詞是指描述人或事物原有性質的形容詞。靜態形容詞不能用於進行時態，只能用於主要動詞為be的祈使句，或是「It's＋*adj.*＋for...」句型。常見的有：

- □ red （紅色的）
- □ blue （藍色的）
- □ big （大的）
- □ small （小的）
- □ tall （高的）

- □ short （矮的）
- □ old （老的）
- □ young （年輕的）
- □ right （正確的）
- □ wrong （錯誤的）

- □ round （圓形的）
- □ important （重要的）
- □ necessary （必要的）
- □ poor （貧窮的）
- □ cold （冷的）

F

動態形容詞

◀◀◀

動態形容詞是表示暫時狀態的形容詞。英語中的形容詞只有少數是動態的，動態形容詞可以用於進行時態和祈使句，大多用於「It's＋*adj.*＋of *sb.* ...」句型。常見的有：

☐ brave（勇敢的）　　☐ cruel（殘酷的）　　☐ noisy（吵鬧的）

☐ calm（冷靜的）　　☐ foolish（愚蠢的）　　☐ patient（有耐心的）

☐ careful（仔細的）　　☐ friendly（友善的）　　☐ quiet（安靜的）

☐ careless（粗心的）　　☐ naughty（淘氣的）　　☐ serious（嚴肅的）

☐ cheerful（高興的）　　☐ nervous（緊張的）　　☐ shy（害羞的）

☐ clever（聰明的）

G

複合形容詞

◀◀◀

所謂的複合形容詞，指的是由幾個詞共同組成並達到形容詞作用的詞。這些複合形容詞主要用於限定形容詞。常見的複合形容詞主要有以下幾種類型：

❶ 數詞＋名詞（＋形容詞）

- an **800-meter-long** bridge（一座八百公尺長的橋）
- a **two-year-old** child（一個兩歲大的孩子）
- a **five-year** plan（一個五年計劃）
- a **three-week** trip（一趟三星期的旅行）

❷ 形容詞＋名詞＋ -ed 形式

- an **absent-minded** child（一個心不在焉的孩子）
- **good-tempered** parents（好脾氣的父母）
- an **able-minded** manager（一位能幹的經理）
- a **middle-aged** man（一位中年男子）
- a **warm-hearted** shop assistant（一位熱心的店員）

❸ 形容詞／副詞＋動詞的 -ing 形式

- a **far-reaching** speech（一場意義深遠的演講）
- a **long-standing** friendship（長久的友誼）
- a **fine-looking** girl（一個美麗的女孩）
- a **good-looking** man（一位英俊的男子）
- **forward-looking** educators（有遠見的教育者）

❹ 名詞＋動詞的 -ed 形式

- a **man-made** lake（人工湖）
- a **snow-covered** mountain（一座被積雪覆蓋的山）
- a **purpose-built** building（一棟有特定目的建築物）

❺ 副詞＋動詞的 -ed 形式

- **newly-laid** eggs（剛生下的雞蛋）
- a **newly-built** library（一間剛蓋好的圖書館）
- a **well-received** story（一個很受歡迎的故事）
- a **well-known** writer（一位著名的作家）

❻ 其他形式的複合形容詞

英語中還有一些由較多詞所構成的複合形容詞。

- a **face-to-face** interview（一場面對面的採訪）
- **out-of-date** information（過時的資訊）
- a **Saturday-to-Monday** visit（一次週末拜訪）
- a **know-it-all** person（一個無所不知的人）

形容詞的句法功能

形容詞在句中主要作限定詞、表述詞、補充詞，有時也可以作副詞或單獨使用。
形容詞的語法功能如下表所示：

功　能	解　釋	例　句
限定詞	修飾名詞或代名詞，說明其性質、特徵等	• Hualien is a **nice** city in east Taiwan. （花蓮是台灣東部的一個美麗城市。） • There's nothing **serious** at all. （沒有什麼大不了的。）
主詞補語	說明主詞的性質或特徵	• The tea is very **strong**.（這泡茶很濃。） • I feel **sick** today.（我今天覺得不舒服。）
受詞補語	說明受詞或主詞的性質、狀態或特徵	• Don't make your parents **angry**. （不要惹你父母生氣。） • The room was found very **dirty**. （發現這個房間很髒。）
副詞	在沒有動詞的子句中修飾全句	• **Hungry and tired**, he had to stop working. （他又餓又累，只好暫停工作。） • **Strange**, it was he who invited us. （奇怪的是，他竟然邀請了我們。）

形容詞作限定詞時的位置

A

形容詞作前置限定詞

◄◄◄

形容詞作限定詞一般會放在被修飾詞的前面。

• Children should be given plenty of **free** time.（應該給孩子們充足的自由時間。）
• **Nice** and **warm** days are coming.（晴朗而溫暖的日子即將到來。）

B

形容詞作後置限
定詞

❶ 一些敘述形容詞，如 alive, afraid, awake, alone, asleep, worth 等作限定詞時

- He is the most famous scientist **alive** in the world today.

（他是當今世界上活著的最著名的科學家。）

- The baby still **asleep** might be awake very soon.

（正在熟睡的嬰兒可能很快就會醒來。）

❷ 形容詞修飾 something, anything 等複合代名詞時

- Attention, please! I've got something **important** to tell you all.

（請注意！我有重要的事情要告訴你們大家。）

- There you go. It's nothing **serious** at all.

（你夠了！根本就沒那麼嚴重。）

❸ 當形容詞後接「介系詞＋名詞」時

- There is a lake **full of fish** to the west of our hometown.

（我們家鄉的西邊有一座湖，湖裡全都是魚。）

- I know an actor **suitable for the part**.

（我認識一位適合這個角色的演員。）

❹ 成對的形容詞中間用 and, or 或 but 連接時

- All the people on this island, **young or old**, are fond of music.

（這座島上的人，無論老少都喜歡音樂。）

❹ 「數詞＋名詞＋形容詞（away, long, wide, high 等）」句型作為限定詞時

- There are many buildings over **20 stories high** in this city.

（這座城市有許多超過二十層樓的大樓。）

- There is a leaning tower about **180 feet high**.

（有一座約 180 英呎高的斜塔。）

特別強調

- 有些形容詞作為前置限定詞和後置限定詞時，它的意思不一樣。

  - Our **present** problem is how to help reduce the noise around the school.
    （我們目前的問題是，如何幫忙減少學校周圍的噪音。）〔前置限定詞：目前的，現在的〕

  - The people **present** at the meeting are mostly from the north of Taiwan.
    （出席會議的人，大部分來自台灣北部。）〔後置限定詞：出席的，在場的〕

C

多個形容詞修飾同一
個名詞時的排列順序
◀◀◀

限定詞（包括冠詞、物主代名詞、指示代名詞、不定代名詞、數詞等）＋描繪性形容詞（表示觀點、品質、狀態等的詞）＋大小、形狀詞＋新舊、長幼詞＋顏色詞＋產地、來源詞＋材料、種類詞＋用途詞＋名詞

- There are **a few big round new black French wooden** tables in the room.
（房間裡有幾張又大又圓的新的黑色法國木桌子。）
- I'll always remember **the last few unforgettable sunny** days on the beach.
（我會永遠記得在海灘上度過的最後幾個令人難忘的陽光燦爛的日子。）

 形容詞的比較等級

A

形容詞比較等級
的變化規則
◀◀◀

英語中大部分形容詞，可以用三種形式來表達事物的等級差別，它們分別是原級、比較級和最高級。形容詞的比較級和最高級一般是在字尾做變化，屬於較規則的變化，但也有少數是不規則變化。另外還有一些形容詞沒有程度之分，或形容詞本身就表示某種程度，也就沒有比較級和最高級。此類形容詞常見的有：

☐ right （正確的）　　☐ possible （可能的）　　☐ wooden （木製的）

☐ wrong （錯誤的）　　☐ first （第一的）　　☐ unique （唯一的）

☐ excellent （最好的）　☐ east （東邊的）　　☐ favorite （最喜歡的）

☐ final （最後的）　　☐ empty （空的）　　☐ super （特級的）

☐ last （僅剩的）　　☐ impossible （不可能的）　☐ senior （高級的）

❶ 比較級和最高級的構成

ⓐ 規則變化

規　　則	例　　詞
一般來說，規則的單音節形容詞的比較級和最高級，是在形容詞後面直接加 -er，-est。	slow—slower—slowest tall—taller—tallest
以字母 e 結尾的形容詞，只在字尾加 -r，-st。	brave—braver—bravest
以一個子音字母結尾的重讀閉音節的形容詞，雙寫這一子音字母後再加 -er，-est。	big—bigger—biggest
以「子音字母+ y」結尾的單字，將 y 變為 i 再加 -er，-est。	happy—happier—happiest
其他雙音節詞和多音節單字，在詞前加 more，most。	beautiful—more beautiful—most beautiful

ⓑ 規則變化

原　　級	比較級	最高級
• good（好的） • well（身體健康的）	• better	• best
• bad（壞的） • ill（壞的）	• worse	• worst
• little（少的）	• less	• least
• much, many 　（許多的）	• more	• most
• far（遠的）	• farther（只指距離:更遠的） • further 　（指距離:更遠的;指程度:更深入的）	• farthest（只指距離:最遠的） • furthest 　（指距離:最遠的;指程度:最深入的）
• old（年老的;舊的）	• older（指年齡、新舊:較老的、較舊的;指血緣:較年長的） • elder（只指血緣:年長的）	• oldest（指年齡、新舊:最老的、最舊的;指血緣:最年長的） • eldest（只指血緣:最年長的）

特別強調

- 很多形容詞可以用兩種方式來表示比較級和最高級，而敘述形容詞的比較級和最高級，無論其音節多少，大部分會在前面加上 more 來表示比較級，在前面加上 most 來表示最高級。

B

形容詞原級的用法

◀◀◀

❶ 肯定句中用「... as ＋形容詞原級＋ as...」句型

- My handwriting is **as beautiful as** yours.
  （我的筆跡和你的一樣好。）
- The story is **as interesting as** the one you just told.
  （這個故事和你剛才講的一樣有趣。）

❷ 否定句中用「... as/so ＋形容詞原級＋ as...」句型

- I am **not as/so busy as** I used to be.
  （我沒有之前那麼忙了。）
- The weather here is **not as/so cozy** as that in Taiwan.
  （這裡的天氣不像台灣那麼舒適。）

> **注意一下**
>
> 第一個 as/so 後的形容詞如果作限定詞修飾名詞，該名詞前有不定冠詞時要置於形容詞之後。
> - This is as good an example as the other is.（這個例子和那個一樣好。）
> - Mr. Wang isn't as/so strict a teacher as Mr.Chou.（王老師不像周老師那麼嚴格。）

7

C

形容詞比較級的用法

◀◀◀

❶ 比較級的單獨運用

比較級有時可單獨運用，其比較的對象暗藏在句子中。

- Be **more careful** next time.（下次小心一點。）
- I hope to get a **better** job.（我希望能找到更好的工作。）

❷ 「比較級＋ than...」句型

這種句型可以表達一方高於或低於另一方的情況。

- You look much **younger than** I do.（你看起來比我年輕多了。）
- I look less **younger than** you (do).（我看起來沒有你年輕。）
- She doesn't work **harder than** you (do).
  （她工作不如你努力。）

- than 後面接代名詞時，一般要用受格。如果 than 後面接一個句子，那麼句中作主詞的代名詞則不可以使用受格。
  - He works harder than **me/I**. (=He works harder than **I do**.)
    （他工作比我努力。）

❸ 比較級＋ and ＋比較級

這種句型表示事物本身程度的逐漸增長，意即「越來越……」。

- As summer is coming, the day is becoming **longer and longer**.
  （隨著夏天的到來，白天變得越來越長了。）
- Tom became **more and more excited** when he read the novel.
  （這本小說讓湯姆越看越興奮。）

excited   more excited   the most excited

❹ the ＋比較級（...），the ＋比較級（...）

這種句型用來表示一方的程度隨著另一方程度的增長而增長，意即「越……就越……」。

- **The shorter** your dialogue is, **the better** it is.
  （你的對話越短越好。）
- **The more** difficult the problem is, **the more** careful we should be.
  （問題越難，我們就要越小心。）
- **The more** careful you are, **the fewer** mistakes you'll make.
  （你越仔細，犯的錯誤就會越少。）

⑤ no more than 和 not more than

no more than的意思是「僅僅；和……一樣不」，not more than的意思則為「不超過；沒有比……更……」。說明數量時，no more than帶有主觀意識，而not more than只在陳述事實。

- There are **no more than** 5 students in the room.
  （房間裡只有 5 個學生。）〔覺得有點少〕
- There are **not more than** 5 students in the room.
  （房間裡不超過 5 個學生。）〔只在陳述事實〕
- The book is **no more** interesting **than** that **one**.
  （這本書跟那本書一樣無趣。）
- The book is **not more** interesting **than** that **one**.
  （這本書沒有比那本書有趣。）

特別強調

- more 不可以用來修飾比較級，但 much 可以，意即「……得多，更……」的意思。
  - She looks **more** younger than me. (×)
  - She looks **much** younger than me. (√)
    （她看起來比我年輕多了。）

- 比較時要注意比較對象或範圍的一致。
  - China is larger than **any country in Asia**. (×)〔比較範圍錯誤〕
  - China is larger than **any other country in Asia**. (√)
    （中國比任何其他亞洲國家都大。）
  - China is larger than **any country in Africa**. (√)
    （中國比非洲的任何國家都大。）
  - The weather in Kaohsiung is warmer than in Taipei in winter. (×)
    〔比較物件錯誤〕
  - The weather in Kaohsiung is warmer than that in Taipei in winter. (√)
    （高雄的冬天比臺北暖和。）

> 形容詞最高級的
> 用法

◀◀◀

❶ 「the ＋形容詞最高級（＋名詞）＋比較範圍」表示三者或三者以上中的程度最高

- Jack is **the tallest** student in his class.
  （傑克是他們班上最高的學生。）
- He is **the fastest** runner of the three boys.
  （他是這三個男孩中跑得最快的。）

特別強調

- 介系詞 in 和 of 帶出的部分說明比較範圍。如果在一定的地域空間內比較用 in，如果在同一類事物範圍內比較則用 of。
  - China is the largest country **in** Asia.（中國是亞洲最大的國家。）
  - China is the largest one **of** all the Asian countries.
    （中國是亞洲所有國家中最大的。）

❷ most 不表示最高級的用法

　　most前如果沒有定冠詞the，就沒有比較的意思，只是用來加強語氣，有「很，非常」之意。

- This is **a most interesting** story.（這是一個很有趣的故事。）
- Annie is **most hard-working**.（安妮非常用功。）

❸ 最高級意義的其他表達法

ⓐ

比較級 ＋ than ─┬─ any other ＋單數可數名詞
          ├─ the other ＋複數可數名詞
          ├─ any of the other ＋複數可數名詞
          └─ anything/anyone else

- The landscape of the Sun Moon Lake is **more beautiful than any other lake** at all times.
（日月潭的風景總是比其他湖泊美麗。）
- The substance of his speech was that he was **better than the other candidates**.（他演說的主要內容就是：他比其他所有候選人都好。）
- The Zhuoshui River is **longer than any of the other rivers** in Taiwan.
（濁水溪比台灣的其他河流都長。）
- Time is **more precious than anything else** in the world.
（時間比世界上的任何東西都寶貴。）

ⓑ 否定句中用比較級表達最高級意義。
- I have **never** heard a **better** voice **than** yours.
（我從來沒有聽過比你更好的嗓音。）
- I have **never** met a **more** lovely baby **than** him.
（我從來沒有見過比他更可愛的小嬰兒。）

E

> 比較級和最高級
> 的修飾語
> ◄◄◄

❶ 比較級修飾語
    修飾比較級的常用詞和片語主要有much, even, still, any, yet, (by) far, far and away, a lot, a great deal, a little, a bit, rather, 以及倍數、分數、百分數等。

注意
一下

quite 通常不會用來修飾
比較級，不過偶爾也可
以 看 到 像 "I feel quite
better." 的用法。

- I feel **much/a great deal** better today.
（我今天感覺好多了。）
- He is **twice** older than I.（他的年紀比我大兩倍。）
- Your handwriting is **far and away/(by) far** better than mine.
（你的書法比我好太多了。）

❷ 最高級修飾語

修飾最高級的常用詞和片語，有序數詞以及much, (by) far, nearly, almost等。

- The Yellow River is **the second** longest river in China.

（黃河是中國第二長的河。）

- Of the three girls Betty is **much** the cleverest.

（在這三個女孩之中，貝蒂是最聰明的。）

- This is **(by) far** the best book that I've ever read.

=This is the best book **by far** that I've ever read.（這是我讀過最好的書。）

- Of all the students, Jack's oral English is **almost** the best.

（在所有的學生中，傑克的英語口語幾乎是最好的。）

6 副詞的特徵

A

> 在詞義上，副詞具有多樣性

副詞的詞義豐富，運用靈活。有些副詞本身有實質意義，有些只是為了強調主詞。

- He climbed **awkwardly** out of the window（他狼狽地從窗戶爬了出去。）
- The service of the restaurant is good and the prices are **quite** reasonable.

（這家飯店的服務很好，價格也相當合理。）

B

> 在功能上，副詞可以修飾單詞、片語、子句以及全句

- In the dim light he couldn't see **clearly** and ran bump into a tree.

（在昏暗的光線下他看不清楚，結果撞到一棵樹。）〔clearly 修飾動詞 see〕

- It is **almost** impossible to find a lawyer that isn't a shyster.

（要找到一位誠實的律師幾乎是不可能的。）〔almost 修飾形容詞 impossible〕

- It **entirely** depends upon circumstances.

（這完全視情況而定。）〔entirely 修飾動詞片語 depend on〕

- **Curiously**, there didn't seem to be a bank in the town.

（奇怪的是，這個鎮上好像一家銀行也沒有。〔curiously 修飾整個句子〕

C

> 在形式上，許多副詞的字尾以 -ly
> 結尾，有些則與形容詞相似

◀◀◀

- She said she didn't care about it, but I believe she was **secretly** delighted.
  （她說她不在乎，但是我相信她一定暗自高興。）
- I love the country, **especially** in spring.
  （我喜歡鄉村，尤其在春天。）
- Nowadays, children **often** prefer watching TV to reading.
  （如今，孩子們大多愛看電視而不愛看書。）
- I **clean** forgot about it.
  （我完全忘記這件事了。）

特別強調

- 幾組同字根副詞的意義比較：
  - clean（完全地）—cleanly（乾淨地）
  - near（附近）—nearly（幾乎）
  - high（很高地）—highly（高度地）
  - most（最，很）—mostly（主要地）
  - deep（很深地）—deeply（深深地）
  - close（靠近）—closely（密切地）
  - late（遲）—lately（最近）
  - wide（張得大大地）—widely（廣泛地）

7 副詞的分類

副詞根據其意義和句型可分為以下十類。

A

> 時間副詞

◀◀◀

表示時間的副詞，稱為時間副詞。常用的時間副詞有：

- [ ] then（那時候）
- [ ] just now（剛才）
- [ ] now and then（不時地，偶爾）
- [ ] right then（就在那時候）
- [ ] right away（立刻，馬上）
- [ ] tomorrow（明天）
- [ ] soon（很快）
- [ ] ago（以前）
- [ ] late（遲；晚）
- [ ] since（自從）
- [ ] immediately（立刻）
- [ ] often（經常）

B

地點副詞

表示地點、位置、方向的副詞，稱為地點副詞。常用的地點
副詞有：

- [ ] here （這裡）
- [ ] there （那裡）
- [ ] here and there （到處）
- [ ] in （在裡面）
- [ ] out （在外面）

- [ ] inside （在裡面）
- [ ] down （在下面）
- [ ] up （在上面）
- [ ] upstairs （在樓上）
- [ ] back （在後面）

- [ ] far （在遠處）
- [ ] over （在那邊）
- [ ] everywhere （到處）
- [ ] outdoors （戶外）
- [ ] indoors （室內）

C

方式副詞

描述動作、行為、狀態發生或存在方式的副詞，稱為方式副
詞。常用的方式副詞有：

- [ ] well （很好地）
- [ ] fast （快速地）
- [ ] hard （努力）

- [ ] carefully （細心地）
- [ ] slowly （緩慢地）
- [ ] suddenly （突然地）

- [ ] kindly （和藹地）
- [ ] together （一起）

D

程度副詞

用來描述動作、行為或狀態程度的副詞，稱為程度副詞。常
用的程度副詞有：

- [ ] much （很、非常）
- [ ] little （很少地）
- [ ] enough （充足地）
- [ ] hardly （幾乎不）

- [ ] extremely （極端地）
- [ ] entirely （完全地）
- [ ] so （如此）
- [ ] too （太）

- [ ] rather （相當）
- [ ] nearly （幾乎）
- [ ] almost （幾乎）
- [ ] quite （很）

E

頻率副詞

頻率副詞主要指在一定時間內動作發生的次數。常用的頻率
副詞有：

- [ ] usually （通常）
- [ ] often （經常）
- [ ] sometimes （有時）

- [ ] never （從來不）
- [ ] always （總是）
- [ ] constantly （經常地）

- [ ] frequently （頻繁地）
- [ ] forever （總是；永遠）

F

評論副詞

用來對句子中陳述的觀點進行評價的副詞，稱為評論副詞。常用的評論副詞有：

- [ ] luckily （幸運地）
- [ ] happily （愉快地）
- [ ] generally （一般說來）
- [ ] honestly （老實說）
- [ ] roughly （大體上）
- [ ] briefly （簡潔地）
- [ ] broadly （廣義上）
- [ ] narrowly （狹義上）
- [ ] naturally （自然地）

G

疑問副詞

疑問副詞主要用來構成特殊疑問句。常用的疑問副詞有：

- [ ] where （在哪裡）
- [ ] when （什麼時候）
- [ ] why （為什麼）
- [ ] how （如何）
- [ ] whenever （究竟什麼時候）
- [ ] however （究竟如何）

H

關係副詞

關係副詞主要用來引導限定詞子句。常用的關係副詞有：

- where（……的地方）
- when（……的時候）
- why（……的原因）

I

連接副詞

連接副詞主要用來連接句子、子句或不定詞。常用的連接副詞有：

- [ ] therefore （因此）
- [ ] moreover （再者, 此外）
- [ ] besides （除……之外）
- [ ] however （不管怎樣）
- [ ] otherwise （否則）
- [ ] then （然後）
- [ ] though （但是）
- [ ] when （什麼時候）
- [ ] where （在哪裡）
- [ ] why （為什麼）
- [ ] whenever （無論何時）
- [ ] however （無論如何）

J

其他副詞

其他副詞主要包括：yes, no, certainly, surely, sure, really, how等。how可作為感歎副詞構成感歎句。

8 副詞的句法功能

A 作為副詞

副詞可以修飾動詞、形容詞、其他副詞和整個句子。

- He **works** very **hard** on his subjects.
  （他在課業上非常努力。）〔修飾動詞〕
- She speaks English **very beautifully**.
  （她的英文說得很好。）〔修飾副詞〕
- I'm **very busy** these days.
  （這幾天我很忙。）〔修飾形容詞〕
- **Luckily**, she had got another chance.
  （幸運地，她得到了另一個機會。）〔修飾整個句子〕

B 作為主詞補語

副詞作為主詞補語，主要指主詞的方位、方向或動作情況。

- When the meeting is **over**, give me a phone call.
  （會議結束之後，打個電話給我。）
- Sorry, I have to be **off** right now.
  （對不起，我必須馬上離開。）
- Is anybody **in**?
  （裡面有人嗎？）

C 作為限定詞

作為限定詞的副詞，主要有表示時間、方位或地點的副詞 (here, there, in, out, up, down, below, above, upstairs, downstairs, indoors, outdoors, now, then等)，這些副詞作為限定詞時應該放在後面。

- Who is the person **over there**?
  （那邊的那個人是誰？）
- The people **there** are very kind to visitors.
  （那裡的人對訪客都很友善。）

特別強調

- 有些副詞可以修飾名詞，用來加強語氣，常用的這類副詞有 quite, rather, even。

  - We held **quite** a party last weekend.
    （上個週末我們舉行了一場相當不錯的派對。）

  - **Even** a child won't believe such a story you told.
    （就連小孩子也不會相信你說的話。）

- 有些副詞可以修飾部分不定代名詞和數詞。常用的這類副詞有 almost, nearly, roughly, mostly 等。

  - **Nearly** anyone present at the meeting was an expert on SARS.
    （參加這次會議的人，幾乎都是 SARS 方面的專家。）

  - I learned three foreign languages at college, but now I have forgotten **almost** all of them.
    （我上大學時學過三種外語，可惜現在幾乎全都忘了。）

D

作為受詞補語	副詞作為受詞補語時，主要說明受詞或主詞所處的位置、狀態等。

- Did you see anybody **in**? （你看到裡面有人嗎？）〔說明受詞〕
- The boy was seen **upstairs**. （有人看見那個男孩上樓了。）〔說明主詞〕

9 副詞的位置

A

修飾形容詞、副詞時，位於被修飾的前面

- Computers work **much** faster than before.
  （電腦跑得比以前快多了。）
- Happy days pass **too** soon.
  （快樂的日子總是過得太快。）

特別強調

enough 作為副詞時，總是放在被修飾的形容詞或副詞後面。

- The book is easy enough for little kids. (這本書對小孩子來說很容易。)

B

修飾動詞時的位置

大多數的副詞都可以放在動詞後面，如果動詞帶有受詞，副詞就放在受詞後面。

- I must be leaving **now**.
  （我現在該走了。）
- The little boy rushed **downstairs**.
  （小男孩衝下樓去。）
- He looked at the girl **happily**.
  （他高興地看著這個女孩。）

C

時間副詞和地點副詞同時出現時，
時間副詞放在地點副詞的後面

- I have gone **nowhere recently**, for I have a dozen irons in the fire.
  （我最近哪裡也沒去，因為實在太忙了。）
- She sat quietly **in the room for an hour**.
  （她在房間裡靜靜地坐了一個小時。）

D

頻率副詞通常放在行為動詞的前面，系動詞、助動詞、情態
動詞的後面；有多個助動詞時，則放在第一個助動詞的後面

- Jeff is **always** ready to help others.
  （傑夫總是樂於助人。）
- I **often** go to school at six in the morning.
  （我經常早上六點去上學。）
- I have **never** visited the Great Wall.
  （我從來沒去過長城。）

10 副詞的比較等級

A

副詞的比較級和最高級規則

❶ 規則構成

規則副詞的比較級和最高級，與形容詞的比較級和最高級及讀音規則一樣。

❷ 不規則構成

原　級	比　較　級	最　高　級
well	better	best
badly	worse	worst
much	more	most
little	less	least
far	farther（指距離）	farthest（指距離）
	further（指距離和抽象概念）	furthest（指距離和抽象概念）

B

原級的用法

❶ 肯定句中用「as ＋副詞原級＋ as」句型。

- I love music **as much as** Betty does.
  （我和貝蒂一樣都很喜歡音樂。）
- You should come **as early as** you can.
  （你應該要盡可能地早到。）

❷ 否定句中用「not as/so ＋副詞原級＋ as」句型。

- John can't walk **as/so fast as** the other man.
  （約翰不能走得跟另一個人一樣快。）
- She doesn't dress **as/so strangely as** the other girls.
  （她的穿著沒有其他女生奇特。）

C

比較級的用法

❶ 比較級＋ than...
- The wind was blowing **worse than** before.
  （風刮得比之前更大了。）
- Cars are used **more** today **than** before.
  （現在汽車比以前更普遍。）
- John drove much **more carefully than** me.
  （約翰開車比我小心得多。）

❷ 比較級＋ and ＋比較級
- After a week's exercise, he runs **faster and faster**.
  （經過一星期的練習，他跑得越來越快了。）
- She plays the piano **more and more beautifully**.
  （她的鋼琴彈得越來越好了。）

❸ the ＋比較級（...）, the ＋比較級（...）
- **The harder** you work, **the better** you'll learn.
  （你越努力，學得就越好。）
- **The more** you talk to the children, **the less** they will listen.
  （你對孩子們講得越多，他們聽進去的就越少。）

❹ 「no ＋比較級＋ than...」與「not ＋比較級＋ than...」
　　「no＋比較級＋than...」意思是「兩者都不」，同時對比較的兩者都否定；而「not＋比較級＋than...」意思則是「……不比……更……」，表示比較的兩者情況差不多。
- I speak French **no better than** him.（我和他的法語都説得不好。）
- I run **not faster than** you.（我跑得不比你快。）

D

最高級的用法　　最高級主要用「the＋副詞最高級＋比較範圍」，副詞最高級前的定冠詞the可以省略。

- He talks **(the) least** and does **(the) most** in his class.
  （他是班上説得最少、做得最多的同學。）
- Jack jumps **(the) highest** but runs **(the) most slowly** of the three boys.
  （這三個男孩中，傑克跳得最高，但是跑得最慢。）

E

比較級和最高級
的修飾語

有時候為了強調比較級和最高級，會在它的前面或後面加上
修飾語，可以更加突出比較的部分。

❶ 比較級修飾語

常用來修飾比較級的單字或片語有even（甚至、更），
still（更），much（更），a little（有點），a lot（很），a bit
（有點），a great deal（大大地），far（更），by far（……得
多）等。

- He speaks Japanese **a lot better** than before.
（他的日文説得比以前好多了。）

❷ 最高級修飾語

常修飾最高級的單字或片語有(by) far（……得多），
much（很），far and away（很），almost（幾乎），nearly（幾
乎）等。

- Sophia works **the best by far** in her factory.
（蘇菲亞是她們工廠裡最認真的員工。）

- He played the piano **much the best** among the boys
of his age.
（他是同齡男孩中鋼琴彈得最好的。）

- 其中只有「by far」可
以放在比較級的前面或
後面，其餘都放在比較
級的前面。

- You are working
harder <u>by far</u> this
time.
=You are working
<u>by far</u> harder this
time.
（你現在工作更賣力
了。）

最高級的修飾語一般放
在前面，只有「by far」
可以放在最高級的前面
或後面。

- She speaks English
<u>by far</u> the best.
=She speaks
English the best <u>by
far</u>.）
（她的英語說得最好。）

考題演練

■ （一）大學入試考古題：Choose the correct answer.（選擇正確的答案）

(1) Studies show that people are more _____ to suffer from back problems if they always sit before computer screens for long hours.
A. likely　　　B. possible　　C. probable　　D. sure

(2) —Volunteering is becoming _____ popular in Taiwan.
—Yeah, people are now aware that helping others is helping themselves.
A. naturally　　B. successfully　C. splendidly　　D. increasingly

(3) Drunk driving, which was once a _____ occurrence, is now under control.
A. general　　　B. frequent　　C. normal　　　D. particular

(4) Father _____ goes to the gym with us although he dislikes going there.
A. hardly　　　B. seldom　　C. sometimes　　D. never

(5) Do you think shopping online will _____ take the place of shopping in stores?
A. especially　　B. frequently　　C. merely　　D. finally

(6) —According to my grandma, it is a good idea to eat chicken soup when you have a cold.
—_____, scientists agree with her.
A. Sooner or later　　　　　B. Once in a while
C. To be exact　　　　　　D. Believe it or not

(7) Playing on a frozen sports field sounds like a lot of fun. Isn't it rather risky, _____?
A. though　　　B. also　　C. either　　　D. too

(8) _____, she is the sort of woman to spread sunshine to people through her smile.
A. Shy and cautious　　　　B. Sensitive and thoughtful
C. Honest and confident　　　D. Lighthearted and optimistic

(9) Mr. Black is very happy because the clothes made in his factory have never been _____.

A. popular
B. more popular
C. most popular
D. the most popular

(10) We only had $100 and that was _____ to buy a new computer.

A. nowhere near enough
B. near enough nowhere
C. enough near nowhere
D. near nowhere enough

▋（二）模擬試題：Choose the correct answer.（選擇正確的答案）

(1) If I had _____, I'd visit Europe, stopping at all the interesting places.

A. a long enough holiday
B. an enough long holiday
C. a holiday enough long
D. a long holiday enough

(2) This kind of apple tastes _____ and sells _____.

A. well; well   B. good; good   C. good; well   D. well; good

(3) It was _____ impossible for her to get the 9 o'clock train. I knew she got up at 9:15.

A. quite   B. very   C. too   D. much

(4) When I took his temperature, it was two degrees above _____.

A. average   B. ordinary   C. regular   D. normal

(5) When he bought the products in large quantities, he was angry to find they were _____ the samples given to him.

A. as not well as
B. as not good as
C. not so good as
D. not so well as

(6) On the river there is _____ bridge.

A. an old fine stone
B. a fine old stone
C. a stone fine old
D. an old stone fine

(7) —What do you think of the blind man?
—I've never seen a man with _____ sense of touch.

A. the better   B. a better   C. a good   D. the best

(8) Tainan is becoming _____ and _____. I like living here.

A. beautiful; beautiful
B. more beautiful; more beautiful
C. more; more beautiful
D. more beautiful; more

⑼　The handbook gives a(n) _____ description on the functions of this machine.
　　A. steady　　　　**B.** secure　　　　**C.** extreme　　　　**D.** precise

⑽　The spokesman of the government has announced that the UFO approaching the city has been _____ identified as being a satellite.
　　A. violently　　　**B.** definitely　　　**C.** specially　　　**D.** properly

---

答案 · 解說 ①

▶ ⑴ **A**　⑵ **D**　⑶ **B**　⑷ **C**　⑸ **D**　⑹ **D**　⑺ **A**　⑻ **D**　⑼ **B**　⑽ **A**

⑴　解釋：研究發現，如果人們總是長時間坐在電腦前，遭受背部疼痛的可能性會更大。be likely to do「可能會做……」是固定用法，其主詞可以是人或事物。possible 和 probable 一般不以人作為主詞；be sure to do「一定會做……」，太過於絕對。

⑵　解釋：「當志工在台灣越來越受歡迎。」「是的，現在大家已經意識到幫助別人就是幫助自己。」increasingly「不斷增加地，越來越多地」。naturally「自然地」；successfully「成功地」；splendidly「極好地」。

⑶　解釋：酒後駕駛曾經頻繁發生，但是現在已經得到了有效控制。frequent「頻繁的」。general「一般的」；normal「正常的，平常的」；particular「特定的；特殊的」。

⑷　解釋：儘管父親不喜歡去健身房，但是有時候他也會和我們一起去。根據解釋及表示轉折的 although 判斷，用 sometimes「有時」。hardly「幾乎不」；seldom「很少」；never「從不」。

⑸　解釋：你認為網購最後將會取代在商店裡購物嗎？finally「最後，終於」。especially「尤其，特別」；frequently「經常地，頻繁地」；merely「只，僅僅」。

⑹　解釋：「聽祖母說感冒時喝雞湯是個好方法。」「信不信由你，科學家們與她的觀點一致。」believe it or not「信不信由你」。sooner or later「遲早」；once in a while「偶爾，有時」；to be exact「準確地說」。

⑺　解釋：在結冰的運動場玩聽起來很有趣，但是也很危險，不是嗎？though 作副詞用，意思是「可是，然而」，常位於句尾。其他三項均表示「也」，also 與 too 用在肯定句；either 用在否定句。

⑻　解釋：開朗樂觀的她，是那種能用微笑帶給周圍陽光的人。lighthearted and optimistic 意思是「開朗樂觀的」。這裡是形容詞片語作副詞，說明主詞的特徵、性質。shy and cautious「害羞謹慎的」；sensitive and thoughtful「敏感體貼的」；honest and confident「誠實自信的」，均與後面的語意不符。

(9) 解釋：布萊克先生非常高興，因為他們工廠製作的衣服一直最受歡迎。形容詞的比較級 more popular 和否定詞 never 連用，表示最高級意義。其他選項與 never 無法連用。

(10) 解釋：我們只有 100 美元，遠遠不夠買一台新電腦。enough 在本題中是形容詞，作主詞補語；nowhere near 是固定用法，意思是「遠不及」，修飾 enough，放在前面。

答案・解說 2

▶ (1) A (2) C (3) A (4) D (5) C (6) B (7) B (8) C (9) D (10) B

(1) 解釋：如果我有一個足夠長的假期，我想到歐洲每一個有趣的地方停留。enough 修飾形容詞時，要放在所修飾的形容詞後面，排除 B、C 兩個選項；這裡 enough 修飾 long，long enough 共同修飾 holiday，所以答案選 A。

(2) 解釋：這種蘋果很好吃，而且很暢銷。這裡 taste 作為動詞，後面應接形容詞作為主詞補語，well 作為形容詞時意思是「健康的」，故排除 A、D 兩個選項。sell well「暢銷」，所以答案選 C。

(3) 解釋：要她趕 9 點的火車根本不可能，我知道她 9：15 起床。quite 可以修飾無比較等級的形容詞，如 right, wrong, impossible, unique 等，意思是「完全」，其他選項沒有這種用法。

(4) 解釋：我幫他測量體溫時，他的體溫比正常體溫高兩度。normal「正常的」。average「平均的」；ordinary「普通的」；regular「有規律的，定期的」。

(5) 解釋：當他大量購買這種產品時，他氣憤地發現這些產品品質不如給他的樣品好。系動詞後面應該用形容詞作為主詞補語，排除 A、D 選項，形容詞否定的原級比較是「not as/so...as...」，表示前者情況不如後者。

(6) 解釋：河上有一座很不錯的老石橋。fine 是描繪性形容詞，old 是表示新舊的形容詞，stone 是表示材料的形容詞，按照多個形容詞修飾同一名詞的順序，選 B。

(7) 解釋：「你覺得這個盲人怎麼樣？」「我從來沒有見過比他觸覺更好的人。」「否定詞＋比較級」句型表示最高級意義；比較句型後面帶有名詞時，要用不定冠詞。

(8) 解釋：現在台南變得越來越美麗了，我喜歡住在這裡。表示「越來越……」，雙音節和多音節形容詞用句型「more and more ＋形容詞」，所以答案選 C。

(9) 解釋：這本手冊對這部機器的功能做了精確的描述。precise「精確的，準確的」。steady「穩固的；堅定的」；secure「完全可靠的；牢固的」；extreme「盡頭的；極端的」。

(10) 解釋：這位政府發言人聲明，接近這個城市的不明飛行物已經明確地被證實為一顆衛星。definitely「明確地，毫無疑問地」。violently「猛力地；暴力地」；specially「特別地；專門地」；properly「正確地」。

動詞

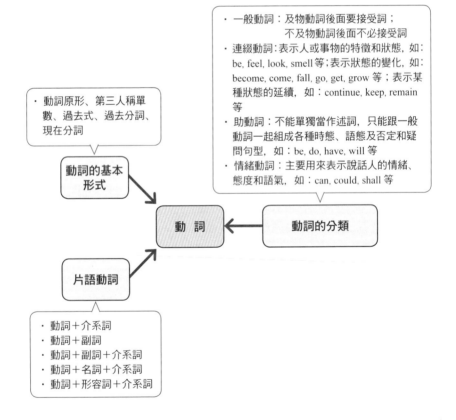

- 一般動詞：及物動詞後面要接受詞；
  不及物動詞後面不必接受詞
- 連綴動詞：表示人或事物的特徵和狀態，如：be, feel, look, smell 等；表示狀態的變化，如：become, come, fall, go, get, grow 等；表示某種狀態的延續，如：continue, keep, remain 等
- 助動詞：不能單獨當作述詞，只能跟一般動詞一起組成各種時態、語態及否定和疑問句型，如：be, do, have, will 等
- 情緒動詞：主要用來表示說話人的情緒、態度和語氣，如：can, could, shall 等

- 動詞原形、第三人稱單數、過去式、過去分詞、現在分詞

動詞的基本形式

動　詞

動詞的分類

片語動詞

- 動詞＋介系詞
- 動詞＋副詞
- 動詞＋副詞＋介系詞
- 動詞＋名詞＋介系詞
- 動詞＋形容詞＋介系詞

　　動詞是用來描述主詞的動作、行為或狀態的詞，在句子中當作述詞，是句子中不可缺少的部分。英語中的動詞有不同的形式，這些形式表現出動作發生的時間（即時態）、主動發出動作還是被動接受動作（即語態），以及說話者的口氣、情感等（即語氣）。

動詞的分類

根據不同的分類方式，動詞可以分為不同的類型。根據動詞的用法功能，可以將動詞分為一般動詞、連綴動詞、助動詞、情緒動詞；而根據詞義特點，可以將動詞分為狀態動詞和動作動詞。

　　根據不同方式所做的動詞分類如下表所示：

根據用法功能分類	一般動詞	不及物動詞	go, walk, work, die, smile
		及物動詞	ask, love, hate, say, eat, dress
	連綴動詞		be, become, turn, get, look, appear, seem, sound, feel, taste, smell
	助動詞		be, do, have, will, shall, would, should
	情緒動詞		can, could, may, might, shall, should, must, will, would
根據詞義特點分類	狀態動詞	狀態詞	love, hate, like, dislike, think, guess
		儀態詞	stand, lie, sit
	動作動詞	延續性動詞	live, sit, stand, work, walk, learn, keep
		非延續性動詞	die, finish, join, leave, come, go

巧學妙記

動詞共有五種類,
及物動詞需帶受;
不及物動詞是光棍,
連綴動詞後有主詞補語;
情緒動詞跟原形,
助動詞後跟原形、分詞。

A

一般動詞

一般動詞是指具有完整意義, 可以單獨當作述詞的動詞。主要用來表示主詞的動作和狀態。一般動詞也可以跟助動詞結合, 表示更複雜的動詞意義。一般動詞包括及物動詞和不及物動詞。

❶ 不及物動詞

不及物動詞指後面不能接受詞的動詞。在英語中大多數動詞既可當作及物詞, 又可以當作不及物動詞, 純不及物動詞很少。常用來當作不及物動詞的有:

□ act（表現）	□ fall（掉）	□ look（看）
□ agree（同意）	□ flow（流淌）	□ listen（聽）
□ appear（出現）	□ go（去）	□ rise（升起）
□ arrive（到達）	□ graduate（畢業）	□ run（跑）
□ blow（吹）	□ happen（發生）	□ sit（坐）
□ come（來）	□ lie（躺）	□ stand（站）
□ dance（跳舞）	□ leave（離開）	□ stay（留下）
□ die（死）	□ last（持續）	□ work（工作）
□ dream（做夢）	□ live（居住）	□ wait（等待）
□ exist（存在）		

❷ 及物動詞

後面能接受詞的動詞, 稱為及物動詞, 英語中大部分的動詞為及物動詞。及物動詞可以分為接單受詞的及物動詞、接雙受詞的及物動詞, 以及接複合受詞的及物動詞等。

ⓐ 接單受詞的及物動詞

跟一個受詞的動詞稱為單受詞動詞。常見的單受詞動詞主要有:

□ accept（接受）	□ bury（埋）	□ enjoy（喜歡）
□ admire（羨慕）	□ cover（覆蓋）	□ explain（解釋）
□ admit（承認）	□ defeat（擊敗）	□ forget（忘記）
□ affect（影響）	□ destroy（毀壞）	□ invent（發明）
□ afford（買得起）	□ devote（致力）	□ raise（舉起）
□ announce（宣佈）	□ discover（發現）	□ sign（簽〈名〉）
□ break（打破）	□ educate（教育）	

ⓑ 接雙受詞的及物動詞

可以同時跟兩個受詞的及物動詞叫作授與動詞。雙受詞其中一個受詞指人，稱為間接受詞；另一個受詞指物，稱為直接受詞。授與動詞中通常間接受詞在前面，直接受詞在後面。

① 直、間接受詞位置對調時，需要加to的動詞

有時候間接受詞可以放在直接受詞後面，不過需要加介系詞to。to著重指動作的方向，表示「朝著/向著/對著」。這類動詞常見的有：

□ give（給）	□ pass（傳遞）	□ show（展示）
□ hand（拿）	□ post（寄）	□ teach（教）
□ lend（借）	□ promise（答應）	□ tell（告訴）
□ offer（提供）	□ read（讀）	□ wish（祝福）
□ pay（支付）	□ return（交還）	□ write（寫）

- **Pass** me the dictionary.（＝ **Pass** the dictionary **to** me.）把那本詞典傳給我。
- He **offered** the old man his seat.（＝ He **offered** his seat **to** the old man.）（他把座位讓給那位老人。）
- Will you **show** me your ticket, please?（＝ Will you **show** your ticket **to** me, please?）
（請把票給我看一下好嗎？）

② 直、間接受詞位置對調時，需要加上for的動詞

有時候間接受詞可以放在直接受詞後面，不過需要加上介系詞for。for著重指動作的受益者，表示「為了，替」。這類動詞常見的有：

□ buy（買）	□ choose（選擇）	□ design（設計）
□ book（預訂）	□ cook（烹飪）	□ find（找）
□ build（建造）	□ draw（畫）	□ get（得到）

☐ make（製作）	☐ paint（繪畫）	☐ purchase（購買）
☐ order（點菜，訂購）	☐ prepare（準備）	☐ spare（節省）

- I **booked** him two tickets.（＝ I **booked** two tickets **for** him.）

  （我幫他訂了兩張票。）

- The waiter **found** us an empty room.（＝ The waiter **found** an empty room **for** us.）

  （服務生幫我們找了一間空房。）

- My mother **made** me a new dress.（＝ My mother **made** a new dress **for** me.）

  （母親幫我做了一條新洋裝。）

特別強調

- 有時候間接受詞放在直接受詞後面時，既可加 to 也可以加 for。如 bring, sing, read 等。

  - The little boy **read** his granny the letter. (=The little boy **read** the letter **to/for** his granny.)

    （那個小男孩讀那封信給他奶奶聽。）

Ⓒ 接複合受詞的及物動詞

　　英語中有些動詞只接一個受詞意義不完整，受詞後面必須再加上受詞補語，來補充說明受詞的性質、狀態等，這類動詞稱為「不完全及物動詞」。

① 以形容詞(片語)當作受詞補語的動詞, 常見的有：

☐ consider（認為）	☐ get（使得）	☐ leave（使）
☐ drive（驅使）	☐ imagine（想像）	☐ make（使得）
☐ find（發現）	☐ judge（判斷）	☐ set（使）
☐ force（逼迫）	☐ keep（使保持）	☐ think（認為）

- The noise almost **drove** me **mad**.

  （噪音幾乎讓我發瘋。）

- I **found** it **hard** to speak French fluently.

  （我發現要説一口流利的法語很困難。）

- Don't **keep** the window **open**.

  （不要開著窗戶。）

② 以名詞(片語)當作受詞補語的動詞, 常見的有：

□ believe（認為）	□ elect（選舉）	□ make（使成為）
□ call（叫）	□ find（認為）	□ name（命名）
□ consider（認為）	□ guess（猜測）	□ suppose（猜想）
□ choose（選擇）	□ keep（使）	□ think（認為）

- I do **consider** Corrine **my best friend**.
（我的確把科瑞恩當作我最好的朋友。）
- We **elect** Mr. White **chairman of the committee**.
（我們選懷特先生作為委員會的主席。）
- He wants to **make** his son a **lawyer**.
（他想讓他兒子成為律師。）

③ 跟帶 to 的不定詞句型當作受詞補語的動詞, 常見的有：

□ advise（建議）	□ force（逼迫）	□ remind（提醒）
□ allow（允許）	□ get（使）	□ teach（教）
□ ask（要求）	□ intend（打算）	□ tell（告訴）
□ cause（引起）	□ invite（邀請）	□ trust（信任）
□ command（命令）	□ order（命令）	□ urge（敦促）
□ encourage（鼓勵）	□ permit（允許）	□ want（想要）
□ expect（期望）	□ persuade（說服）	□ wish（希望）
□ forbid（禁止）	□ prefer（更喜歡）	□ warn（警告）

- Her parents **forbade** her **to get home** too late in the evening.
（她的父母不允許她晚上太晚回家。）
- Please **remind** me **to call him** when the meeting is over.
（會議結束後請提醒我打個電話給他。）
- The teacher often **warns** us **to be careful** while crossing the road.
（老師經常警告我們過馬路的時候要小心。）

④ 跟不帶to的不定詞當作受詞補語的動詞, 常見的有：

□ discover（發現）	□ look at（看）	□ notice（注意）
□ feel（感覺）	□ listen to（聽）	□ observe（觀察）
□ have（使）	□ let（讓）	□ see（看見）
□ hear（聽見）	□ make（使）	□ watch（觀看）

- 以上動詞在變為被動句型時，不定詞省略的 to，必須再加回去 (let 除外)。

  He **is** often **heard to sing** this song in his room.
  有人經常聽見他在他的房間裡唱這首歌。

  The poor little boy **was made to work** from dawn to dark.
  這個可憐的小男孩被迫從早到晚工作。

  Parents should **let** their children **think** for themselves
  父母應該讓孩子獨立思考。

⑤ 接-ing形式當作受詞補語的動詞, 常見的有：

□ catch（抓住）	□ hear（聽見）	□ notice（注意到）
□ discover（發現）	□ keep（使）	□ observe（觀察）
□ find（發現）	□ look at（看）	□ see（看見）
□ get（使）	□ listen to（聽）	□ smell（聞到）
□ have（使, 讓）	□ leave（處於）	□ watch（觀看）

- We **caught** the young man **stealing** a bike in front of the shop.
  （我們抓到的那個年輕人正在商店前面偷腳踏車。）
- Don't **leave** the child **standing** outside for so long.
  （不要讓孩子在外面站那麼久的時間。）
- I **smell** something **burning** in the kitchen.
  （我聞到廚房裡有什麼東西燒焦了。）

⑥ 跟-ed形式當作受詞補語的動詞, 常見的有：

□ discover（發現）	□ hear（聽見）	□ make（使）
□ feel（感覺）	□ let（讓）	□ notice（注意）
□ find （發現）	□ look at（看）	□ observe（觀察）
□ get（讓）	□ listen to（聽）	□ see（看見）
□ have（使）	□ leave（使）	□ watch（觀看）

- When he woke up he **found** the world outside **changed**.
  （醒來時他發現外面的世界全變了。）
- I must **get** the washing machine **repaired**.
  （我得找人修理一下洗衣機。）
- I often **heard** this song **sung** by young people.
  （我常聽到年輕人唱這首歌。）

B 延續性動詞與非延續性動詞

❶ 延續性動詞

延續性動詞表示能夠延續的動作或狀態。如learn(學習), work(工作), stand(站), lie(躺), know(認識), walk(走路), keep(保持), have(有), wait(等), watch(看), sing(唱), read(讀), sleep(睡覺), live(居住), stay(停留), last（持續）等。延續性動詞可以與表示時間區間的副詞, 如「for＋一段時間」, 「since＋子句」, 「since＋表示時間點的名詞」, how long等一起使用。

- He **has lived** here **for six years**.
（他已經在這裡住了六年。）
- I **lived** in this house **since** I was born.
（我從出生就一直住在這間房子裡。）
- I **stayed** there **for** two weeks last year.
（去年我在那裡待了兩個星期。）
- **How long** did you **have** the car?
（這輛車你買多久了？）

❷ 非延續性動詞

非延續性動詞又叫做瞬間動詞, 表示不能延續的動作。這種動作發生後立即結束, 如open(開), die(死), close(關), begin(開始), finish(結束), come(來), go(去), move(移動), borrow(借來), lend(借出), buy(買)等。非延續性動詞在肯定句子裡與表示時間點的副詞一起使用, 在否定句子裡可以與表示時間區間的副詞一起使用。

- His grandfather **died** 5 years ago.（他祖父五年前去世了。）
- I **lent** my car to my workmate.（我把車子借給一位同事了。）
- I haven't **heard** from him for 3 weeks.（我有三個星期沒有收到他的來信了。）

❸ 延續性動詞與非延續性動詞的用法

ⓐ 用在完成式的句子中, 延續性動詞可以用表示一段時間的副詞修飾, 而非延續性動詞則不可以。

- We **have known** each other **since we studied in that school**.
（我們自從在那間學校一起上學就認識了。）
- It **has rained for a whole morning**.
（雨已經下了整整一個上午。）
- I **have worked** here **for ten years**.（我已經在這裡工作十年了。）

ⓑ 有時候, 非延續性動詞也能和表示一段時間的時間副詞搭配, 一種情況是表示一段時間內的某個時間「點」, 一種是在否定句子裡。

- The film will **start in ten minutes**.
  （電影再十分鐘後開演。）
- The fire **broke out during the night**.
  （火是在夜裡燒起來的。）
- We **haven't come** here **for ages**.
  （我們已經很多年沒來這裡了。）

❹ 延續性動詞與非延續性動詞的轉換

　　有些非延續性動詞有與其相對應的延續性動詞, 如果句子需要, 二者可以互換。常用的有：

☐ leave—be away
☐ borrow—keep
☐ buy—have
☐ begin/start—be on
☐ die—be dead
☐ finish—be over
☐ open sth.—keep sth. open
☐ fall ill—be ill
☐ get up—be up
☐ catch a cold—have a cold
☐ come here—be here

☐ go there—be there
☐ become—be
☐ come back—be back
☐ fall asleep—be asleep
☐ get to/arrive/reach—be (in)
☐ leave—be away from
☐ get to know—know
☐ go/get out—be out
☐ put on—wear
☐ join—「be in ＋組織機構」
　　或「be a member of ＋組織機構」

The old man **died 4** years ago. （那位老人四年前就去世了。）
The old man **has been dead** for 4 years. （那位老人去世四年了。）

He **joined** the Party 2 years ago. （他兩年前入黨的。）
He **has been in** the Party for 2 years. （他入黨兩年了。）

I **bought** the book 5 days ago. （我五天前買了這本書。）
I **have had** the book for 5 days. （這本書我買五天了。）

C

連綴動詞

連綴動詞本身有詞義，但是不能單獨當作述詞，後面必須跟主詞補語組成系表句型，說明主詞的狀況、性質、特徵等情況。但有些連綴動詞又是一般動詞，該動詞表達實值意義時，有詞義，可以單獨當作述詞。

- He **fell ill** yesterday.
（他昨天生病了。）〔fell 是連綴動詞〕
- He **fell off** the ladder.
（他從梯子上摔了下來。）〔fell 是一般動詞〕

❶ 狀態連綴動詞

狀態連綴動詞用來表示主詞的狀態，只有be一詞。
- He **is** a teacher.（他是老師。）
- They **were** very angry then.（那時候他們非常生氣。）

❷ 持續連綴動詞

持續連綴動詞用來表示主詞繼續或保持一種狀態，主要有keep, rest, remain, stay, lie, stand等。
- He always **kept** silent at meeting.（他開會時總是保持沉默。）
- This matter **remains** a mystery.（這件事仍是一個謎。）
- There **stands** an old temple on the top of the hill.（山頂上座落著一座古廟。）

❸ 表像連綴動詞

表像連綴動詞用來表示「看起來像」這樣的概念，主要有seem, appear, look等。
- He **looks** tired.（他看起來很累。）
- He **seems** (to be) very sad.（他看起來很傷心。）

❹ 感官連綴動詞

感官連綴動詞主要有feel, smell, sound, taste, look等。
- This kind of cloth **feels** very soft.（這種布摸起來很軟。）
- This flower **smells** very sweet.（這朵花聞起來很香。）

❺ 變化連綴動詞

變化連綴動詞表示主詞變成什麼樣，主要有become, grow, turn, fall, get, go, come, run。
- He **became** mad after his son died.（自從他兒子死後他就瘋了。）
- She **grew** rich within a short time.（她很快就富有起來了。）
- The meat **went** bad because of the hot weather.（天氣太熱，肉壞掉了。）

❻ 終止連綴動詞

　　終止連綴動詞表示主詞已終止動作，主要有prove, turn out等表示「證實」、「變成」意義的動詞。

- The rumor **proved** false.
（這個謠言證實是假的。）
- The search **proved** difficult.
（搜查證實很困難。）
- His plan **turned out** a success.
（他的計畫終於成功了。）

D

助動詞

　　助動詞本身沒有意義，不能單獨用當作述詞，主要有be(am, is, are), do(does, did), have (had), shall(should), will(would)等。它們在句子中與一般動詞一起組成各種時態、語態、語氣以及否定和疑問句型。

❶ be 的用法

　　be作為助動詞，和它用當作連綴動詞一樣，有人稱、單複數及時態等變化。主要變化形式如下表所示：

形式／人稱		現在式		過去式		現在分詞	過去分詞
		肯定	否定	肯定	否定		
第一人稱	單數	am ('m)	am not ('m not)	was	was not (wasn't)	being	been
	複數	are ('re)	are not (aren't/'re not)	were	were not (weren't)		
第二人稱	單數	are ('re)	are not (aren't/'re not)	were	were not (weren't)		
	複數						
第三人稱	單數	is ('s)	is not (isn't/'s not)	was	was not (wasn't)		
	複數	are ('re)	are not (aren't/'re not)	were	were not (weren't)		

ⓐ 與現在分詞組成各種進行式態及其否定形式

- What **is** the boy **doing** in the lab?
  （那個男孩在實驗室裡做什麼呢？）
- I **was having** a bath when you called.
  （你打電話的時候我正在洗澡。）
- They **are** not **playing** football now. They **are watching** TV.
  （他們現在沒有踢球，他們在看電視。）

ⓑ 與過去分詞組成被動語態

- A new hospital **was built** in our city last year.
  （去年我們城市蓋了一間新醫院。）
- The children **were taken good care of**.
  （孩子們照顧得很好。）
- He **was made** to give up the plan.
  （他被迫放棄了那個計畫。）

❷ have 的用法

　　助動詞have在句子裡主要與過去分詞一起組成各種完成式態。它的各種形式如下表所示：

形式	肯定式	肯定式縮寫	否定式	否定式縮寫
原形	have	've	have not	haven't, 've not
一般現在式 第三人稱單數	has	's	has not	hasn't, 's not
過去式	had	'd	had not	hadn't, 'd not
現在分詞	having		not having	
過去分詞	had			

- I **have studied** French for three years.
  （我已經學了三年的法語。）
- **Have** you **been** to the Great Wall?
  （你去過長城嗎？）
- He **hasn't seen** that film.
  （他沒看過那部電影。）

❸ do 的用法

do在句子裡主要用來幫助一般動詞組成否定、疑問等形式；有時候可以放在動詞前面加強語氣，但這種情況只有在一般現在式與一般過去式的肯定句型中。助動詞do的各種形式如下表所示：

	肯定式	否定式	否定式縮寫
原形	do	do not	don't
現在式第三人稱單數	does	does not	doesn't
過去式	did	did not	didn't

- I **don't** know the name of that novel.
  （我不知道那本小說的名字。）
- **Do** you often go to work on foot?
  （你經常走路去上班嗎？）
- He **didn't** attend the lecture yesterday.
  （他昨天沒有去參加講座。）
- I **do** think you should go.
  （我確實認為你該去。）
- He **did** tell me about you.
  （他真的對我說過你的情況。）

❹ will, would, shall, should

助動詞will, shall用在組成一般未來式，would, should用在過去未來式；shall, should主要用在主詞是第一人稱的句子中，will, would可以用在主詞是任何人稱的句子裡。

肯定式	否定式縮寫	否定式	否定式縮寫
will	'll	will not	won't, 'll not
would	'd	would not	wouldn't, 'd not
shall	'll	shall not	shan't
should		should not	shouldn't

- I **will graduate** next year.
  （明年我就要畢業了。）
- **Will** you **leave** for Taipei tomorrow?（你明天要去台北嗎？）

- He **will take part** in my birthday party.
（他要來參加我的生日派對。）
- He told us that he **would study** abroad.
（他告訴我們他要出國念書了。）
- He asked if I **would go** to have a picnic with him.
（他問我要不要和他一起去野餐。）
- We **shall help** him to finish the work.
（我們要幫他完成這項任務。）
- I **shall move** to the new house next week.
（下個星期我們就要搬進新房子了。）
- I knew if I kept at it I **should succeed**.
（我知道如果我堅持下去就會成功。）
- I had thought I **should return** the next day.
（我原本想第二天就歸還的。）

E

情緒動詞

shall, should 用在第一人稱表示未來式, 在現代英語中常用 will, would 代替。

　　情緒動詞詞義不完全, 在句子裡不能單獨當作述詞, 只能與一般動詞一起組成複合述詞, 主要包括can, could, may, might, must, will, would, shall, should, ought to等。

註：有關情緒動詞的用法，詳見本書第11章《情緒動詞》部分。

動詞的基本形式

英語動詞有五種基本形式，即動詞原形、一般現在式第三人稱單數、過去式、過去分詞和現在分詞。規則動詞的五種基本形式如下表所示：

原　形	一般現在式 第三人稱單數	過去式	過去分詞	現在分詞
work	works	worked	worked	working
study	studies	studied	studied	studying
stop	stops	stopped	stopped	stopping
play	plays	played	played	playing

A

一般現在式第三
人稱單數的組成

◀◀◀

動詞的一般現在式第三人稱單數形式的組成規則，如下表所示：

規　則	原　形	單數形式
一般動詞加 -s	help	helps
	read	reads
以 [s]、[ʃ]、[tʃ] 音標結尾和以字母 -o 結尾的動詞加 -es	express	expresses
	wash	washes
	watch	watches
	do	does
以「子音字母+y」結尾的動詞，變 y 為 i 再加 -es	rely	relies
	apply	applies
	carry	carries

B
現在分詞的組成
◀◀◀

現在分詞形式的組成規則，如下表所示：

規　則	動詞原形	現在分詞
一般情況下直接加 -ing	buy, find, meet	buying, finding, meeting
以不發音的字母 -e 結尾的，去掉 e 再加 -ing	continue, use, ride	continuing, using, riding
以重讀閉音節結尾，且字尾只有一個子音字母的，重複這個子音字母再加 -ing	begin, put, occur, prefer, refer	beginning, putting, occurring, preferring, referring
少數以 -ie 結尾的，先將 ie 變成 y，再加 -ing	die, lie, tie	dying, lying, tying
以 -oe, -ee, -ye 結尾的，直接加上 -ing	see, agree, flee	seeing, agreeing, fleeing

C
規則動詞過去式、
過去分詞形式的組成
◀◀◀

❶ 規則動詞過去式、過去分詞的組成規則如下表所示：

規　則	動詞原形	過去式	過去分詞
一般情況加 -ed	help, look, work	helped, looked, worked	helped, looked, worked
以不發音的 -e 結尾直接加 -d	like, live, love	liked, lived, loved	liked, lived, loved
以「子音字母+ y」結尾的，把 y 變成 i 再加 -ed	try, study, cry	tried, studied, cried	tried, studied, cried
以重讀閉音節結尾，且字尾只有一個子音字母的，重複這個子音字母再加 -ed	plan, stop, nod	planned, stopped, nodded	planned, stopped, nodded

- 在英式英語中，travel 的過去式和過去分詞為 travelled, travelled，而在美式英語中為 traveled, traveled。類似的動詞還有 quarrel, model, control, dial, signal, worship, focus 等。

❷ 動詞的過去式和過去分詞的發音規律

規則動詞的過去式和過去分詞中的-ed，發音規律如下表：

規　　則	例　　字
在清子音後發 [t]	helped [hɛlpt]，finished [ˋfɪnɪʃt]，stopped [stɑpt]
在母音或濁子音後讀 [d]	stayed [sted]，agreed [əˋgrid]，planned [plænd]
在子音 [t]、[d] 後讀 [ɪd]	wanted [wɑntɪd]，needed [nidɪd]

D

不規則動詞的過去式、過去分詞

不規則動詞的過去式、過去分詞請參閱本書附錄 II 部分。

3 片語動詞

由兩個或兩個以上的單字組成一個片語，相當於一個動詞的作用，稱為片語動詞。主要有如下五類。

A

動詞＋介系詞

這一類的片語動詞相當於及物動詞，後面需要有受詞，受詞不管是名詞還是代名詞，只能放在介系詞後面，在被動語態中要作為整體看待，不可以拆開或漏掉。

☐ agree with（同意……的意見）
☐ ask for（請求）
☐ break into（闖入）
☐ begin with（以……開始）
☐ come from（來自）
☐ deal with（處理）

- □ feel like（想要）
- □ fall behind（掉在……後面）
- □ fall off（掉下去）
- □ get to（到達）
- □ get on（上〈車〉）
- □ get off（下來）
- □ hear of（聽說）
- □ knock at/on（敲〈門、窗等〉）

- □ laugh at（嘲笑）
- □ look at（看）
- □ look after（照料）
- □ listen to（聽）
- □ look for（尋找）
- □ think of（想起）
- □ wait for（等候）

B

動詞＋副詞

◀◀◀

這一類的片語中有的相當於及物動詞，後面的受詞如果是名詞，則可以放在副詞前面，也可以放在副詞後面；如果是代名詞，則只能放在動詞與副詞之間。

- □ come out（出來；花開）
- □ come along（隨著）
- □ come in（進來）
- □ eat up（吃光）
- □ fall down（跌倒）
- □ find out（找出來）
- □ go back（回去）
- □ go on（繼續）
- □ go out（外出）
- □ get back（回來；拿回來）
- □ grow up（長大）
- □ get up（起床）
- □ go home（回家）
- □ hurry up（趕快）

- □ hold on（不掛斷）
- □ look out（留意）
- □ look over（檢查）
- □ look up（向上看；查詢）
- □ put on（穿上；上演）
- □ pass on（傳遞）
- □ run away（逃跑）
- □ ring up（打電話）
- □ set off（出發）
- □ turn on（打開）
- □ take out（取出）
- □ turn over（把……翻過來）
- □ write down（記下）

8

C

動詞＋副詞＋介系詞

◀◀◀

- □ be fed up with（厭倦）
- □ catch up with（趕上）

- □ get on with（與……相處）
- □ go in for（喜歡）

- □ get away from（逃離）
- □ get down to（開始認真做）
- □ get through to（與……通話）
- □ keep away from（遠離）
- □ keep up with（跟上）
- □ live up to（不辜負）
- □ look down upon（輕視）

- □ look forward to（期盼）
- □ look out for（警惕）
- □ make up for（彌補）
- □ settle down to（開始做某事）
- □ run out of（用光）
- □ put up with（容忍）
- □ come up with（提出）

D

動詞＋名詞＋介系詞
◀◀◀

- □ have a look at（看一看）
- □ make room for（騰出地方）
- □ make friends with（交朋友）
- □ make fun of（取笑）
- □ make progress in（進步）
- □ make use of（利用）
- □ make sense of（搞清楚）
- □ make way for（讓路給）
- □ make peace with（和解）
- □ play a joke on（戲弄）

- □ say goodbye to（告別）
- □ take account of（考慮）
- □ take advantage of（利用）
- □ take care of（照料；照顧）
- □ take hold of（握住）
- □ take charge of（負責，看管）
- □ take notice of（注意到）
- □ take part in（參加）
- □ take pride in（以……為自豪）

E

動詞＋形容詞＋介系詞
◀◀◀

- □ be angry with（生氣）
- □ be busy with（忙於）
- □ be different from（與……不同）
- □ be famous for（因……而著名）
- □ be friendly to（對……友好）

- □ be good/bad for（對……有益/害）
- □ be good at（擅長）
- □ be harmful to（對……有害）
- □ be interested in（對……感興趣）
- □ be late for（遲到）

考題演練

■（一）大學入試考古題：Choose the correct answer.（選擇正確的答案）

(1) You look well. The air and the sea foods in Taitung must _____ you, I suppose.

A. agree with　　B. agree to　　C. agree on　　D. agree about

(2) We've just moved into a bigger house and there's a lot to do. Let's _____ it.

A. keep up with　　B. do away with　　C. get down to　　D. look forward to

(3) Thousands of foreigners were _____ to the World Expo the day it opened.

A. attended　　B. attained　　C. attracted　　D. attached

(4) The majority of people in the town strongly _____ the plan to build a playground for children.

A. consider　　B. support　　C. confirm　　D. submit

(5) Jenny was looking for a seat when, luckily, a man _____ and left.

A. took up　　B. got up　　C. shut up　　D. set up

(6) Sam _____ some knowledge of the computer just by watching others working on it.

A. brought up　　B. looked up　　C. picked up　　D. set up

(7) The new movie _____ to be one of the biggest money-makers of all time.

A. promises　　B. agrees　　C. pretends　　D. declines

(8) Smell the flowers before you go to sleep, and you may just _____ sweet dreams.

A. keep up with　　B. put up with　　C. end up with　　D. catch up with

(9) —How did you like Nick's performance last night?

　　—To be honest, his singing didn't _____ to me much.

A. appeal　　B. belong　　C. refer　　D. occur

(10) He telephoned the travel agency to _____ three air tickets to London.

A. order B. arrange C. take D. book

■ （二）模擬試題：Choose the correct answer.（選擇正確的答案）

(1) If it's true he was taking drugs, that would _____ his strange behavior.

A. make for B. stand for C. account for D. apply for

(2) Generally speaking, students _____ the teachers who are knowledgeable and patient.

A. look up to B. look up C. look into D. look through

(3) The moment we heard the news of the earthquake, we began to _____ the work to rescue those who were trapped in the building.

A. set off B. set down C. set aside D. set about

(4) Nobody noticed the thief slip into the house because the lights happened to _____.

A. go out B. give in C. turn off D. be put up

(5) The samples _____ in quality but were generally acceptable.

A. varied B. changed C. disagreed D. exchanged

(6) The old lady _____ the shopkeeper of charging her too much for the goods she had bought.

A. accused B. charged C. blamed D. criticized

(7) The church has _____ quite a few changes over the years.

A. watched B. witnessed C. viewed D. observed

(8) I've visited a lot of different places and stayed in lots of different hotels, but none of them _____ this one.

A. makes B. beats C. compares D. matches

(9) I have _____ all my papers but I still can't find the contract.

A. looked through B. looked for C. looked after D. looked out

(10) They were so far away that I couldn't _____ their faces clearly.

A. see through B. make up C. see off D. make out

答案・解說 1

▶ (1) A (2) C (3) C (4) B (5) B (6) C (7) A (8) C (9) A (10) D

(1) 解釋：你看起來氣色不錯。我想台東的空氣與海鮮一定對你很合適。sth. agree with sb. 表示「（食物、天氣等）對⋯⋯適宜」。agree to「同意」，後面常接決定、計畫、安排、建議等類的名詞；agree on 主要指雙方透過協商「在⋯⋯達成一致」；agree 不能與 about 搭配。

(2) 解釋：我們剛剛搬進一間更大的房子，有很多事情要做。現在就開始動手吧！get down to「著手做⋯⋯」。keep up with「跟上」；do away with「廢除，取消」；look forward to「盼望」。

(3) 解釋：世博會開幕當天，有上千個外國人慕名而來。attract「吸引」，be attracted to「被吸引到⋯⋯」。attend「參加」；attain「達到，獲得」；attach「附上，貼上；使依戀」。

(4) 解釋：城裡大多數人強烈支持為孩子們興建運動場的計畫。support「支持，擁護」。consider「認為；考慮」；confirm「確認；批准」；submit「使服從；主張」。

(5) 解釋：珍妮正在找座位，很幸運地，這時候一個男生起身離開了。get up「起身」。take up「從事；佔據」；shut up「閉嘴」；set up「建立」。

(6) 解釋：山姆只在一旁看著別人做，就學會了一些電腦知識。pick up 在此表示「偶然學會」。bring up「養育，撫養」；look up「向上看；查詢」；set up「建立」。

(7) 解釋：這部新電影很可能成為有史以來票房紀錄最高的電影之一。promise「很可能」。agree「同意」；pretend「假裝」；decline「拒絕；減少」。

(8) 解釋：睡覺前聞一聞這些花，你可能就會一夜好夢。end up with「以⋯⋯而結束」。keep up with「跟上；和⋯⋯保持聯繫」；put up with「容忍，忍受」；catch up with「趕上，追上；逮捕；處罰」。

(9) 解釋：「你認為昨天晚上尼克的表演怎樣？」「說實話，他的演唱對我沒有多大吸引力。」appeal to sb.「對某人產生吸引力」。belong to「屬於」；refer to「涉及；指的是」；occur to「想到，意識到」。

(10) 解釋：他打電話給旅行社，訂了三張去倫敦的機票。book「預購（機票、車票、門票等）；預訂（位子，膳宿等）」。order「訂購；預訂」，通常接「產品，貨物」等名詞；arrange「安排、整理」；take「拿，取」。

■ (1) C (2) A (3) D (4) A (5) A (6) A (7) B (8) D (9) A (10) D

(1) 解釋：如果他吸毒是事實的話，那就能解釋他的怪異行為了。account for「說明；證明」。make for「走向；導致」；stand for「代表；象徵」；apply for「申請」。

(2) 解釋：一般來說，學生尊敬博學、耐心的老師。look up to「尊敬」。look up「查詢；向上看」；look into「調查；往裡看」；look through「審核；瀏覽」。

(3) 解釋：我們一聽到地震的消息，就立刻著手搶救那些困在大樓裡的人們。set about「開始，著手（做）」。set off「啟程，出發」；set down「記下，寫下」；set aside「保留」。

(4) 解釋：沒有人知道小偷闖進了房子，因為所有的燈都剛好熄滅了。go out「（燈，火等）熄滅」。give in「讓步；屈服」；turn off「關閉」；put up「建造；提供住宿」。

(5) 解釋：樣本的品質參差不齊，但是總體上還是可以接受的。vary「（彼此）相異」；change「改變；變化」；disagree「（意見）不一致；不適應」；exchange「交換；交易」。

(6) 解釋：那位老婦人指責老闆對她買的東西要價太高了。accuse sb. of sth.「因某事指責 / 控訴某人」。charge「要價，索價」；blame「責備」，後面常跟介系詞 for；criticize「批評」，後面常跟介系詞 for。

(7) 解釋：這座教堂見證了這幾年發生的許多變化。witness「目擊；見證；經歷」。watch「觀察；注視；觀看」；view「考慮；仔細看」；observe「觀察」。

(8) 解釋：我參觀過許多地方，也住過許多酒店，但是沒有一個能比得上這裡。match「比得上……」。make「製作」；beat「打敗」；compare 作為「與……匹敵」時是不及物動詞，後面常接 with。

(9) 解釋：我已經瀏覽了所有檔案，但是仍然沒找到那份合約。look through「瀏覽」。look for「尋找」；look after「照顧」；look out「注意」。

(10) 解釋：他們離我太遠了，我看不清楚他們是誰。make out「辨認出，看出」。see through「看穿，識破」；make up「組成；化妝」；see off「送行」。

時態

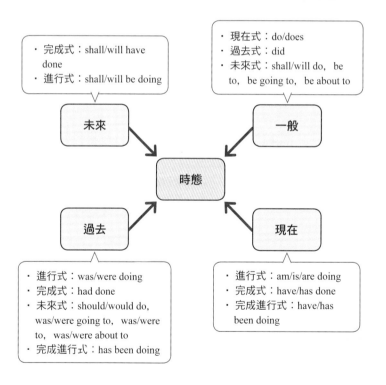

- 完成式：shall/will have done
- 進行式：shall/will be doing

未來

- 現在式：do/does
- 過去式：did
- 未來式：shall/will do，be to，be going to，be about to

一般

時態

過去

- 進行式：was/were doing
- 完成式：had done
- 未來式：should/would do，was/were going to，was/were to，was/were about to
- 完成進行式：has been doing

現在

- 進行式：am/is/are doing
- 完成式：have/has done
- 完成進行式：have/has been doing

　　英語中，在不同的時間裡以不同方式發生的動作，或存在的狀態要用動詞的不同形式表現出來，動詞的這種不同形式便組成了動詞的時態。

　　動作發生的時間可以分為現在、過去、將來和過去將來四種形式，動作發生的方式可以分為一般、進行、完成和完成進行四種形式，所以英語中的時態共有 16 種。

時間 方式	現　在	過　去	未　來	過　去 未　來
一般	work(s)	worked	shall┐ 　　├ work will┘	should┐ 　　　├ work would┘
進行	am┐ is ├ working are┘	was ┐ 　　├ working were┘	shall ┐ be 　　├ will ┘ working	should┐ be 　　　├ would┘ working
完成	have┐ 　　├ worked has ┘	had worked	shall ┐ have 　　├ will ┘ worked	should┐ have 　　　├ would┘ worked
完成 進行式	have┐ been 　　├ has ┘ working	had been working	shall ┐ have been 　　├ will ┘ working	should┐ have been 　　　├ would┘ working

1 一般現在式

A

> 表示客觀真理、客觀
> 存在以及自然現象

◄◄◄

- Knowledge **is** power.
  （知識就是力量。）
- Time and tide **wait** for no man.
  （歲月不饒人。）
- China **lies** in the east of Asia.
  （中國位於亞洲東部。）
- In summer, days **are** longer than nights and in winter it's the opposite.
  （夏天的白天比夜晚長，冬天則是相反。）

巧學妙記

一般動詞一般現在式用法口訣

用好一般現在式，時間副詞需牢記。

基本用法要記清，動作習慣經常性。

客觀真理和能力，有時還表未來式。

述詞如果為實值意義動詞，形式要由主詞定。

主詞人稱是三單，述詞要把 -s/-es 加。

句子裡如果把助詞用，述詞動詞用原形。

B

> 表示習慣性、經常性的動
> 作，或經常存在的狀態

◄◄◄

- Where **do** you live and where **do** you work?
  （你住在什麼地方？在哪裡工作？）
- Some senior three students **go** to school every day including Sunday.
  （一些高中三年級的學生每天都上學，包括星期天。）
- He always **goes** to work late, which makes the boss angry and disappointed.
  （他上班總是遲到，這讓老闆既生氣又失望。）

C

表示按時間表、計畫、規
定或安排將要發生的動作

這種情況常用的動詞有come, go, run, start, begin, return, leave, take place等，句子裡常有表示將來的時間副詞。

- The final exam **takes place** next week.
  （下星期舉行期末考試。）
- The train **leaves** London at six and **arrives at** Birmingham at eight.
  （火車六點離開倫敦，八點到達伯明罕。）

D

表示現在正在發生的
動作或存在的狀態

- Here **comes** the bus!
  （公車來了！）
- There **goes** the bell.
  （電鈴響了。）

E

用在時間、條件等副詞子句
裡，表示將要發生的動作

- If it **doesn't rain**, we'll go on a picnic as planned.
  （如果不下雨，我們將會按計畫去野餐。）
- When you **come across** a new word while reading, you'd better not look it up at once.
  （當你在閱讀中遇到生字時，最好不要立刻查字典。）
- As soon as the sun **comes out**, the mist will pass away.
  （太陽一出來，霧就會消失。）
- We won't give up halfway no matter what **happens**.
  （不管發生什麼情況，我們都不會半途而廢。）

> 用在文章標題、劇本、圖
> 片說明或對故事的轉述等

- Jack **throws** the ball to John and John **catches** it. He **jumps** and **casts** it into the basket.
（傑克把球扔給約翰，約翰接到球，跳起來把它投進籃框。）

2 一般過去式

A

> 表示在過去某個時間發
> 生的動作或存在的狀態

- Tom suddenly **fell** ill yesterday and had to stay at home for a day.
（昨天湯姆突然生病了，只好在家裡待了一天。）
- She **looked** very well when I last **saw** her.
（上次我看到她時，她看起來氣色很好。）
- The person you are looking for **went away** just now.
（你要找的人剛走。）

巧學
妙記

行為動詞一般過去式用法口訣

動詞一般過去式，

表示過去發生事。

句子裡述詞用過去式，

過去式間當作標記。

否定句，很簡單，

主詞之後 didn't 添。

疑問組成也有法，

主詞前面 did 加。

還有 一點不能刪，

後面的動詞要還原。

- 過去式有時也和與現在關係較為密切的時間副詞一起使用，如 today, this morning, this week, this month, this year 等。
  - **Did** you **see** my watch **this morning**?
    （今天早上你有看到我的手錶嗎?）

- 常與一般過去式一起使用的時間副詞有：
  - last year（去年）
  - yesterday（昨天）
  - just now（剛才）
  - last night（昨天晚上）
  - in 2002（在 2002 年）
  - at that time（當時）
  - at that moment（那時候）
  - the other day（前幾天）
  - a few days ago（幾天前）

B

> 表示過去經常、反覆發生的動作

表示這種意義時，常與always, usually, often, sometimes, never等時間副詞一起使用。

- I always **got up** too late, and never **had** enough time for breakfast.
  （我總是很晚起床，從來沒有足夠的時間吃早餐。）

C

> 描述幾個相繼發生過的動作

表示在過去特定的時間內，一次完成具有先後順序的幾個動作時，常用過去式。此時一般不出現表示過去的時間副詞，需要透過情境景判斷。

- I **got up** early, **washed** my face, **had** a quick breakfast and **hurried** to school.
  （我很早就起床了，洗完臉之後，迅速吃完早餐，就匆忙上學去了。）
- Tom was late.He **opened** the door quietly, **moved** in and **walked** carefully to his seat.
  （湯姆遲到了。他悄悄打開門進去，小心翼翼地走到自己的座位。）

D

> 追述逝去的人或事，常用過去式

- The book **was written** by Mr. Liang Shiqiu.
  （這本書是梁實秋先生寫的。）
- YungChing Wang **set** a good example to the people throughout the world.
  （王永慶為全世界的人樹立了一個好榜樣。）

E
表示過去將來的
動作

在時間、條件、方式、讓步副詞子句裡，表示過去將來的動作。

- She said she would come if I **promised** to wait for her.
  （她說如果我答應等她，她就會來。）
- They told us that they would not leave until she **came** back.
  （他們告訴我們，直到她回來他們才會離開。）

F
一般過去式表示
現在

在受詞子句裡，由於時態的呼應，可以用一般過去式表示現在，有時候表示客氣委婉也可這樣用。

- I didn't know you **were** here.（我不知道你在這裡。）
- I **wondered** if you were free this evening.（不知道您今晚是否有空。）

3 一般未來式

A
一般未來式的基
本形式

一般未來式表示未來某個時間將要發生的動作或存在的狀態，也表示將來經常或反覆發生的動作。一般未來式由「will/shall＋動詞原形」組成。shall用在第一人稱，will用在第二、三人稱，但在現代英語中will也可用在第一人稱，二者區別並不大。

- It'll soon **be** Christmas and the New Year.
  （很快就要到耶誕節和新年了。）
- I **will/shall see** you tomorrow about the new plan.
  （明天我去找你談談新的計畫。）
- I **will/shall go** to London next month.
  （下個月我將要去倫敦。）
- We **will/shall come** to ask Miss Chen for help.
  （我們要向陳老師尋求協助。）
- He'll **lose** the job if he doesn't work hard.
  （如果不努力，他將會失去這份工作。）
- Nobody **will do** such a job with so little pay.
  （沒人要做薪資這麼少的工作。）

 一般未來式口訣

一般未來式，
將要發生事。
述詞不一般，
will 加動原(動詞原形)。
要變疑問句，
will 放在主詞前。
否定句，也不難，
will 後面 not 添。

常與一般未來式一起使用的時間副詞有：

- next time（下次）
- tomorrow（明天）
- tomorrow evening（明天晚上）
- the day after tomorrow（後天）

- this afternoon（今天下午）
- next year（明年）
- before long（不久後）
- in the future（將來）

B

一般未來式的其
他表達方式
◀◀◀

除了「will/shall＋動詞原形」句型可以表示將來之外，以下幾種形式也可表示未來時態。

❶ be going to 表示未來

be going to句型表示打算做某事，或是客觀跡象顯示即將發生某事。

- I'm **going to gather** some materials about Picasso.
  （我打算搜集一些有關畢卡索的素材。）
- It's **going to be** a fine day for surfing tomorrow.
  （明天將會是個衝浪的好天氣。）

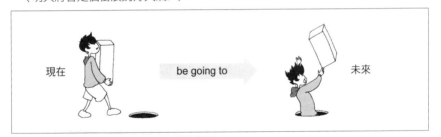

現在　　　　　be going to　　　　　未來

be going to 與 will 的區別

★ be going to 指事先已計畫過或思考過的意圖和打算；will 表示沒有經過計畫，臨時做出的打算。be going to 還表示客觀跡象顯示馬上就要發生。
- I'm **going to** see him tomorrow.（我打算明天去看他。）〔事先經過思考〕
- I'll answer the door.（我去開門。）〔臨時的打算〕
- Look at the clouds. There **is going to** be a storm.
  （看這些烏雲，暴風雨就要來了。）〔客觀跡象〕

❷ 現在進行式表示將來

　　現在進行式往往表示按計畫或安排要發生的事。這種句型常用在表示動作轉換的短暫性動詞，如come, leave, start, begin, go等。

- My uncle **is coming** back from abroad.
（我叔叔要從國外回來了。）
- The plane **is leaving** for Paris.
（這架飛機即將飛往巴黎。）

❸ be to do 表示將來

　　這種句型表示計畫中約定的，或依照職責、義務和要求必須去做的事，或是即將發生的動作。

- The American President **is to visit** China next week.
（美國總統下星期將訪問中國。）
- The meeting **is to take place** early tomorrow.
（會議明天一早舉行。）
- No one **is to drive** a car without a driving licence.
（任何人沒有駕照不可以開車。）

❹ be about to do 表示將來

　　這個句型表示不久或即將要發生的動作，一般不與具體的時間副詞一起使用。be about to do... when... 是一個常見的句型。

- Don't go out. We'**re about to** have dinner.
（不要出去了，我們很快就要吃飯了。）
- I **was about to** start **when** it began to rain.
（我才剛要出發，就開始下起雨來。）

❺ be on the point of doing 表示將來

　　be on the point of doing表示「正處於……的關鍵時刻」、「正要做……」。

- We shouldn't quit.We **are on the point of making** it.
（我們不能放棄，我們快要成功了。）

❻ 一般現在式、現在完成式，用在時間、條件副詞子句裡表示將來

　　在時間或條件等副詞子句裡，可以用一般現在式或現在完成式表示將來的意義。

- When he **comes**, I will call you.
（他來的時候我打電話給你。）
- If he **has sold/sells** his newspapers, he'll go home.
（如果報紙賣完了他就回家。）

❼ 一般現在式表示未來

　　一般現在式可以表示按計畫、安排將要發生的事，這種安排不可以更改或隨意變動。

- The sports meeting **takes place** on October 18.
  （運動會將於十月十八日舉行。）
- The train **leaves** at eight every morning from this station.
  （火車每天早上八點從本站出發。）

 過去未來式

A

> 過去未來式表示從過去某一個時間，看即將要發生的動作或存在的狀態。這種時態常用在受詞子句或間接引語中

- Last week he promised that he **would come**, but he hasn't arrived until now.
  （上個星期他答應要來，可是到現在還沒到。）
- He said that he **would wait** for me at the gate.
  （他說他會在大門口等我。）

B

> 除了用 would do 之外，過去未來式與一般未來式一樣，也可以用 be going to do, be to do, be about to do 及過去進行式等方式表示

- You **were going to give** me your address but you didn't.
  （你本來要把你的位址給我，可是沒有給。）
- Mr Green **was leaving** for Hawaii a few hours later.
  （格林先生再過幾個小時就要去夏威夷了。）
- The conference on SARS **was to be held** the next week.
  （關於 SARS 的研討會將於下星期舉行。）
- I **was about to turn on** the power of the computer when the electricity was cut off.
  （我正要打開電腦電源時，正好停電了。）

 注意
一下

過去未來式常用的時間副詞有：
- two days later
  （兩天後）
- the next week
  （第二周）
- the following day
  （第二天）

5 現在進行式

A

表示說話時正在進行，尚未完成的動作或狀態

這種情況下常與now, at this moment, these days, right now, at present等時間副詞一起使用。

- Now watch carefully and see what **is happening** in the experiment.
  （現在仔細觀察，看看在實驗中發生了什麼現象。）
- What **are** you **doing** now, Bob? Grandma **is asking** to see you.
  （鮑勃，你在做什麼？奶奶要找你。）
- How **are** you **getting on** with your work these days?
  （這些天以來，你工作得怎麼樣？）

B

表示現階段正在進行的動作，但說話當時該動作不一定正在進行

- George **is working** on a new book about stories in schools.
  （喬治正在寫一本關於校園故事的新書。）
- I **am helping** my dad on the farm this summer vacation.
  （這個暑假我在農場幫爸爸的忙。）
- We **are doing** an experiment this month.
  （我們這個月在做一項實驗。）

C

表示此時此刻某個動作不斷地重複

- The boy **is jumping** with great joy at the sight of his mother.
  （一看到媽媽，小男孩就高興得不停地跳。）
- Someone **is knocking** at the door. It might be the postman.
  （有人正在敲門。可能是郵差。）

> 表示按計畫或安排
> 要發生的動作
> ◄◄◄

- **Are** you **staying** in Kaohsiung for a week?
  （你將在高雄待一個星期嗎？）
- I **am taking** my daughter to the Central Park this Saturday.
  （這個星期六我要帶女兒去中央公園。）

E

> 表示特定的感情
> 色彩
> ◄◄◄

　　與副詞always, forever, constantly等一起使用，表達說話者的某種感情，或對某種心理的生動描述。

- She **is always thinking of** others instead of herself.
  （她總是想著別人而不是她自己。）
- Why **are** you **always coming** late for work? You are close to being suspended.
  （你怎麼上班總是遲到？你快要被炒魷魚了。）
- I**'m always missing** my mother very much. It's a long time since I left home.
  （我很想念我媽媽，我離開家已經好長一段時間了。）

F

> 系表句型用在進行
> 式表示一時的表現
> ◄◄◄

　　系表句型一般不能用在進行式，但有時當作主詞補語的形容詞表示性質、品質時，也可以用在進行式，表示一時的表現。

- Tom **is being** a little impolite.
  （湯姆表現得有點不禮貌。）〔平常不是這樣〕
- Why **are** you **being** so **foolish**?
  （這時候你怎麼這麼笨？）〔平時不笨〕

過去進行式

表示在過去某個時刻或某一階段正在進行的動作
◀◀◀

- I **was washing** the dishes while Mother **was clearing away** the table.
（我在洗盤子，媽媽在收拾桌子。）
- What **were** you **doing** last year besides interviewing people?
（去年除了採訪之外，你還做了什麼？）
- They **were expecting** you yesterday, but you didn't turn up.
（他們昨天一直在等你，可是你沒來。）
- We **were working** from two to four yesterday afternoon.
（我們昨天下午從兩點一直工作到四點。）
- When you phoned yesterday, I **was playing** computer chess.
（你昨天打電話給我的時候，我正在玩電腦的象棋。）

 常用必備

常與過去進行式一起使用的時間副詞有：

- at that time（當時）
- at five yesterday（昨天五點）
- then（那時）

- this time yesterday（昨天這個時候）
- the whole morning（整個上午）
- last night（昨天晚上）

9

用在描寫故事情景，或提供故事發生的時間背景
◀◀◀

- It was a dark night and it **was snowing** heavily.
（那是一個漆黑的夜晚，當時雪下得很大。）
- The fire **was burning** fiercely. Children **were crying**. Women **were running about** and men **were trying** to put it out.
（大火在熊熊地燃燒著。孩子在哭，婦女到處跑，男人們在盡力撲滅大火。）

C

表示過去將要發生
的動作

表示從過去某一時間的角度看即將要發生的動作，僅限於 come, go, start, leave, stay, arrive等短暫性動詞。

- He told me he **was leaving** for Shanghai tomorrow.
  （他告訴我明天將要去上海。）
- The doctor said the patient **was dying**.
  （醫生説病人快要死了。）

D

表示禮貌

這裡它並不表示過去發生的動作，而是表達現在的客氣或禮貌。

- I **was wondering** if you could help me look up the word "erg."
  （不知道你能不能幫我查一下 erg 這個單字。）

注意
一下

一般過去式也有類似用法，但相較而言，用過去進行式顯得更客氣、更不肯定。

- I **was thinking** if you could write an essay about George Gordon Byron.
  （我在想你能不能寫一篇有關喬治 · 戈登 · 拜倫的論文。）

 未來進行式

A

現在未來進行式

❶ 表示將來某一時間正在進行的動作

這種時態往往表示較接近已經安排好的事，人們正期待著它的發生。常與this time tomorrow, at 9 o'clock tomorrow evening, in a minute等表示未來時間的片語一起使用。

- I can't make nine tomorrow. I'**ll be having** a meeting then.
  （明天九點不行，那個時候我正在開會。）
- We'**ll be getting** started in a minute. So get everything ready.
  （我們馬上就要開始，請做好一切準備。）

❷ 由客觀情況決定事情的正常發展，而不是主觀的打算
- When **will** you **be paying** me the money?
  （你什麼時候還我錢？）
- The president **will be visiting** us next week.
  （總統將在下星期來看我們。）

❸ 表示委婉的語氣
- What **will** you **be doing** this evening?
  （今天晚上你要做什麼？）
- **Will** you **be having** some tea?
  （你要喝茶嗎？）
- **Will** you **be needing** anything?
  （你還需要什麼嗎？）

❹ 過去未來進行式
　　過去未來進行式表示從過去某一時間點看將來某一時間正在發生的動作。它常和表示將來的時間副詞一起使用。過去未來進行式常用在受詞子句、同位語子句、副詞子句裡。過去未來進行式常表示計畫中的事，不表示主觀打算或計畫。

- Quincy told me that he **would be seeing** his parents the next month.
  （昆西告訴我下個月他要去看他的父母。）
- The interview that I **would be going to have** made me nervous.
  （我等一下要參加的面試讓我很緊張。）
- Because Mara **would be leaving** soon, many of her friends felt very unwilling to leave her.
  （瑪拉很快就要走了，她很多朋友感到非常不想離開她。）

現在完成式

A

> 表示過去發生並完成的動作
> 對現在產生的結果或影響

常與already, yet, just, so far, up to, till, until等一起使用。

- The manager **has just left**. If only you had come a moment earlier.
  （經理剛走。你要是早一點來就好了。）
- We **have finished** all the work **so far**.
  （到目前為止，我們已經完成了所有的工作。）

 用法差異
　　already, yet 的區別

★ already 經常用在肯定句，如果用在疑問句時，常表示驚訝；yet 經常用在否定句、疑問句裡。

- The children have **already** risen. (孩子們已經起床了。)
- Have you **already** used the money up?(你怎麼已經把錢用光了?) 〔表示驚訝〕
- I have never told a lie **yet**. (我從來沒有說過謊。)
- Has this new book **yet** been sold on the market?
  （這本新書已經在市面上銷售了嗎?）

B

> 表示從過去開始一直持續到現在，
> 而且還可能繼續的動作或狀態

這種用法常與表示一段時間的副詞，如「since＋時間點/子句」，「for＋時間區間」，so far, in the past/last few years等一起使用。

- I **have worked** in this company **since** I graduated.
  （我從畢業以來就一直在這家公司工作了。）
- He **has studied** German **for** 6 years.
  （他已經學了 6 年的德語。）
- I **have traveled** to most of the cities in Taiwan **since** five years ago.
  （五年來我已經遊遍台灣大部分的城市。）
- Brendan **has been** absent from school **since last week**.
  （布蘭登從上星期開始就沒來上學了。）

C

表示「經歷過的事」

常表示「曾經做過」，這種過去經歷或體驗對現在仍產生影響，難以忘懷，常與never, ever, twice, before, since等時間副詞一起使用。

- I **have read** many works by David Henry Lawrence **before**.
  （我以前讀過大衛・亨利・勞倫斯的一些作品。）
- I **have never read** such a good novel as *The Old Man and the Sea*.
  （我從來沒有讀過像《老人與海》這麼好的小説。）

用法差異

have gone to 與 have been to 的區別

★ 前者表示「去了某地」，動作的執行者不在說話者這裡；後者表示「去過某地」，常與表示次數的時間副詞一起使用。

- It can't be John. He **has gone to** town. （那不可能是約翰，他去城裡了。）
- John knows the way well. He **has been to** the city many times before.
  （約翰對那裡的路很熟，他以前去過那個城市很多次。）

D

在時間、條件等副詞子句裡，代替未來完成式

- I'll go home as soon as I'**ve had** the bicycle mended.
  （我把自行車修好就回家。）
- Don't get off the bus until it **has stopped**. （公車還沒停穩前不要下車。）
- We'll start at five o'clock if it **has stopped** raining by then.
  （如果雨到 5 點鐘停了的話，我們就開始。）

E

現在完成式和一般過去式的區別

現在完成式表示發生在過去的動作，對現在造成的影響或結果，不和確定的過去時間副詞一起使用；一般過去式表示在過去某個時間發生的事情、存在的狀態或經常發生的動作，不強調對現在產生的影響，常與確定的過去時間副詞一起使用。

- I **have taught** here for fifteen years. （我在這裡教書教了十五年。）
- I **taught** here two years ago. （我兩年前在這裡教書。）

I **have lost** my new book.（我把新書弄丟了。）

I **lost** my new book yesterday.（我昨天把新書弄丟了。）

He **has bought** a house.（他買了一間房子。）

He **bought** a house ten years ago.（他十年前買了一間房子。）

F

| 非延續性動詞的
現在完成式 | 非延續性動詞可以用現在完成式，但是不能與表示一段時間的副詞一起使用，也不能表示延續狀態。如果必須使用，則要將非延續性動詞改成對應的延續性動詞，另外在否定句裡也可以使用。 |

I **have bought** this Blue Bird car **for two years**.（×）

I **have had** this Blue Bird car **for two years**.（√）

（這輛藍鳥車我已經買了兩年。）

I **have joined** the Youth Volunteers **for five years**.（×）

I **have been** a member of the Youth Volunteers **for five years**.（√）

（我加入青年志工已經五年了。）

- I **haven't seen** him **for ten years**.

（我已經十年沒見過他了。）

9 過去完成式

A

| 過去完成式的用法 | 過去完成式的用法與現在完成式的用法基本上相同，只是把動作或行為變成「過去的過去」。現在完成式是以現在為衡量標準的，而過去完成式是以「過去」的某個時間點為衡量標準的。表示在過去某個時間之前，就早已完成或早已持續了一段時間的行為或狀態。 |

❶ 表示發生在過去某一個時間點之前，並且已經完成的動作

這種用法中，過去的時刻常用by, before等組成的介系詞片語或時間副詞子句來表示，也可以透過表示過去的動作或上下文來表示。

- Jane **had left** before I arrived.（我來之前珍就走了。）

- I **had** just **finished** half of the work by yesterday.

（到昨天為止，我剛好完成了一半任務。）

- She already knew the secret but no one **had told** her.

（她已經知道這個祕密了，可是從來沒有人告訴過她。）

> **巧學
> 妙記**
> **！**
>
> **過去完成式用法口訣**
>
> had 加上「動詞 -ed 式」，組成過去完成式。
> 過去完成的意義，也表「完成」或「延續」。
> 不過「時間」往前推，它表「過去的過去」。
> 如果有主、從兩個句，先後動作分別敘。
> 哪個在先哪「完成」，哪個在後哪「過去」。

❷ 表示在過去某一個時間點之前發生，並且已經持續了一段時間的動作或狀態

　　這種用法常與for/since/before等引導的表示過去的時間副詞一起使用，也可以透過上下文的情境來表示。

- My parents **had lived** in this city long **before 1990**.

（在 1990 年以前，我父母就已經在這個城市居住很長一段時間了。）

- We arrived at six o'clock, but the concert **had been** on **for an hour**.

（我們是六點到的，但是音樂會早就開始一個小時了。）

❸ 表示過去未曾實現的願望、打算和想法等

　　用在該用法的常用動詞有hope, want, think, plan, mean, intend, attempt等。

- I **had meant** to start off early, but I had an unexpected visitor.

（我本來想早一點出發，但是來了一位不速之客。）

- Lucia **had intended** to write to me, but she didn't have my address.

（盧西亞原本想寫信給我，但是她不知道我的地址。）

❹ 過去完成式常用在受詞子句、限定詞子句裡

　　含有受詞子句的主句是過去式，受詞子句裡的動作發生在主句動詞之前，此時受詞子句用過去完成式。限定詞子句裡的述詞動詞，表示的動作如果在主句過去的動作之前發生，限定詞子句就要用過去完成式。

- Barbara told me that she **had already met** Lisa before.

（芭芭拉告訴我她以前見過麗莎。）

- The rules that **had been laid down** years before lost their effect last year. （幾年前制定的規則，去年就失效了。）

- I found the key that I **had lost**. （我找到了之前丟掉的鑰匙。）

B

從用法上，一般過去式表示過去某個時間點發生的動作或存在的狀態，而過去完成式則表示過去某一個時間以前發生的動作或存在的狀態。但是有時候某個發生在「過去的過去」的動作也可以用一般過去式。

- She **received** two letters from her family last month.
（她上個月收到家裡寄來的兩封信。）
- They **had learned** about 5, 000 English words by the end of last term.
（到上學期期末，他們已經學了 5, 000 個英文單字。）

❶ 幾個用 and, but, then 等連接 並按照發生的先後順序表達的過去動作，可以用一般過去式。
- He **put** on his clothes, **had** a quick breakfast and **went** to work.
（他穿上衣服，匆忙吃完早餐去上班了。）
- I **bought** a cellphone but **lost** it a week ago.
（我買了一支手機，但是一個星期前弄丟了。）

❷ 在含有 before, after, as soon as, when, immediately, directly 等引導的主從複合句子裡，如果主句動作和子句動作緊接著發生，由於這些連詞本身已經說明了兩個動作的先後關係，句子裡的動詞也可以全部使用一般過去式。
- Before Martin **left** Paris, he **sent** a telegram home.
（馬丁離開巴黎之前，向家裡發了一封電報。）
- Immediately the teacher **left**, the students **started** to make noises.
（老師一離開，學生就開始喧鬧起來。）

❸ 如果上下文語境清楚，表示過去未曾實現的想法或計畫，也可以用一般過去式。
- I **hoped** to travel during the holiday, but my parents were ill.
（我本來想利用假期去旅遊的，但是父母生病了。）

未來完成式

未來完成式包括現在未來完成式和過去未來完成式。

A

> 現在未來完成式主要用來表達到未來某一個時間點以前，必然會完成或一直持續到將來某一個時間的動作，往往與表示將來的時間副詞一起使用

- We **shall have fulfilled** the task by the end of this year.
  （我們今年年底將會完成這項任務。）
- We'll **have been away** from home for a score of years next year.
  （到明年，我們離開家已經二十年了。）
- I **shall have studied** Japanese for 10 years by the end of next year.
  （到明年年底，我就學日文學十年了。）

B

> 過去未來完成式以過去某一個時間為基準，表達到過去某一個時間將會完成或持續到過去某一個時間的動作

- They said they **would have finished** the work by the end of last year.
  （他們說他們去年年底會完成那項工作。）

現在完成進行式

現在完成進行式是現在完成式和現在進行式兩種時態的結合，因此它既具有現在完成式的特點，又具有現在進行式的特點。

A

> 現在完成進行式的
> 用法

❶ 表示一個持續到現在的動作

　　現在完成進行式表示動作從過去的某一個時間開始，一直延續到現在或離現在不遠的時間，這個動作可能仍在進行，也可能已經停止。

- I **have been fixing** the fridge all this morning.
  （我一整個上午都在修理冰箱。）
- **Have** you **been waiting** long for me?（你等我很久了嗎？）
- It **has been raining** since Tuesday.（從星期二以來就一直在下雨。）

203

● 現在完成進行式多用延續性動詞，並經常和 all this time, this week, this month, all night, all the morning, recently 等副詞，以及 since 和 for 引出的時間副詞一起使用。

- I **have been posting** postcards **since early December**.
  （從十二月初開始，我就一直在忙著寄賀卡。）

❷ 表示動作的重複

　　有時候，現在完成進行式所表示的動作並不是一直在不停地進行，而是斷斷續續地重複。

- You'**ve been saying** you can succeed for five years.
  （五年來你一直在說自己能成功。）
- I **have been visiting** some cities of Canada this month.
  （這個月我一直在參觀加拿大的幾個城市。）

❸ 表示近來發生的動作，通常不再繼續，此時常透過上下文的情境判斷

- My hands are dirty. I'**ve been painting** the door.
  （我的手很髒，我一直在粉刷這扇門。）
- What **have** you **been eating** to get as fat as this?
  （你吃什麼了，以致於這麼胖？）

❹ 表示情感

　　現在完成進行式有時候帶有強烈的表揚或厭惡等情感。

- Tom **has been helping** me today. （湯姆今天一直在幫我。）〔表揚〕
- You know, you really **have been making** things terribly difficult for me.
  （要知道，你真是太為難我了。）〔厭惡〕

B

現在完成式與現在
完成進行式的區別

◀◀◀

● 動作的完成性不同

　　現在完成式的「已完成」用法，強調動作的完成，現在完成進行式則強調動作的持續與正在進行。

- I **have read** *David Copperfield*. （我讀過《大衛・考柏菲》。）〔已經讀完〕
- I **have been reading** *David Copperfield*.
  （我一直在讀《大衛・考柏菲》。）〔不一定讀完〕

❷ 語態的使用不同

現在完成進行式不用在被動語態，如果要用，則用現在完成式的被動語態代替。

- The problem **has been studied** for several days.
（這個問題已經研究好幾天了。）

❸ 動作的重複性不同

現在完成式一般不表示重複性，但是與某些頻率副詞或數字一起使用時，則表示反覆的（可能有間斷的）動作；現在完成進行式可以表示反覆的動作，但不能與表示具體次數的數字或頻率副詞一起使用。

- I**'ve read** this book *Les Miserables* **several times**.
（《悲慘世界》這本書我讀過好幾遍了。）
- I**'ve been reading** this book *Les Miserables*.
（我一直在讀《悲慘世界》這本書。）

❹ 情感色彩不同

現在完成式通常只用來陳述事實，而現在完成進行式則是帶有較為強烈的情感色彩。

- Lily **has used** my pen.
（莉莉用過了我的鋼筆。）〔無情感色彩〕
- You**'ve been talking** too much and **doing** too little.
（你總是說得太多做得太少。）〔批評〕

❺ 動作延續的時間不同

現在完成進行式通常說明較短暫的動作或情況，而延續時間較長的動作或永久的情況，多用現在完成式。

- The strike **has been lasting** since last Sunday.
（這次罷工自上周日以來一直持續不斷。）
- The strike **has lasted** six months.
（這次罷工已經持續了 6 個月。）

考題演練

■ （一）大學入試考古題：Choose the correct answer.（選擇正確的答案）

⑴ I have to see the doctor because I _____ a lot lately.
A. have been coughing   B. had coughed
C. coughed   D. cough

⑵ —Guess what, we've got our visas for a short-term visit to the UK this summer.
—How nice! You _____ a different culture then.
A. will be experiencing   B. have experienced
C. have been experiencing   D. will have experienced

⑶ The book has been translated into thirty languages since it _____ on the market in 1973.
A. had come   B. has come   C. came   D. comes

⑷ I _____ all the cooking for my family, but recently I've been too busy to do it.
A. will do   B. do   C. am doing   D. had done

⑸ I was just going to cut my rose bushes but someone _____ it. Was it you?

A. has done   B. had done   C. would do   D. will do

⑹ I walked slowly through the market, where people _____ all kinds of fruits and vegetables. I studied the prices carefully and bought what I needed.
A. sell   B. were selling   C. had sold   D. have sold

⑺ —I'm not finished with my dinner yet.
—But our friends _____ for us.
A. will wait   B. wait   C. have waited   D. are waiting

⑻ —I'm sorry, but I don't quite follow you. Did you say you wanted to return on September 20?
—Sorry, I _____ myself clear. We want to return on October 20.
A. hadn't made   B. wouldn't make
C. don't make   D. haven't made

(9) Excuse me, I _____ I was blocking your way.

    A. didn't realize   **B.** don't realize

    C. haven't realized   **D.** wasn't realizing

(10) —Why do you want to work for our company?

    —This is the job that I _____ for.

    A. looked   **B.** am to look   **C.** had looked   **D.** have been looking

▶（二）模擬試題：Choose the correct answer.（選擇正確的答案）

(1) —Such a mistake could have been avoided.

    —Unfortunately, he _____ the mistake again and again.

    A. repeated   **B.** would repeat

    C. had repeated   **D.** would have repeated

(2) —Did you hear anything strange in the building at ten last night?

    —No, I _____ a movie on the Internet.

    A. am watching   **B.** watched   **C.** have watched   **D.** was watching

(3) One recent prediction is that within the next 50 years, it _____ possible to link the human brain directly with a computer.

    A. is   **B.** will be   **C.** would be   **D.** was

(4) —Why didn't you come to the cinema with us last Saturday?

    —Oh, sorry. But I _____ the film.

    A. see   **B.** saw   **C.** have seen   **D.** had seen

(5) —Bob! How's your project? I heard you started it last Friday, right?

    —Oh! I _____ for it. But I haven't decided when to do it.

    A. have prepared   **B.** had prepared

    C. have been preparing   **D.** was preparing

(6) —Did you see a girl in white pass by just now?

    —No, sir. I _____ a newspaper.

    A. read   **B.** had read   **C.** would read   **D.** was reading

(7) —What is John going to be?

    —He'll be an English teacher by the time he _____ twenty four.

    A. had been   **B.** will be   **C.** is going to be   **D.** is

(8)　—Is there any possible way to help them get rid of such a bad habit?

　　—To tell the truth, it's very hard. But we _____ on this problem trying to improve the situation.

　　A. worked　　　　B. had worked　　　C. are working　　D. had been working

(9)　As Aristotle _____, "People _____ to cities for a living, and live in cities for a better life."

　　A. said; come　　　B. said; came　　　C. says; come　　D. says; came

(10)　There is a saying that _____ "Never put off until tomorrow what you can do today."

　　A. will go　　　　B. goes　　　　　C. is going　　　　D. has gone

(11)　—What are you doing under that table?

　　—I _____ to find my pen.

　　A. tried　　　　　B. try　　　　　　C. have tried　　D. am trying

(12)　The 30-year-old player _____ to ask for a transfer after Grant's dismissal, but changed his mind after the appointment of Scolari.

　　A. was intending　　　　　　　　B. was intended

　　C. had intended　　　　　　　　D. would intend

(13)　Jane was disappointed that most of the guests _____ when she _____ at the party.

　　A. left; had arrived　　　　　　B. left; arrived

　　C. had left; had arrived　　　　D. had left; arrived

(14)　It's not so easy for me to find our formal teaching building because the school _____ so much since I left.

　　A. is changing　　B. changed　　　C. has changed　　D. changes

(15)　—Alice, you look puzzled. Have you understood it?

　　—Yes, I _____ another problem just now.

　　A. have thought of　　　　　　B. thought of

　　C. was thinking of　　　　　　D. had thought of

答案・解說①

(1) **A** (2) **A** (3) **C** (4) **B** (5) **B** (6) **B** (7) **D** (8) **D** (9) **A** (10) **D**

(1) 解釋：我得去看醫生，因為我最近咳嗽咳得很厲害。由時間副詞 lately 可知，cough 是最近一段時間一直在斷斷續續進行的動作，並且還有可能繼續下去，所以應該用現在完成進行式。

(2) 解釋：「你猜怎麼了，我們拿到了今年夏天去英國短期旅遊的簽證。」「真好！到時候你就可以好好體驗一下異國文化了。」由時間副詞 this summer 與 then，判斷這裡表示將來某段時間在進行的動作，應該用未來進行式。

(3) 解釋：自從 1973 年上市以來，這本書已經被翻譯成了 30 種語言。since 表示「自從」，它引導的時間副詞子句常用一般過去式，而且子句中也有明確的過去時間副詞 in 1973，所以 C 才是正確答案。

(4) 解釋：全家人的飲食都由我來烹煮，但是我最近忙到做不來了。由解釋可知，do all the cooking 是經常發生的習慣性、反覆出現的動作，因此用一般現在式。

(5) 解釋：我正想去修剪我的玫瑰花叢，可是已經有人剪過了。是你嗎？動作 do 發生在過去動作「我想去修剪」之前，表示過去的過去，因此用過去完成式。

(6) 解釋：我慢慢地經過市場，那裡人們賣著各式各樣的水果、蔬菜。我仔細查了價格並買到我需要的東西。where 引導的限定詞子句的動詞 sell，是在過去的動作（經過市場）發生時正在發生的，因此用過去進行式。

(7) 解釋：「我還沒吃完晚飯呢！」「可是朋友們正在等我們呢！」由語意及解釋可知，wait 這個動作此時此刻正在發生，因此用現在進行式。

(8) 解釋：「抱歉，我沒聽懂你說的話。你是說你們想在 9 月 20 日回來嗎？」「抱歉，我沒說清楚。我們準備 10 月 20 日回來。」根據語意判斷，「沒說清楚」這個動作發生在過去，但是對現在有影響，因此用現在完成式。

(9) 解釋：對不起，我沒有留意到擋住你的路。本題雖然沒有表示過去確定時間的副詞，但實際上「沒有留意到擋路」是在說話前發生的動作，因此用一般過去式。

(10) 解釋：「你為什麼想在我們公司工作？」「因為這是我一直在找的一份工作。」根據語意，look for 這個動作在對話前一直斷斷續續在進行，因此用現在完成進行式。

答案・解說②

▶ (1) **A** (2) **D** (3) **B** (4) **D** (5) **C** (6) **D** (7) **D** (8) **C** (9) **A** (10) **B**
(11) **D** (12) **C** (13) **D** (14) **C** (15) **C**

(1) 解釋:「這樣的錯誤是可以避免的。」「不幸的是, 他一次又一次地犯錯。」由解釋中的 could have avoided 可知, 動作已經發生, 因此用一般過去式。

(2) 解釋:「昨天晚上 10 點你有聽到大樓裡有奇怪的聲響嗎?」「沒有, 那時候我正在上網看電影。」「看電影」是過去一個時間點正在發生的動作, 所以用過去進行式。

(3) 解釋:近期的一項預言顯示, 未來 50 年內, 人腦和電腦有可能可以直接連線。由 within the next 50 years 可知, 子句表示的是將來存在的狀態, 所以用一般未來式。

(4) 解釋:「你上星期六為什麼沒跟我們一起去看電影?」「噢!很抱歉, 但是我已經看過那部電影了。」「我看過那部電影」發生在「上星期六看電影」之前, 所以用過去完成式, 表示過去的過去。

(5) 解釋:「鮑伯, 你的計劃進行得怎麼樣了?我聽說你上星期五就開始了, 對嗎?」「哦!我一直在準備, 但是我還沒決定什麼時候去做。」由 last Friday 和 haven't decided... 可知, prepare 這個動作從過去一直持續到現在, 並且可能還會持續下去, 所以用現在完成進行式。

(6) 解釋:「你剛才看見一個穿白衣服的女孩經過嗎?」「沒有, 先生。我一直在看報紙。」由解釋可知, 「看報紙」這個動作是過去某個時間一直在進行的動作, 所以用過去進行式。

(7) 解釋:「約翰將來要做什麼?」「他 24 歲時要成為一名英語老師。」主句是一般未來式, 時間、條件等副詞子句中要用一般現在式表示未來式, 所以答案選 D。

(8) 解釋:「有什麼方法可以幫他們戒掉這個壞習慣嗎?」「說實話很難, 但是我們一直在研究這個問題, 試圖努力解決。」由解釋可知, 問題還沒解決, 仍在努力, 因此用現在進行式。

(9) 解釋:正如亞里斯多德所說, 「人們來到城市是為了生活, 人們居住在城市是為了更好的生活。」「亞里斯多德說」這個動作發生在過去, 用一般過去式;直接引用別人的話時, 要保持時態不變, 根據 and 後面的 live 形式判斷用 come。

(10) 解釋:俗話說「今天能完成的不要拖到明天。」這裡表示客觀事實, 所以用一般現在式。

(11) 解釋:「你正在桌子底下做什麼呢?」「我正在找我的鉛筆。」回答表示現在正在做什麼, 應該用一般現在進行式, 所以答案選 D。

⑿　解釋：這位 30 歲的球員原本決定在葛蘭特離職後尋求轉換，但斯科拉里的上任讓他改變了心意。intend, want, hope 等動詞的過去完成式，表示未實現的希望、打算或意圖等。

⒀　解釋：珍很失望，當她到達派對時大部分客人都已經離開了。「珍到達派對」發生在過去，而「客人離開」是發生在「珍到達派對」之前，是過去的過去，所以選項 D 正確。

⒁　解釋：對我來說，找到我們以前的教學大樓很不容易，因為自從我離開後學校變化太大了。句子中有 since 引導的時間副詞子句時，主句常用現在完成式。

⒂　解釋：「愛麗絲，你看起來很迷惑，聽懂了嗎？」「聽懂了，我剛才正在想另外一個問題。」表示兩者說話前正在做某事，用過去進行式。

語態

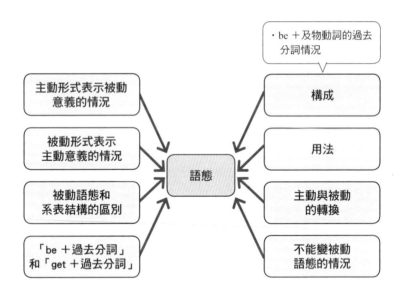

　　語態是動詞的一種形式，表示主詞和述詞動詞之間的實際關係，分為主動語態和被動語態兩種。主動語態表示主詞是動作的執行者，被動語態表示主詞是動作的承受者。

1 被動語態的構成

被動語態由「助動詞 be ＋及物動詞的過去分詞」構成。be 本身沒有意義，但是有時態、人稱和數的變化。

A

各種時態的被動語態

❶ 一般現在式的被動語態：am/is/are ＋過去分詞

- Most paper work **is** now **done** by computer.
  （現在大部分的文書工作都是由電腦完成的。）
- **Is** *King Lear* **written** by Shakespeare?
  （《李爾王》是莎士比亞寫的嗎？）

❷ 一般過去式的被動語態：was/were ＋過去分詞

- We **were** all **moved** to tears by the moving story.
  （我們都被那個感人的故事感動得流下了眼淚。）
- **Was** Joan **laid off** by her boss for often going to work late?
  （喬安是因為上班經常遲到而被老闆解雇的嗎？）

❸ 一般未來式的被動語態：will/shall ＋ be ＋過去分詞

- More trees **will be planted** in and around our village.
  （我們村莊裡裡外外要種植更多的樹。）
- **Will** the new film **be put on** again next week?
  （ 下個星期這部新電影還會上映嗎？）

❹ 現在進行式的被動語態：am/is/are ＋ being ＋過去分詞

- We can't move into the new house right at this moment. It **is being white-painted**.
  （我們暫時還不能搬進新房子，因為它現在正在粉刷。）
- **Is** the accident now **being looked into**?
  （ 現在正在調查這個事故嗎？）

❺ 過去進行式的被動語態：was/were ＋ being ＋過去分詞

- The bridge **was being built** last year. I'm not sure if it is completed.
  （這座橋去年就在興建了，我不知道現在完成了沒有。）
- **Were** all the children **being taken good care of** when they lived in the day-care center?
  （這些孩子住在日托中心期間，都被照顧得很好嗎？）

❻ 現在完成式的被動語態：have/has ＋ been ＋過去分詞

- No measures **have** so far **been taken** to stop children from being overburdened with schoolwork.
  （迄今為止還沒有採取措施來減輕孩子們過重的作業負擔。）
- **Has** the concert **been put off** until next Friday?
  （ 音樂會已經延到下星期五了嗎？）

❼ 過去完成式的被動語態：had ＋ been ＋過去分詞

- **Had** the fire **been put out** when the fire fighters arrived?
  （ 消防隊員抵達時，火已經被撲滅了嗎？）
- The classroom **had been cleaned** when we arrived.
  （我們到達時，教室已經打掃過了。）

❽ 未來完成式的被動語態：will/shall have ＋ been ＋過去分詞

- The book I'm working on **will have been finished** by the end of the year.
  （我正在寫的這本書今年年底將會完成。）
- **Will** all the photos **have been developed** by tomorrow?
  （ 所有照片明天就能沖洗好嗎？）

❾ 過去未來式的被動語態：would ＋ be ＋過去分詞

- Arthur told me that a new measure **would be taken** the next year.

  （亞瑟告訴我明年將要實施一項新的措施。）

- I was told that the new road **would be** officially **opened** at the end of this year.

  （有人告訴我今年年底新的道路將正式開通。）

B

含有情態動詞的常
用被動句型

❶ 肯定句型：主詞＋情態動詞＋ be ＋過去分詞＋ …

- The computer **might be repaired** by tomorrow.

  （電腦或許明天就能修好。）

❷ 否定句型：主詞＋情態動詞＋ not ＋ be ＋過去分詞＋ …

- Anyone **shouldn't be looked down upon**, instead, they should be respected.

  （人與人之間不應該互相輕視，相反的，應該要互相尊重。）

❸ 一般疑問句型：情態動詞＋主詞＋ be ＋過去分詞＋ …?

- **Must** the homework **be handed in** by next Monday?

  （下星期一前一定要交作業嗎？）

❹ 特殊疑問句型：特殊疑問詞（不作主詞）＋情態動詞＋主詞＋ be ＋過去分詞＋ … ?
或特殊疑問詞（作主詞）＋情態動詞＋ be ＋過去分詞＋ … ?

- When **can** my computer **be repaired**?

  （我的電腦什麼時候能修好？）

- Who **will be invited** to the party besides George and Amanda?

  （除了喬治和艾曼達，還有誰會被邀請參加宴會？）

被動語態的各種句型

只有及物動詞才有被動語態，被動語態的否定句是在它構成形式中的第一個助動詞後加not；一般疑問句是將第一個助動詞提到主詞前面；特殊疑問句由「特殊疑問詞＋一般疑問句」構成。

- A famous singer **was invited** to the talk show on Wednesday.
  （星期三的訪談節目請到了一位著名歌星。）
- The factory **will not be built** here.
  （這座工廠不會蓋在這裡。）
- **Were** you **invited** to give a talk in that university?
  （你被邀請去那所大學演講了嗎？）
- **Was** this library **built** in the 1960's?
  （這座圖書館是在 1960 年代興建的嗎？）
- **Where will** the piano **be put**?
  （這架鋼琴要放在哪裡？）
- **What was stolen** last night?
  （昨天晚上什麼東西被偷了？）

2 被動語態的用法

一般來說，主動與被動的選用，應該根據實際的情況而定。下面幾種情況一般用被動語態。

A

強調動作的承受者，將承受者作為談話主角

- Many houses **were destroyed** in the war.
  （很多房子在戰爭中被破壞了。）
- Mr White **is** greatly **respected** by all of us.
  （懷特先生非常受到我們大家的尊敬。）

巧學
妙記

動作誰做的不知道，
說出誰做的不必要，
接受動作者要強調，
用被動語態最為妙。

B

不知道或不必說出動作的執行者

- Breakfast **is provided** in our hotel from 7 to 9 o'clock on weekdays.
  （我們旅館在工作日的七點至九點提供早餐。）
- All the work **has been finished** by now.（到目前為止，所有的工作已經完成了。）

C

動作的執行者不是人，
而是沒有生命的事物

◄◄◄

- I **was** deeply **impressed** by Jimmy's good behavior.
  （吉米的良好行為讓我留下了深刻的印象。）
- This programme **has been broadcast** by the local radio station many times.
  （這個節目在當地電臺播放過很多次了。）

D

為了使語氣婉轉，避免
提及動作的執行者

◄◄◄

- Enough **has been done** for you, but you've made little progress.
  （為你做的已經夠多了，然而你卻幾乎沒有進步。）
- The floor **has been dirtied**. Let's get it cleaned.
  （地板被弄髒了，我們擦一擦吧！）

E

為使句子更加合理、流
暢

◄◄◄

- The lecture **will be made** by Joe, who is a young artist from the States.
  （這次報告將由喬來作，他是一位來自美國的年輕藝術家。）
- He appeared on the stage and **was** warmly **applauded** by the audience.
  （他一出現在臺上，就受到觀眾的熱烈歡迎。）

3 主動與被動的轉換

S＋V＋O 句型的被動語態 ◄◄◄

主動句為S＋V＋O（主詞＋述詞＋受詞）形式，改為被動句應該變成「S（原受詞）＋be＋過去分詞＋by＋O（原主詞的受格形式）」。

注意
一下

主動句變成被動句時，要注意主動和被動的時態要相同，而且被動句中的人稱、數要與述語動詞保持一致。

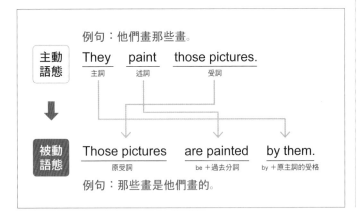

例句：他們畫那些畫。

主動語態　They（主詞）　paint（述詞）　those pictures.（受詞）

⬇

被動語態　Those pictures（原受詞）　are painted（be＋過去分詞）　by them.（by＋原主詞的受格）

例句：那些畫是他們畫的。

特別強調

● 主動句如果是帶有 no 的否定句，被動句常用 not, neither 或 never 等。

- **No one** has ever beaten her at tennis.→She has **never** been beaten at tennis.

（在網球比賽中，沒有人打敗過她。）

● 否定句子裡帶有 any 構成的不定代名詞，變成被動句的主詞常用由 no 構成的否定代名詞。

- We **didn't** notice **anything** special in his work.→**Nothing** special was noticed in his work.

（我們沒有注意到他的工作有任何特殊的地方。）

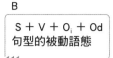

◀◀

S＋V＋Oi＋Od（主詞＋述詞＋間接受詞＋直接受詞）結構變為被動句，可以把兩個受詞中的任何一個受詞作為被動句的主詞。直接受詞（指物）轉化為被動句的主詞，可以轉化為to型或for型兩種。

例句：他們給到訪者一個熱烈的歡迎。

| 主動語態 | They | gave | the visitors | a warm welcome. |
| | 主詞 | 述詞 | 間接受詞 | 直接受詞 |

| 被動語態 | A warm welcome | was given | to the visitors | by them. |
| | 原直接受詞 | be＋過去分詞 | to 引出原間接受詞 | by＋原主詞的受格 |

例句：媽媽買了一台奔騰IV電腦給我。

| 主動語態 | Mother | bought | me | a Pentium IV computer. |
| | 主詞 | 述詞 | 間接受詞 | 直接受詞 |

| 被動語態 | A Pentium IV computer | was bought | for me | by my mother. |
| | 原直接受詞 | be＋過去分詞 | for 引出原間接受詞 | by＋原主詞 |

特別強調

- 並非所有的授與動詞在變成被動語態時，都可以將間接受詞轉化成被動句的主詞。
  - She wrote Jordan **a long fan letter**.→**A long fan letter** was written to Jordan. （她寫了一封很長的球迷信給喬丹。）
  - **Jordan** was written a long fan letter. （✕）

- 受詞子句一般不可以作為被動句的主詞。
  - She told me **when the project would start**.→I was told **when the project would start**.（她告訴我工程什麼時候開始。）
  - **When the project would start** was told to me. （✕）

S＋V＋O＋C 句型的被動語態	S＋V＋O＋C（主詞＋述詞＋受詞＋補語）結構改為被動句，應該將主動句的受詞變為被動句的主詞，原述詞動詞改為「be＋過去分詞」形式，補語不變，只是由受詞補語變成了主詞補語。

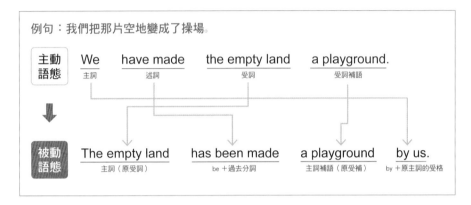

例句：我們把那片空地變成了操場。

主動語態	We 主詞	have made 述詞	the empty land 受詞	a playground. 受詞補語

被動語態	The empty land 主詞（原受詞）	has been made be＋過去分詞	a playground 主詞補語（原受補）	by us. by＋原主詞的受格

特別強調

● 帶有 it 作形式受詞的句子也可以改為被動句，將 it 當作形式主詞。不帶 to 的不定詞作受詞補語改為被動句，變成主詞補語後面要再加上 to（let 除外）。

· We consider **it** wrong **to shout at children who make mistakes**.
  →**It** is considered wrong **to shout at children who make mistakes**.
  （我們認為，對犯錯的孩子大吼大叫是不對的。）

· We **saw** a stranger **enter the hall**.→A stranger **was seen to enter the hall**.（我們看到一個陌生人進了大廳。）

D

片語動詞的被動語態	有些片語動詞是及物動詞片語，可以轉換為被動語態，但是動詞與後面的介系詞或副詞不能拆開。

· A new agreement **was arrived at** at the last meeting.
  （在上次會議中達成了一項新的協議。）

· The house **was broken into** last night.（昨天晚上有人闖進了這間房子。）

· The plan **has been** successfully **carried out**.（這個計畫已經成功實施。）

· Many part-time jobs **are taken up** by university students now.
  （現在的大學生從事很多兼職工作。）

· Women **shouldn't be looked down upon** in any way.
  （不管怎麼樣，婦女都不應該被歧視。）

- These children **have been taken good care of**. (Good care **has been taken of** these children.)
  （這些孩子被照顧得很好。）
- Every chance **should be made good use of**.
  （每一次機會都應該好好利用。）

 常用必備

★ 有些「動詞＋名詞」片語在結構上不可以拆開，它們沒有被動形式，常見的此類片語有：

- lose heart（灰心）
- take place（發生）
- set up home（成家）
- change hands（易主）
- keep guard（看管）
- change color（變色）
- lose one's heart（癡心於）
- speak one's mind（說出心裡話）

E

含有受詞子句的主動句被動語態

含有受詞子句的主動句在變為被動語態時，常用it來作被動句的形式主詞，變成「It＋be＋過去分詞＋原來的受詞子句」結構，有的還可以變成「sb./sth.＋be＋過去分詞＋to do」結構。

- People all say that James is an expert on DNA. →**It is said** that James is an expert on DNA. 或 **James is said** to be an expert on DNA.
  （人們說詹姆士是一位 DNA 專家。）
- We all believe that Lydia never tells lies. →**It is believed** that Lydia never tells lies. 或 **Lydia is believed** never to tell lies.
  （我們相信莉蒂亞絕對不會說謊。）

F

祈使句的被動語態

肯定祈使句的被動結構為「Let＋受詞＋be＋過去分詞」；否定祈使句的被動結構為「Don't＋let＋受詞＋be＋過去分詞」或「Let＋受詞＋not be＋過去分詞」。

- Mark your name on each book. →**Let** your name **be marked** on each book.（把你的名字標在每一本書上。）
- Don't keep the medicine within the children's reach. →**Don't let** the medicine **be kept** within the children's reach. 或 **Let** the medicine **not be kept** within the children's reach.
  （不要把藥放在孩子拿得到的地方。）

雙重被動結構 　　　　雙重被動結構指的是句子裡的述詞動詞和後面的不定詞都是被動結構，句子的主詞既是述詞動詞動作的承受者，同時又是不定詞動作的承受者。

- Parents often ask their children to do too much homework.
  →Too much homework **is often asked to be done** by the children.
  （父母經常要求孩子做過多的作業。）
- Most primary schools require their pupils to learn English.
  →English **is required to be learned** by the pupils in most primary schools.
  （大多數的小學要求學生學英語。）

4 不能變被動語態的情況

A

受動詞的限制 　　　　主動句中述詞動詞是表示狀態的動詞，如have, own, possess, want（缺乏）等時，不可以用被動句。

- One should **possess** courage, determination and wisdom. （√）
- Courage, determination and wisdom should **be possessed** by one. （×）
  （人要有勇氣、決心和智慧。）
- I've just **had** a letter from my American friend. （√）
- A letter **has just been had** from my American friend. （×）
  （我剛剛收到一封我美國朋友寄來的信。）

B

受受詞的限制

❶ 受詞是反身代名詞或相互代名詞時。
  - True friends should believe **each other** and depend on **each other**.
    （真正的朋友應該互相信任、互相依靠。）
  - You can help **yourself** to whatever books you like.
    （你可以隨便看你喜歡的書。）

❷ 受詞是主詞身體的一部分時（但是若不為主詞所有，則有被動形式）。

- He shook **his head** from time to time when questioned about his family.
（當他被問到他的家庭情況時，他不時地搖搖頭。）
- **My head** was shaken by the doctor.（我的頭被醫生搖晃了一下。）

❸ 受詞是表示地點的名詞時（jump/reach 後面的受詞除外）。
- She left **Washington** for Atlanta the other day.
（幾天前她離開了華盛頓，到亞特蘭大去了。）
- **The fence was jumped** by one horse after another.
（一匹又一匹的馬從這個籬笆跨過。）

❹ 受詞是動詞的同源受詞時。
- She smiled **a** sweet **smile** at me.（她對著我甜甜地微笑。）
- I dreamt **a** dreadful **dream** last night.（昨天夜裡我做了一個可怕的夢。）

❺ 受詞是不定詞或動名詞時。

　　agree, decide, demand, desire, try, want, intend, mean等動詞後面用不定詞片語作為受詞，不可以用it作為形式主詞來轉換。
- Most children desire **to stay with their parents.**（√）
- It **was desired** by most children to stay with their parents.（×）
（大多數的孩子都希望和父母待在一起。）
- John enjoys **listening to rock and roll.**（√）
- Listening to rock and roll **is enjoyed** by John.（×）
（約翰喜歡聽搖滾樂。）

5 主動形式表示被動意義的情況

A

| 某些連系動詞，可以用主動形式表示被動意義 | 常見的這一類動詞有smell, taste, feel, sound, prove等。 |

- The cloth **feels** smooth and soft.（這種布料摸起來既光滑又柔軟。）
- Maria **proves** very patient and warm-hearted.
（瑪麗亞被證明很有耐心和熱心。）

223

B

有些不及物動詞（其主詞大
多指物）可以表達被動意義
◀◀◀

❶ 用來表示主詞內在「品質」或「性能」的不及物動詞，如 lock, shut, open, move, read, write, sell, wash, clean, catch, draw, cut 等。
- The cloth **washes** well.（這種布料很耐洗。）
- The door won't **shut**.（這扇門關不起來。）

❷ 可以用在「主＋述＋主詞補語」結構中的不及物動詞，如 wear, blow 等。
- This material **has worn** thin.（這種料子已磨薄了。）
- The door **blew** open.（門被吹開了。）

C

need, want, require, be worth 等詞的後面，
常用動名詞的主動形式表示被動意義
◀◀◀

- The problem **needs studying** with great care.（這個問題需要仔細研究。）
- There's nothing **worth reading** in this newspaper.
  （這張報紙沒什麼值得一讀的。）

D

有些介系詞片語作為主詞補語，
用它的主動形式表示被動意義
◀◀◀

- The question is now **under discussion**.（這個問題正在討論中。）
- The old house is **in the possession of** the old couple.
  （這間舊房子是一對老夫婦所擁有。）
- The project is **in the charge of** a Japanese expert.
  （這項工程由一位日本專家負責。）

E

有些不定詞片語用主
動形式表示被動意義
◀◀◀

　　註：詳細內容參見第13章《非述詞動詞》。

6 被動形式表示主動意義的情況

A
某些固定片語
◀◀◀

有些固定片語形式上看起來像是被動句，但是實際上帶有主動意義，常用的有be born, be determined, be located, be occupied, get married, be prepared, be graduated, be devoted等。

- **I'm determined** to study abroad. （我決定要去國外念書。）
- He **is graduated** from a famous university. （他畢業於一所著名的大學。）

B
表示情感、態度等動詞
◀◀◀

由一些表示情感、態度等動詞的過去分詞構成的形容詞，作為主詞補語時，與被動語態的形式相同，但是表示主動意義。

- We **are** all **surprised** at your arrival. （對於你的到來我們都感到驚訝。）
- I **am satisfied** with my present job. （我對目前的工作很滿意。）

C
某些不及物動詞的過去分詞
◀◀◀

有些不及物動詞的過去分詞，如gone, come, fallen, returned, retired等作為主詞補語表示主動意義。

- Winter **is gone** and spring **is come**. （冬天過去了，春天來了。）
- If you thought Perry intended to be rude, you **were mistaken**.
  （假如你以為佩里故意那麼粗魯，那你就錯了。）

7 被動語態和系表結構的區別

A
被動語態表示動作，系表結構表示狀態或情況
◀◀◀

- Trees **are planted** in and around our city every year.
  （每年我們城市裡裡外外都要種樹。）〔被動語態〕
- Trees **are planted** in and around our city.
  （我們城市裡裡外外都種著樹。）〔系表結構〕

B

被動語態可以用進行時態，系
表結構常用一般式或完成式

◂◂◂

- The plan **is being carried out** successfully. （這項計畫正在順利實施中。）
- Many kinds of art **have been lost** to the world. （很多藝術在世界上都已經失傳了。）

C

被動語態經常由 by 引出發出動作的
對象，而系表結構常用其他介系詞

◂◂◂

- We **were** greatly **interested by** Hawking's lecture on universe.
  （我們對於霍金關於宇宙的演講很感興趣。）
- We **are interested in** Hawking's lecture on universe.
  （我們對於霍金關於宇宙的演講很感興趣。）

D

被動語態和系表結構
的修飾語不同

　　被動結構常由greatly等詞修飾，系表結構常由very, quite, rather, too, so, more, most等詞修飾。

◂◂◂

- I was **greatly** inspired by the report by John.
  （我被約翰的報告大大地鼓舞了。）
- I am **very** interested in computer studies.
  （我對電腦課程很感興趣。）

E

述詞動詞帶有時間或方式副
詞時，多半是被動語態

◂◂◂

- The picture **was drawn** long ago.
  （這幅畫是很久以前畫的。）
- The bridge **was built** 500 years ago.
  （這座橋是 500 年前修建的。）

「be＋過去分詞」和「get＋過去分詞」

A

> 「be＋過去分詞」既可表示動作，也可以表示
> 狀態；但是「get＋過去分詞」只能表示動作

◄◄◄

- They **have been married** for ages. （他們結婚很多年了。）
- They **got married** last year. （他們去年結的婚。）

B

> 在口語和非正式文體中，常用「get＋過去分詞」
> 表示被動語態，表示突然發生而沒預料到的情況

◄◄◄

- I **got caught** in the heavy snow in the course of climbing Yushan.
  （我在爬玉山的過程中遇上了大雪。）
- Be careful not to **get burnt** by the sun. （小心不要被太陽曬傷。）

C

> 「get＋過去分詞」結構
> 的執行者通常不在句子中

◄◄◄

- How did the window **get opened**.
  （窗戶是怎麼開的？）〔意味著 It should have been left shut.〕
- How did the dishes **get broken**? （這些盤子是怎麼打破的？）

D

> 「get＋過去分詞」構成疑問句、否定
> 句時，必須借助 do 的適當形式

◄◄◄

- **Did** the painting work **get finished**? （油漆完成了嗎？）
- **Does** everything here **get done** by hand or by machine?
  （這裡的工作是用手工還是機器？）

考題演練

■（一）大學入試考古題：Choose the correct answer.（選擇正確的答案）

(1) Every year a flood of farmers arrive in Taipei for the money-making jobs they _____ before leaving their hometowns.
A. promised
B. were promised
C. have promised
D. have been promised

(2) The palace caught fire three times in the last century, and little of the original building _____ now.
A. remains　　B. is remained　　C. is remaining　　D. has been remained

(3) This coastal area _____ a national wildlife reserve last year.
A. was named　　B. named　　C. is named　　D. names

(4) In the spoken English of some areas in the US, the "r" sounds at the end of the words _____.
A. are dropped
B. drop
C. are being dropped
D. have dropped

(5) The discovery of gold in Australia led thousands to believe that a fortune _____.
A. is made
B. would make
C. was to be made
D. had made

■（二）模擬試題：Choose the correct answer.（選擇正確的答案）

(1) Rain and high winds today _____ to take the place of yesterday's mild conditions.
A. expect
B. are expected
C. are expecting
D. has expected

(2) It is the only time in history that two Nobel Prizes _____ to the same person.
A. have been given
B. had been given
C. have given
D. will give

228

(3) When she called at his studio, she _____ that he had gone to Japan.

    A. is told   **B.** was told   **C.** tells   **D.** told

(4) I want to buy that kind of cloth because I have been told the cloth _____ well.

    A. wash   **B.** washes   **C.** washed   **D.** is washed

(5) —How much can you pay me for the service, sir?

    —You _____ ¥200, if you do nicely.

    A. will pay   **B.** are paying   **C.** will be paid   **D.** are paid

(6) The question asked by him is hard _____.

    A. to answer   **B.** to be answered

    C. to be answering   **D.** for answer

(7) Good medicine _____ to the mouth.

    A. tastes bitter   **B.** tastes bitterly

    C. is tasted bitter   **D.** is tasted bitterly

(8) A new stamp _____ in the Democratic People's Republic of Korea (DPRK) to mark the opening of the 2010 Shanghai World Expo, the official news agency KCNA reported on Tuesday.

    A. has issued   **B.** has been issued

    C. is being issued   **D.** issued

答案 · 解說①

▶ (1) D (2) A (3) A (4) A (5) C

(1) 解釋：每年都有很多農民來到台北打工，做那些離開家鄉時被允諾能賺到錢的工作。they 指的是 farmers，與 promise 之間是被動關係，先排除 A、C 兩個選項；由於 promise 這個動作比 arrive in 更早發生，因此用現在完成式的被動語態。

(2) 解釋：上個世紀，這座宮殿發生三次火災，所以原始建築現在幾乎不存在了。remain 用作不及物動詞，意思是「剩下」，不可以用進行式和被動語態，所以答案選 A。

(3) 解釋：去年這個沿海地區被命名為全國野生動物保護區。根據時間副詞 last year 判斷用一般過去式；主詞 area 是動詞 name 的承受者，是被動關係，因此用一般過去式的被動語態。

(4) 解釋：在美國一些地區的口語中，字尾字母「r」的發音被省略掉了。句子表述的是一種事實，用一般現在式；sounds 與 drop 是被動關係，因此用被動語態。

(5) 解釋：在澳洲發現金礦，使得成千上萬的人相信就要發財了。「認為會發財」是發生在 led 之後的動作，所以應該用過去未來式，排除 A、D 兩個選項。又因為 fortune 與 make 存在被動關係，應該用被動語態，所以 C 選項才正確。

答案 · 解說②

▶ (1) B (2) A (3) B (4) B (5) C (6) A (7) A (8) B

(1) 解釋：預計今天會有暴風雨，取代昨天溫和的天氣。rain and high winds 和 expect 之間為被動關係，句子應該用被動語態，所以答案選 B。

(2) 解釋：兩個選項諾貝爾獎頒給同一個人，這是歷史上唯一的一次。由解釋可知，這裡表示已經完成的動作對現在造成的影響或結果；且 Nobel Prize 與 give 之間存在邏輯上的被動關係，因此用現在完成式的被動語態。

(3) 解釋：當她去拜訪他的工作室時，被告知他已經去日本了。由時間副詞子句可知，主句動作發生在過去，且 she 與 told 之間存在邏輯上的被動關係，所以用一般過去式的被動語態。

(4) 解釋：我想買那種布料，因為有人告訴我那種布料很容易清洗。這裡描述的是客觀事實，所以用一般現在式；wash 後面跟 well 表示主詞的內在品質、特性，用主動形式表示被動意義。

(5)　解釋：「先生，我提供的服務您能付多少錢？」「如果你服務得好，就能得到 200 元。」if 子句中用一般現在式表示將來意義，所以主句用一般未來式；且 you 與 pay 之間是邏輯上的被動關係，所以答案選 C。

(6)　解釋：他問的問題很難回答。在「be ＋性質形容詞＋不定詞」句型中，用動詞不定詞的主動形式表示被動含義，所以答案選 A。

(7)　解釋：良藥苦口。taste 是感官動詞，後面加上形容詞，用主動形式表示被動意義，所以答案選 A。

(8)　解釋：據北韓中央通訊社星期二報導，北韓郵政部門發行了一張郵票，以紀念 2010 年上海世博會的舉行。「郵票已經被發行」，強調的是現在的一種結果，且表示被動，因此用現在完成式的被動語態。

11

情態動詞

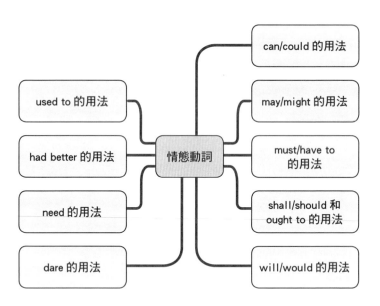

情態動詞用在表示說話人的情緒、態度或語氣。本身有一定的詞義，但是不能單獨作為述詞，只能和其他動詞原形一起構成述詞。情態動詞沒有人稱和單複數的變化，但是有些情態動詞有過去式；否定句在後面直接加 not，疑問句直接將它提到主詞前面。英語中常用的情態動詞有 can, could, may, might, must, will, would, shall, should, ought to, dare, need, used to, had better 等。

1 can/could 的用法

A

表示能力

- Harold **can** speak several languages.
  （哈樂德會説好幾種語言。）
- I **can't** come tomorrow, but I **can** the day after tomorrow.
  （我明天不能來了，但是後天可以來。）
- Dick **could** play five different musical instruments at the age of 6.
  （迪克六歲的時候就能演奏五種不同樂器。）
- At that time, I was so young that I **couldn't** understand the things.
  （當時我太年輕，不明白事理。）

★ 用法辨異
can 與 be able to

★ can 表示一般的「能力」時，和 be able to 相當，許多場合都可以互相替換。但是當敘述過去經過一番努力才能完成的事情時，不可以用 could，只能用 was/were able to。

- He **could (=was able to)** swim when he was six years old.
  他六歲時就會游泳了。(敘述一般的能力)

- He **was able to** swim half-way before he collapsed.
  在精疲力竭之前，他已游過了一半。(指經過了相當的努力，所以不可以用 could)

★ can 只用在一般現在式和一般過去式的句子中，而 be able to 可以用在更多的時態。

- Will you **be able to** camera the lecture tomorrow?
  你明天能把講座錄影下來嗎？

- I'm sorry I haven't **been able to** answer your letter in time.
  真對不起，我沒能及時回信給你。

B

表示推測

◀◀◀

❶ can/could後面接一般式表示對現在或未來的推測，can一般用在否定句和疑問句，而could則可以用在肯定句、否定句和疑問句；can有時候也用在肯定句，表示理論上的可能性或一時的情況，意思是「有時會」。

- Anybody **can** make mistakes.
  （任何人都有可能犯錯。）

- He **can't** be at home—I saw him in the supermarket just now.
  （他不可能在家—我剛才在超市看到他了。）

- Driving on these snowy roads **can** be very dangerous.
  （在這些積雪的路上開車，有時會很危險。）

- We **could** have a picnic this Sunday, but I doubt if we'll finish the assignment.
  （這個星期天我們也許會去野餐，但是我懷疑我們是不是能完成作業。）

- It **couldn't** be Dad. He won't be back this time of evening.
  （那不可能是父親，他不會在晚上的這個時候回來。）

234

❷ can/could後面接完成式表示對過去情況的推測，一般用在否定句和疑問句。could have done還可以表示「本來可以做而沒做」。

- The ground isn't wet. It **can't/couldn't have rained** last night.
  （地上沒有濕，昨天晚上不可能下過雨。）
- You're late again. You **could have come** earlier.
  （你又遲到了，你本來可以早一點來的。）

C

表示許可

can和could都可以用來徵求許可，意思是「可以，能」。當沒有把握得到允許或需要委婉表達時，用could；表示給予許可時用can。

- **Can** I put my backpack right here?
  （我可以把背包放在這裡嗎？）
- **Could** you give me a hand with this box?
  （你可以幫我搬一下這個箱子嗎？）
- —**Could** I put my coat here?
  （我把外套放在這裡好嗎？）
- —Oh, yes, you **can**.
  （噢！好的，可以。）

D

表示某種語氣

can有時用在否定句、疑問句子裡，表示一種驚訝、懷疑、迷惑等語氣。

- How **can** that be true? I **can't** believe my eyes and ears.
  （那怎麼可能是真的？我真不敢相信自己的眼睛和耳朵。）
- What **can** he be doing at this time of night?
  （這麼晚了他到底在做什麼？）

2 may/might 的用法

A

表示許可

用may和might表示許可，比用can和could更正式，might表示的語氣更加委婉。表示許可時，用may而不用might；may not用來表示拒絕或禁止。

- —**May/Might** I have a word with your manager, please?
（我可以和你們經理談一談嗎？）
- —Yes, you **may**. （可以。）
- You **may not** make so much noise here. （你不可以在這裡弄出這麼多噪音。）

特別強調

- might 一般不表示過去，但是在間接引語中可作為 may 的過去式，轉述已經給予的許可。
  - Father said that I **might** play football before supper.
  （爸爸說我可以在晚飯前踢足球。）

B

| 表示推測 |

may/might常用在肯定句中，表示把握不大的推測，含有「或許、大概、可能」之意。might比may表示的可能性小。後面接一般式推測現在的情況，接完成式推測過去的情況。might have done還可以表示過去原本可能發生卻沒有發生的事情。

- We **may** go camping this Saturday.
（這個星期六我們可能會去露營。）
- Peter **might** phone. If he does, could you ask him to ring later?
（彼得或許會打電話來。如果他打來的話，可以告訴他晚一點再打嗎？）
- He **might have given** you more help, even though he was up to his shoulders. （他應該給你們更多幫助的，儘管當時他忙得不可開交。）

 用法辨異
may/might 與 can/could 的區別

★may 表示實際發生的可能性，can 表示一般或理論上的可能性，might 比 could 表示的語氣更加不確定。may not 指「可能不」，而 cannot 指「不可能」。

- We **can** travel to Taitung by bus, but we **may** fly there next month.
（我們可以搭客運去台東，但是我們可能下個月會坐飛機去。）
- War **could/might** break out in the Middle East at any moment.
（中東戰爭隨時可能爆發。）
- He may come or **may not** come. I'm not too sure about that.
（他可能來，也可能不來，我不確定。）
- He **can't** believe your so-called excuses.
（他不可能相信你所謂的理由。）

C

> 表示祝福

◀◀◀

❶ 表示祝福時用 may，而且通常放在句首。

- **May** you all succeed in whatever you do!
  （祝你們萬事成功！）
- **May** you live longer!（祝你長壽！）

must/have to 的用法

A

> 表示「必須」

◀◀◀

❶ must多半表示說話人認為有必要或有義務做某事，強調的是主觀意志；have to 多半表示來自「外界」的義務，強調的是客觀條件。

- You **must** go to bed early every night.（每天晚上你都必須早點睡覺。）
- You **mustn't** tell lies anyway.（不管怎麼樣你都不能說謊。）
- I **have to** go now. My friend is waiting for me downstairs.
  （我得走了，我朋友正在樓下等我。）

❷ must多半用在一般現在式（在受詞子句中可以表示過去），而have to可以用在多種時態。

- Doctors told me that I **must** burn the fat.（醫生告訴我必須減肥。）
- They **had to** speed up, for the weather turned terrible.
  （天氣開始變糟了，他們只好加快速度。）

❸ 對must的提問，肯定回答用must，否定回答用needn't/don't have to，表示沒有必要；mustn't 表示「禁止，不允許」。

- —**Must** I return all the books in three days?
  （我必須在三天之內歸還所有的書嗎？）
- —Yes, you **must**.／No, you **needn't/don't have to**.
  （是的，你必須。／不，不必。）
- All these exhibits **mustn't** be touched, but the ones over there can.
  （這些展示品不能觸碰，不過那邊的那些可以。）

B

must表示有根據、有把握的推測，只能用在肯定句，表示「一定是」。後面接動詞原形表示對現在情況的推測；接進行式表示對正在發生的情況的推測；接完成式表示對過去情況的推測。

- This book **must** be the one you want.
  （這本書一定是你需要的那一本。）
- You **must be kidding**. I know you know nothing about this.
  （你一定是在開玩笑，我知道你對此一無所知。）
- When you got lost in the forest, you **must have been** very frightened.
  （你在森林裡迷路時肯定很害怕。）

注意
一下

否定句和疑問句中要用can't 和 can 代替。

C

must 表示「偏要、偏偏」

在疑問句中，must可以用來表示跟說話人願望相反或不耐煩等情感，意思是「偏要、偏偏」。

- Why **must** you find another job while you have got one?
  （你已經有一份工作了，為什麼偏要再找一份？）
- Why **must** it rain on Sunday?
  （為什麼偏偏在星期天下雨？）

D

must 表示「應該」

must表示「應該」，意思相當於should、ought to。

- You **must** say hello to her.
  （你應該跟她打個招呼。）
- We **must** go and have a weekend there.
  （我們應該到那裡度周末。）

4 shall/should 和 ought to 的用法

A

shall 的用法

❶ 用在第一、三人稱的問句中，表示徵求對方意見或請求

- **Shall** I change into the evening dress for the party?
  （我要換上晚禮服參加聚會嗎？）
- **Shall** we put off the sports meet until next month?
  （我們能不能把運動會延到下個月？）
- **Shall** Tom go there with me tomorrow? （湯姆明天可以和我一起去嗎？）
- Henry is waiting outside. **Shall** he come in, sir?
  （先生，亨利正在門外等著，可以讓他進來嗎？）

❷ 用在第二、三人稱的陳述句子裡，表示允諾、命令、警告等

- You say you will not do it, but I say you **shall** do it.
  （你說你不做這件事，但是我說你非做不可。）
- You **shall** be punished for what you've done.
  （你應該為你所做的一切受到處罰。）
- Tell Jerry that he **shall** get a gift if he is nice.
  （告訴傑瑞如果他表現好的話，就會得到一份禮物。）

❸ 用在第三人稱的陳述句中，表示規定、法令等的「應該，必須」

- All students **shall** enroll in classes.
  （全校的學生都必須出席上課。）
- Those belonging to our club **shall** wear uniforms.
  （我們俱樂部的成員必須穿制服。）

B

should 的用法

❶ 作為 shall 的過去式，用在徵求意見，多半出現在間接引語中

- I asked the manager if I **should** have a few days off.
  （我問一下經理可不可以請幾天假。）
- I asked Mr Lee if I **should** borrow his umbrella.
  （我問李先生可不可以借他的傘用一下。）

239

❷ 表示義務、責任等，意思是「應該」

- I think today's children **should** really learn to respect their elders.
  （我認為今天的孩子應該好好學習尊敬長輩。）
- Children **shouldn't** be allowed to play in the street.
  （不應該允許孩子在大街上玩耍。）

❸ 表示勸告或提供建議

- —**Should** I post your letter for you?
  （要不要我幫你寄這封信？）
- —Yes, please.
  （好的，拜託你了。）
- How do you think I **should** cope with all kinds of rumors?
  （你認為我應該如何面對各式各樣的謠言？）

❹ 表示說話人的驚奇、憤怒、失望等特殊情感

- It's surprising that Mary **should** love such a person as Jack.
  （瑪麗竟然愛像傑克這樣的人，真是奇怪。）
- It's unthinkable that the boy **should** sing such a beautiful song.
  （真令人難以置信，這個孩子竟然能唱出這麼優美的歌曲。）

❺ 表示可能性很大的猜測，意思是「按照道理說，應該」

- It **should** be Mike who has taken away all the materials.
  （應該是麥可拿走了所有材料。）
- It's already 10. She promised to come by 10. She **should** be here at any moment.
  （已經 10 點了，她答應 10 點之前來的，她可能隨時都會到。）

❻ should have done 表示「本來應該……，卻沒有……」，其否定句表示「原本不該……」

- You **should have invited** me to the party yesterday. I had expected you to.
  （你昨天應該邀請我參加宴會的，我還猜想你會這麼做呢！）
- Jim **shouldn't have done** all the work within one day. There was still time.
  （吉姆原本就不該把所有的工作一天做完，當時還有時間。）

C

ought to 的用法

ought to的否定形式為ought not to或oughtn't to，它的一般疑問句形式是將ought放在主詞前面。

❶ 表示職責和義務，意思是「應該」

- Humans **ought to** stop polluting nature.
  （人類應該停止污染大自然了。）
- You **oughtn't to** say such words to your boss.
  （你不應該對你的老闆説這樣的話。）

★ **用法辨異**
ought to 與 should

★ should 多半表達自己的主觀看法；ought to 則多半反應客觀情況。在談到法律、義務和規定，或是要讓自己的意見聽起來像是義務和法律一樣有力時，常會用 ought to。

- The courts **ought to** treat black and white defendants in exactly the same way.
  （法庭應該對黑人和白人被告一視同仁。）

❷ 表示很大的可能性，近似於 should

- **Ought** Philip **to** come to this important meeting?
  （菲利浦一定會來參加這個重要的會議嗎？）
- The seats **ought to** be enough for all the guests.
  （客人的位子應該足夠了。）
- The baby **ought to** be hungry. She didn't eat anything this morning.
  （這個嬰兒一定餓了，她今天早上還沒吃飯呢！）

❸ ought to have done 表示「本來應該……」，其否定句表示「本來不應該……」

- You are late. You **ought to have arrived** five minutes earlier.
  （你遲到了，你本來應該在五分鐘前到的。）
- You **oughtn't to have taken** the city map. I'm familiar with each part.
  （你本來就沒必要帶地圖的，我對這裡的每個地方都很熟悉。）

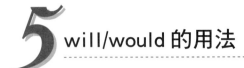

5 will/would 的用法

A

表示意願

will表示現在或未來的意願，would表示過去的意願。

- Scott **will** stick to his own way of life. （史考特願意堅持自己的生活方式。）
- I promised that I **would** do my best to learn English well.
  （我承諾我會盡自己最大的努力把英語學好。）

B

表示徵求意見或提出請求

　　主要用在第二人稱的疑問句中，will和would都可以用，would此時並不表示過去，而是表示委婉的語氣。

- **Will** you come this way, please? （請走這邊好嗎？）
- **Won't** you come in and take a seat? We've already started the class.
  （你怎麼不進來找個位子坐下？我們已經上課了。）
- **Would** you open the window, please? I feel a little stuffy here.
  （請打開窗戶好嗎？我感到這裡有點悶。）

C

will 表示規律性的「一定會」

- You **will** regret forever if you lose this golden chance.
  （錯過這次的大好機會，你一定會遺憾終生的。）
- People **will** die without air or water.
  （人一離開水和空氣就會死。）

D

表示習慣或傾向

will用在現在，would用在過去。

- This old man is strange. He **will** sit for hours without saying anything.
  （這位老人很奇怪，他可以坐上幾個小時而不說一句話。）
- Oil **will** float on water. （油總是浮在水面上。）
- We **would** sit around Grandpa after supper, listening to his stories.
  （晚飯後我們總是圍坐在爺爺周圍，聽他講故事。）

E

表示推測

◄◄◄

will用在談論現在；would可以用在談論過去，也可以用在談論現在，表示比較委婉的語氣。will/would有時候後面接完成式，表示對過去可能已經發生的情況進行推測。

11
情
態
動
詞

- Every family **would** have some sort of trouble.
 （家家有本難念的經。）
- I thought you **would have finished** it by now.
 （我想你現在可能已經做完了吧！）

used to 的用法

used 的發音為 [just]，used to 表示「過去常常、過去是」，to 為不定詞符號，所以後面接動詞原形，沒有人稱和單複數的變化，可以與過去的時間副詞連用。其否定形式為 usedn't to 或 didn't use to；其一般疑問句形式是將 used 提到主詞前面，或用 Did... use to 的形式。

- It **used to** be believed that sugar could decay the teeth.
 （過去人們認為糖會腐蝕牙齒。）
- My parents **used to** live in South America and I **used to** fly there from Europe in the holidays.
 （我父母過去住在南美洲，假期時我常從歐洲搭飛機去那裡。）

 用法辨異

used to 與 would 表示「過去常常」的區別

★ used to 可以指過去的動作或狀態，具有客觀性，重點放在與現在的對比，可以和過去的時間副詞連用；would 僅指動作，用在過去式，帶有主觀性，不去說明現在的情況如何。

- There **used to** be low and dirty houses.
 （那裡曾經有一些低矮而且骯髒的房舍。）〔現在沒有了〕
- She **would** feel lost whenever she got into trouble.
 （一遇到困難，她總是很失落。）

11

243

用法辨異

used to do sth., be used to (doing) sth. 和 be used to do sth. 的區別

★ used to do sth. 的意思是「過去是, 過去常做」; be used to (doing) sth. 的意思是「習慣於（做）……」; be used to do sth. 的意思是「被用來當做……」。

- This place **used to be** a fishing village, but now it is a modern coastal city.
  （這裡過去是漁村, 不過現在是一個現代化的濱海城市。）
- **I'm** already **used to** the foreign teacher's accent.
  （我已經習慣外籍教師的口音了。）
- This gun **is used to** hunt.
  （這枝槍是用來打獵的。）

had better 的用法

had better 意思是「最好」, 主要用來表示勸告或建議, 後面接動詞原形。had better 表示一種命令或警告的語氣, 所以下級對上級或是晚輩對長輩不適合用這種句型。

- You'**d better** try it again if you fail this time.
  （如果你這次失敗了, 最好再試一次。）
- You'**d better** have a good rest to save energy for tomorrow's work.
  （你最好好好休息一下, 為明天的工作儲存力量。）
- You'**d better** paint the house white.
  （你最好把房子漆成白色的。）
- You'**d better** ask your teacher to explain these difficult sentences again.
  （你最好再請老師解釋一下這些困難的句子。）

 had better 用法巧記

表達「建議」和「忠告」, had better 為「最好」; 建議某人「最好不」, 用 had better not do。

特別強調

- had better 的否定和疑問形式

  - You **had better not** quarrel with your neighbors whatever happens.

    (不管發生了什麼事，你最好不要和鄰居吵架。)

  - **Had** I **better not** tell anyone about today's discussion?

  =**Hadn't** I **better** tell anyone about today's discussion?

  =**Had** I **not better** tell anyone about today's discussion?

    (我最好不要把今天討論的內容告訴任何人，是嗎?)

8 need 的用法

A

作為情態動詞

作為情態動詞時，通常用在否定句、疑問句和條件句，後面接動詞原形，否定句直接在後面加not，疑問句是將need提到句首。對need帶出的一般疑問句的肯定回答，常用must或have to，否定回答常用needn't。

- —**Need** I tell him everything that's happened to his father?

  (我有必要告訴他有關他父親發生的一切嗎？)

- —Yes, you **must**. /No, you **needn't**.

  (是的，你要。/ 不，沒必要。)

- You **needn't** be told twice about one single thing.

  (同一件事不必告訴你兩遍。)

B

作為一般動詞

作為一般動詞時有人稱、時態和數的變化，後面可以接名詞、代名詞、不定詞或動名詞，構成否定和疑問需借助do(does, did)。

- The doctor said I **needed** an operation.

  (醫生說我需要動手術。)

- I **need to** go to Beijing this Sunday to attend a book fair.

  (這個星期天我需要到北京參加書展。)

- —Do I **need to** leave my telephone number and address?

  (我有必要把電話號碼和地址留下來嗎？)

- —Yes, you **need to**. /No, you **don't need to**.
（是的。/不，不必。）
- This room **needs** brightening up a bit.
（應該讓這個房間更明亮一些。）

C

> needn't have done 表示「原本沒有必要做而做了……」

◀◀◀

- I actually **needn't have bought** so much wine—only three people came.（其實我沒必要買這麼多酒，只來了三個人。）

9 dare 的用法

A

作為情態動詞

情態動詞dare多用在疑問句、否定句或條件句子裡，後面接動詞原形。它的過去式為dared，否定句為dare not或daren't。

◀◀◀

- **Dare** he tell them what he knows?
（他敢告訴他們他知道的事嗎？）
- I'm afraid you **dare not/daren't do** such a thing.
（恐怕你不敢做這樣的事。）
- You will be punished if you **dare** break the rules.
（如果你敢違反規定，你會受到處罰的。）
- The king was so hot-tempered that no one **dare** tell him the bad news.
（國王的脾氣很大，沒有人敢告訴他壞消息。）

Extension【延伸學習】

I dare say 已經成為一種習慣說法，它原本的意思由於經常使用，已經弱化成「也許，我想，可能」。

- It will rain this afternoon, **I dare say**.
（也許今天下午會下雨。）

B

作為一般動詞

作為一般動詞時有人稱和單複數的變化，肯定句中要跟帶to 的不定詞，而在否定句或疑問句中的不定詞to可以省略。

◀◀◀

- I suppose he **dares to** tell the manager the truth.
  （我想他敢告訴經理事實的真相。）
- This student **doesn't dare (to)** raise any question in class.
  （這個學生不敢在課堂上提出任何問題。）
- Do you **dare (to)** drive a car on such a crowded road?
  （你敢在這麼擁擠的路上開車嗎？）

考題演練

⑴ —I haven't got the reference book yet, but I'll have a test on the subject next month.

—Don't worry. You ＿＿＿ have it by Friday.

A. could　　　　B. shall　　　　C. must　　　　D. may

⑵ You ＿＿＿ park here! It's an emergency exit.

A. wouldn't　　B. needn't　　　C. couldn't　　D. mustn't

⑶ You ＿＿＿ buy a gift, but you can if you want to.

A. must　　　　B. mustn't　　　C. have to　　　D. don't have to

⑷ —Good morning. I've got an appointment with Miss Smith in the Personnel Department.

—Ah, good morning. You ＿＿＿ be Mrs Peters.

A. might　　　　B. must　　　　C. would　　　　D. can

⑸ —＿＿＿ I take the book out?

—I'm afraid not.

A. Will　　　　　B. May　　　　C. Must　　　　D. Need

⑹ I ＿＿＿ have watched that movie—it'll give me horrible dreams.

A. shouldn't　　B. needn't　　　C. couldn't　　D. mustn't

⑺ Jack described his father, who ＿＿＿ a brave boy many years ago, as a strong-willed man.

A. would be　　　　　　　　　B. would have been

C. must be　　　　　　　　　　D. must have been

⑻ Mark ＿＿＿ have hurried. After driving at top speed, he arrived half an hour early.

A. needn't　　　B. wouldn't　　C. mustn't　　　D. couldn't

⑼ Just be patient. You ＿＿＿ expect the world to change so soon.

A. can't　　　　B. needn't　　　C. may not　　　D. will not

248

(10) I have told you the truth. _____ I keep repeating it?

A. Must   B. Can   C. May   D. Will

▶ （二）模擬試題：Choose the correct answer.（選擇正確的答案）

(1) Look! What you've done! You _____ have been more careful.

A. should   B. may   C. ought   D. would

(2) —Ted found a policeman passing by and handed the mobile phone over to him.

—But he _____ at the place until the owner returned.

A. might wait   B. might have waited

C. could wait   D. could have waited

(3) I tried to call on you last week but your fierce dog simply _____ not let me come through the gate.

A. could   B. would   C. should   D. might

(4) —Shall I go and buy two more bottles of beer?

—No, I've already bought ten. That _____ be enough for us two.

A. can   B. may   C. ought to   D. might

(5) For environmental reasons, we _____ as well take these waste products and have them recycled.

A. should   B. would   C. might   D. could

(6) —Show me your permit, please.

—Oh, it's not in my pocket. It _____.

A. might fall out   B. could fall out

C. should have fallen out   D. must have fallen out

(7) It is written clearly in the requirements that all passengers _____ check onto board thirty minutes before the plane takes off.

A. may   B. can   C. will   D. shall

(8) —_____ you disturb her with these annoying questions just when she was busy cooking dinner?

—Sorry, I _____ that at that time.

A. Should; must not have done   B. Shall; may have done

C. Must; should do   D. Must; should not have done

(9) —You didn't call on Lily last night, did you?

—No, but we _____. She didn't return home at all.

A. couldn't have   B. needn't have   C. didn't need to   D. should have

(10) —Miss Lin looks rather a kind lady.

—But in fact she is cold and hard on us. You _____ not believe it!

A. should   B. would   C. must   D. need

(11) A snake like this _____ be very dangerous.

A. must   B. may   C. should   D. can

(12) Since you have such good preparations, there _____ be any problem about passing the coming job interview.

A. mustn't   B. shan't   C. shouldn't   D. needn't

(13) —The fog is so thick that the express way _____ have been closed.

—You are right. I _____ have thought of that. Now we have to take another road.

A. can; should   B. may; can   C. should; must   D. must; should

(14) —It's hard to believe that Jack _____ have fought with the policeman.

—Yes. If one _____ ask for trouble, it can't be helped.

A. would; will   B. must; may   C. should; must   D. need; dare

(15) —Will they go for an outing today?

—They _____, because it seems that the weather is not so fine.

A. mustn't   B. can't   C. needn't   D. may not

答案・解說①

(1) B (2) D (3) D (4) B (5) B (6) A (7) D (8) A (9) A (10) A

(1) 解釋：「我還沒有參考書，可是下個月就要考這個科目了。」「別擔心，你星期五以前就會有了。」shall 用在第二、三人稱為主詞的陳述句中，表示說話人給對方的命令、警告、允諾或威脅等，本題中表示的是允諾。could 表示能力、可能性；must 表示「必須；一定」；may 表示許可、可能性。

(2) 解釋：你不能在這裡停車，這是緊急出口。根據語意可知，這裡表示「禁止，不准」，因此用 mustn't。wouldn't「不願意」；needn't「不必」；couldn't「不能」，表示能力或可能性。

(3) 解釋：你不需要買禮物，但是如果你想買的話也可以。don't have to「不必」。must「必須」；mustn't「不准；禁止」；have to「不得不」。

(4) 解釋：「早安。我得到任命，與史密斯小姐一起在人事部工作。」「早安，你一定就是彼得斯夫人了。」根據解釋，句子表示的是對現在事實非常有把握的肯定推測，因此用 must。might 表示把握不大的推測；would 表示意願或過去的習慣性動作；can 在肯定句中表示偶然或理論上的可能性。

(5) 解釋：「我可以把這本書帶出去嗎？」「恐怕不行。」may 表示請求許可。will 表示請求時用在主詞是第二人稱的疑問句中；must 意思是「必須」，與回答不符；need 意思是「需要」。

(6) 解釋：我不應該看那部電影，它讓我做惡夢。根據 it'll give me horrible dreams 判斷應該用 shouldn't have done，表示「不應該做某事，但事實上卻做了」。needn't 後面接完成式表示「原本不必做某事但卻已經做了」；couldn't 後面接完成式表示「不可能做過某事」；mustn't 後面不接完成式。

(7) 解釋：傑克說他父親是個意志堅強的男人，許多年前他一定是個勇敢的孩子。根據解釋及 many years ago 判斷選 must have done，表示對過去情況的肯定推測。would be 表示過去將來；would have done 常用在表示虛擬語氣的主句中；must do 是對現在情況的肯定推測。

(8) 解釋：馬克沒必要那麼趕。他以最快的速度開車，提前半小時抵達了。由解釋的第二句可知，needn't have done「本來沒必要做某事卻做了」，符合解釋。wouldn't have done 常用在表示虛擬語氣的主句中；must have done 不用在否定句；couldn't have done「不可能做過某事」。

(9) 解釋：要有耐心，你不能指望世界變化得這麼快。can't 這裡意思是「不能」。needn't「不需要」；may not「可能不」；will not「不會」。

(10) 解釋：我已經告訴過你實情了，難道非讓我不停地重複嗎？must「非要……」，用在本題中含有不耐煩的意思，符合本題語意。B、C、D 三項均表示自己想人做某事而徵求別人的意見，與解釋不符。

(答案・解說)(2)

◤ (1) **A** (2) **D** (3) **B** (4) **C** (5) **C** (6) **D** (7) **D** (8) **D** (9) **C** (10) **B** (11) **D** (12) **C** (13) **D** (14) **C** (15) **D**

(1) 解釋：你看！你做了什麼好事！你本來應該要更仔細一點的。should have done「原本應該做某事（實際上沒做）」。may 的語氣比 should 要弱；ought 後面需要有 to；would have done 大多用在虛擬語氣中。

(2) 解釋：「泰德看見一個路過的警察，就把手機給他了。」「但是他本來可以在原地等失主回來找的。」could have done「本來可以做某事（實際上沒做）」。might have done 表示對過去情況把握不大的推測；其他兩個選項說的是現在的情況。

(3) 解釋：我上個星期想去拜訪你，但是你那條兇猛的狗卻不讓我進門。這裡 would 表示意願，其他詞沒有這種用法。

(4) 解釋：「我再去買兩瓶啤酒？」「不用了，我已經買了 10 瓶，應該夠我們兩個人喝的了。」ought to 表示「（按常理／一般情況下）理應，應該」。can「能夠」；may, might 表示可能性不大的推測。

(5) 解釋：基於環保，我們最好帶走這些廢物並回收利用。may/might as well「最好，倒不如」，是固定片語。

(6) 解釋：「請出示一下您的許可證。」「哦！不在我的口袋裡，它一定掉出來了。」「許可證掉出來」是發生在過去的事情，因此用 must have done 表示對過去情況的肯定推測。A、B 兩個選項都是對現在情況的推測；C 選項表示「本來應該掉出來」，不合解釋。

(7) 解釋：要求寫得很清楚，所有旅客在飛機起飛前 30 分鐘必須登機。shall 用在主詞是第三人稱的陳述句中時，表示要求、規定、法令等裡頭的義務，意思是「應該，必須」。

(8) 解釋：「她正忙著準備晚餐，你為什麼偏偏用這些煩人的問題打擾她呢？」「對不起，我不應該在那個時間那樣做的。」must 在此表示「硬要，偏偏」；根據 sorry 可知已經做了，所以第二個空格用 should not have done「本來不應該做」。

(9) 解釋：「昨天晚上你們沒去拜訪莉莉嗎？」「是啊！但是我們沒必要去，她根本就

沒回家。」由 No 可知「我們沒有去」，且由"She didn't return home at all"可知「我們不必去（實際上也沒有去）」，而 B 選項的意思是「本來沒必要去（實際上去了）」，所以答案選 C。

(10)　解釋：「林小姐看起來是一位很友善的女士。」「但事實上她對我們冷酷無情，你可能不會相信。」would 表示推測，談論現在，語氣委婉。shouldn't「不應該」；mustn't「禁止」；needn't「不必」。

(11)　解釋：這種蛇有時候會很危險。can「有時會」，可以表示一時的情況，只能用在肯定句中。must「肯定；必須」；may 指可能性不大的推測；should「照理說會」，可能性較大。

(12)　解釋：既然你都已經準備好了，要通過即將來臨的面試應該不成問題。shouldn't「（照理說）應該不會……」。mustn't 表示禁止；shan't 是 shall not 的縮寫形式；needn't「不必，不需要」。

(13)　解釋：「霧這麼大，高速公路一定已經封閉了。」「你說得對，我原本該想到的，現在我們只能選其他路走了。」第一個空格表示對已發生情況的肯定推測，所以用 must 和 may 都可以；第二個空格用 should have done 表示「原本應該……而沒有……」，所以答案選 D。

(14)　解釋：「很難相信傑克竟然和警察打起架來。」「嗯，如果一個人偏要找麻煩，那就沒救了。」第一個空格表示驚訝的語氣，所以用 should「竟然，居然」。第二個空格表示強烈的語氣，所以用 must「偏要」。

(15)　解釋：「他們今天還會出去嗎？」「可能不會，因為天氣看起來不太好。」這裡表示可能性不大，may not「可能不」。mustn't「禁止，不准」；can't「不能」；needn't「不必」。

假設語氣

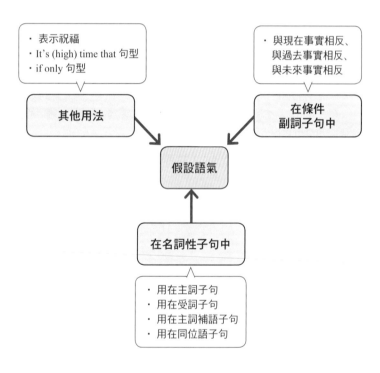

英語中的語氣分為陳述語氣、祈使語氣和假設語氣。陳述語氣用來陳述事實或可能發生的事；祈使語氣用來表示請求、命令、警告、威脅、叮囑等；假設語氣則用來表示主觀願望或假設，所說的是一個條件，不一定是事實或與事實相反。

- Reading makes a full man. (讀書讓人充實。) 〔陳述語氣〕
- Don't let him go. (別讓他走。) 〔祈使語氣〕
- I wish I were as tall as you. (我希望和你一樣高。) 〔假設語氣〕

假設語氣在副詞子句中的用法

A

在條件副詞子句中的用法

◀◀◀

❶ 與現在事實相反的假設語氣

主句述詞動詞用「should/would/could/might＋動詞原形」，條件子句用一般過去式。

- If everyone **knew** first aid, many lives **would be saved**.
  (如果每個人都懂得急救知識，許多生命就會得到挽救。)
- If Grant **didn't smoke** so much, he **might get rid of** cough sooner.
  (如果葛蘭特不要抽那麼多煙，他可能很快就不再咳嗽了。)
- If I **were** 20 years younger, I **would start** all over again.
  (如果我年輕 20 歲，我會從頭再來。)

❷ 與未來事實相反的假設語氣

　　主句述詞動詞用「should/would/could/might＋動詞原形」，條件子句中述詞動詞用should do, were to do或動詞的過去式。should表示的可能性最大，動詞過去式的可能性次之，were to do的可能性最小。

- If we **should fail** again, we **wouldn't lose** courage.
（即使再次失敗，我們也不會喪失勇氣。）
- If the sun **were to rise** in the west, I **would not change** my mind.
（即使太陽從西邊出來，我也不會改變主意。）
- If it **rained** tomorrow, our plan **would be** put off.
（如果明天下雨，我們的計畫就得延期。）

❸ 與過去事實相反的假設語氣

　　主句中用「should/would/could/might have 過去分詞」，條件子句用過去完成式。

- If you **had worked** hard, you **would have** easily **passed** the final test.
（如果當時你努力的話，就能輕鬆通過期末考了。）

在假設語氣中，be 的形式常用 were。在非正式文體中，第三人稱單數也可以用 was。但是在 "If I were you" 句型中，不能用 was 來代替 were。

- If we **had had** enough rain last year, we **could have gained** a good harvest.
（如果去年雨水充足的話，我們就會有好的收成。）

特別強調

- 假設條件句子裡如果有 had, should, were，可以把 if 去掉，把 had, should, were 移到主詞前面。
  - If time were to go back, I would work double hard. →Were time to go back, I would work double hard.
  （如果時光能倒流，我會加倍努力。）
  - If I had worked hard, I would have surely succeeded. →Had I worked hard, I would have surely succeeded.
  （如果我當時努力學習的話，我當然會成功。）
  - If it should be fine tomorrow, we would go for an outing. →Should it be fine tomorrow, we would go for an outing.
  （假如明天天氣好的話，我們就去郊遊。）
- 有時候表示假設語氣的條件子句或者主句可以省略，只剩下一個主句或條件子句。
  - If my mother were with me! (如果媽媽和我在一起就好了！)
  - She should have come to my party. (她應該來參加我的聚會的。)

❹ 混合假設語氣

　　有時主句與子句所指的時間不一致，這叫做混合假設語氣，它要求主、子句的述詞根據各自所發生的時間，選擇相對應的假設語氣形式。

- If it **had rained** last night, it **would be** very cold today.

（如果昨天晚上下雨了，今天就會很冷。）〔子句是對過去的假設，主句是對現在的假設。〕

- If I **were** you, I **would have chosen** to take the job.

（如果我是你，我當時就選擇接受這份工作。）〔子句是對現在的假設，主句是對過去的假設。〕

❺ 含蓄假設語氣

　　有時候假設條件不透過條件子句表達出來，而是隱含在某些詞或片語中，如without, but for等，或隱含在上下文裡，這種句子要用含蓄假設語氣。

- **But for** your advice, I **would have failed**.
  =If you **hadn't given** me advice, I **would have failed**.

（如果不是你的建議，我就失敗了。）

- **Without** your help, I **wouldn't have succeeded** anyway.
  =If you **hadn't helped** me, I **wouldn't have succeeded** anyway.

（如果沒有你的幫助，我無論如何也不會成功。）

B

在方式副詞子句 中的用法	在as if, as though引導的方式副詞子句中，用一般過去式表示與現在事實不符，用過去完成式表示與過去事實不符。

- The young man with long hair walks as if he **were/was** a girl.

（留長髮的那個年輕人，走起路來就像個小女孩。）

- The injured man acted as if nothing **had happened**.

（那個受傷的男人行動起來好像什麼事也沒發生一樣。）

- Everything in my childhood crowded upon my mind as though they **had just happened**. （童年的一切一下子都浮現在我腦海中，好像剛剛才發生的一樣。）

特別強調

- as if/as though 引導的副詞子句也可以用陳述語氣。究竟用什麼語氣，要根據實際情況而定。
  - He walks **as if he were drunk**. （他走起路來好像喝醉了一樣。）〔事實是他並沒喝醉。〕
  - He walks **as if he is drunk**. （他走起路來好像喝醉了。）〔事實是很可能他喝醉了。〕

2 假設語氣在名詞性子句中的用法

A

用在主詞子句

在主詞子句中，假設語氣用「should＋動詞原形」或只用動詞原形。這種主詞子句由連接詞that引導。經常用在以下兩類句型中：

It is strange/surprising that... 意思是「竟然……」。

❶ It is/was ＋形容詞＋ that... 或 It is/was ＋名詞＋ that...

這類形容詞常見的有important, necessary, impossible, natural, strange, surprising等，常見的名詞有a pity, a shame, an honour, a surprise等。

- It is surprising that you **(should) not understand** me!（你竟然不了解我！）
- It is a pity that he **(should) miss** such a golden opportunity.

（他竟然錯過這麼好的機會，真可惜。）

❷ It is/was ＋過去分詞＋ that...

這類過去分詞常見的有suggested, advised, requested, required, ordered, proposed, decided等。

- It is advised that one **(should) take** plenty of boiled water.

（建議每個人都應該多喝開水。）
- It is required that the students **(should) learn** a foreign language and the IT course.（要求學生們必須學一門外語和資訊課程。）

B

用在受詞子句

❶ 過去事實相反用過去完成式，與未來事實相反用「would/could/might ＋動詞原形」。wish 後的 that 常省略，後面不能用 should。

- I wish you **had come** to the lecture.

（但願你當時來聽報告了。）〔對過去的假設〕
- I wish I **could fly** to the moon some day.

（如果有一天我能飛到月球上就好了。）〔對未來的假設〕
- I wish I **were** ten years younger.（但願我能年輕十歲。）〔對現在的假設〕

❷ 在 would rather 後面的受詞子句中，子句用一般過去式表示與現在或未來事實不符，用過去完成式表示與過去事實不符，would rather 後面不能加 that。

- Don't always make noise. I'd rather you **kept** silent.
（不要老是製造噪音，我想讓你保持安靜。）
- I'd rather you **had returned** the book yesterday.
（我真希望你昨天就把這本書還了。）

❸ 表示決定、主張、要求、建議、命令等動詞，如 decide, insist, demand, require, propose, suggest, command, order 後面的受詞子句中，述詞動詞習慣上用「(should ＋) 動詞原形」。

- The commander ordered that the bridge **(should) be blown up**.
（指揮官命令把橋炸毀。）
- My father suggests I **(should) take** enough sleep before examinations.
（爸爸建議我考試前睡眠要充足。）

C

用在主詞補語子句

◀◀◀

❶ 如果主句的主詞是表示決定、主張、要求、建議、命令等的名詞，其主詞補語子句的述詞動詞常用「(should ＋) 動詞原形」。

- My suggestion is that we **(should) get** started soon enough.
（我的建議就是我們應該盡快出發。）
- My advice is that you **(should) quit** smoking.（我的建議是你應該戒煙。）

★ 常用必備
常見的這類名詞有：

- advice（建議）
- order（命令）
- requirement（要求）
- request（請求）
- desire（渴望, 希望）
- demand（強烈要求）
- command（命令）
- decision（決定）
- insistence（堅持, 主張）
- proposal（建議）
- suggestion（建議）

❷ as if, as though 引導的主詞補語子句中，用一般過去式表示與現在和未來事實不符，用過去完成式表示與過去事實不符。

- It looks as if/as though it **were/was** going to rain.
（看起來快要下雨了。）〔實際上下雨的可能性不大，用假設語氣。〕
- It seems as if/as though the meeting **would never end**.
（看起來這個會議沒完沒了。）〔會議最後還是會結束。〕

| 用在同位語子句 | 在表示決定、主張、要求、建議、命令等名詞後面的同位語子句中，常用「(should＋) 動詞原形」結構，這類名詞與主詞補語子句中的相同。 |

◄◄◄

- We made a suggestion that you **(should) stay** here until the party was over. (我們建議你待到聚會結束。)
- English teachers give us advice that we **(should) make good use of** every chance to speak English. (英語老師們建議我們充分利用每一個機會說英文。)

假設語氣的其他用法

A

| 表示祝福 | 在一些表示祝福的話語中，仍然可以找到假設語氣（多半用動詞原形）。 |

◄◄◄

- Long live peace! (和平萬歲！)
- So be it. (就這樣吧！)
- May God bless you! (願上帝保佑你！)
- May you have a pleasant journey. (祝你旅途愉快！)

B

| It is (high) time (that) ... 句型 | 在It's (high) time後面的子句中，述詞要用假設語氣，多半用過去式，也可以用「should＋動詞原形」形式。 |

◄◄◄

- It's time that we **took** measures to stop pollution.
  (我們應該採取措施制止污染了。)
- It's time that we **should** have a discussion. (我們應該討論一下了。)
- It's high time we **went** to school. (我們早該上學了。)

C

| if only 句型 | if only後面接假設語氣，表示「要是……就好了」。 |

◄◄◄

- If only I **were** 20 years younger. (我要是年輕 20 歲就好了。)
- If only she **would listen** to me carefully. (但願她能仔細聽我說話。)
- If only I **had come** to the party yesterday. (如果昨天我有來參加聚會就好了。)

考題演練

⑴ If we ＿＿＿＿ the other road, we might have arrived here in time for the meeting.

    A. take   **B.** had taken   **C.** took   **D.** have taken

⑵ Teachers recommend parents ＿＿＿＿ their children under 12 to ride bicycles to school for safety.

    A. not allow   **B.** do not allow

    C. mustn't allow   **D.** couldn't allow

⑶ If he ＿＿＿＿ my advice, he wouldn't have lost his job.

    A. followed   **B.** should follow

    C. had followed   **D.** would follow

⑷ —The weather has been very hot and dry.

    —Yes. If it had rained even a drop, things would be much better now! And my vegetables ＿＿＿＿.

    A. wouldn't die   **B.** didn't die   **C.** hadn't died   **D.** wouldn't have died

⑸ —John went to the hospital alone.

    —If he ＿＿＿＿ me about it, I would have gone with him.

    A. should tell   **B.** tells   **C.** told   **D.** had told

⑹ George is going to talk about the geography of his country, but I'd rather he ＿＿＿＿ more on its culture.

    A. focus   **B.** focused   **C.** would focus   **D.** had focused

⑺ Had I known about this computer program, a huge amount of time and energy ＿＿＿＿.

    A. would have been saved   **B.** had been saved

    C. will be saved   **D.** was saved

(8) _____ fired, your health care and other benefits will not be immediately cut off.

A. Would you be   B. Should you be

C. Could you be   D. Might you be

(9) Eliza remembers everything exactly as if it _____ yesterday.

A. was happening   B. happens   C. has happened   D. happened

(10) —Don't you think it necessary that he _____ to Miami but to New York?

—I agree, but the problem is _____ he has refused to.

A. will not be sent; that   B. not be sent; that

C. should not be sent; what   D. should not send; what

■ （二）模擬試題：Choose the correct answer.（選擇正確的答案）

(1) We might have failed if you _____ us.

A. have not helped   B. would not help

C. had not helped   D. did not help

(2) —What will you do during winter vacation?

—I don't know, but it's about time _____ something.

A. I decided   B. I'll decide   C. I'd decided   D. I'm deciding

(3) My suggestion is that the sick boy _____ to hospital as soon as possible.

A. is taken   B. must be taken

C. be taken   D. has to be taken

(4) If we had not missed the bus, we _____ lunch at home now.

A. would have had   B. would have

C. must be having   D. would be having

(5) _____ here yesterday, he would attend the lecture with us today.

A. Had he arrived   B. If he arrived   C. Did he arrive   D. Should he arrive

(6) Our chairman hasn't come yet. If he _____ on time, we would have to put off the meeting.

A. won't come   B. didn't come

C. shouldn't come   D. doesn't come

(7) I would rather she _____ tomorrow than today.

    A. come   **B.** came   **C.** should   **D.** has come

(8) Without electricity, human life _____ quite different today.

    A. is   **B.** will be

    C. would have been   **D.** would be

(9) The proposal that the problem _____ at the meeting was suggested by Tom.

    A. be discussed   **B.** to been discussed

    C. being discussed   **D.** was discussed

(10) I wish I _____ a chance to talk with you about my writing before you left.

    A. have   **B.** had   **C.** had had   **D.** will have

答案・解説①

▶ (1) B (2) A (3) C (4) D (5) D (6) B (7) A (8) B (9) D (10) B

(1)　解釋：如果走另外一條路，我們也許就可以及時趕到這裡開會了。由 might have arrived 判斷，主句和子句都表示與過去事實相反的虛擬語氣，所以子句述詞用 had done 形式。

(2)　解釋：為了安全，老師們建議家長不要允許讓 12 歲以下的小孩騎腳踏車上學。表示「建議」的 recommend 後面受詞子句應該用虛擬語氣，述詞用（should ＋）do 的形式，所以 A 選項才正確。

(3)　解釋：如果他聽了我的建議，就不會丟掉工作了。根據主句述詞 wouldn't have lost 判斷，這裡表示與過去事實相反的假設，所以子句述詞用 had done。

(4)　解釋：「天氣又熱又乾。」「是啊。如果下過一滴雨，現在的一切都會好很多。我的菜也就不會枯死了。」if 條件句表示的是與過去事實相反的假設，但是主句 things would be... 說的是現在的情況；而 And my vegetables _____ 則是依附前一句的非真實條件，所做出來與過去事實相反的假設，因此用 would have done。

(5)　解釋：「約翰自己去醫院了。」「如果他告訴我的話，我會陪他去的。」由語意及主句述詞的 would have gone 可知，這裡表示對過去情況的假設，if 條件句的述詞用 had done，所以 D 選項正確。

(6)　解釋：喬治打算談論他們國家的地理，但是我卻比較希望他多談一下文化。would rather 後面的受詞子句用虛擬語氣，與現在或將來事實相反用一般過去式。

(7)　解釋：如果我早知道這種電腦程式，就能省下大量的時間和精力了。had I known... 是非真實條件句 if I had known... 省略 if 後而成的倒裝句，子句表示與過去事實相反的虛擬語氣，所以主句述詞用 would have done 形式。

(8)　解釋：要是你被解雇了，你的醫療和其他福利不會馬上取消。這裡是採用 If you should be fired 的形式表示對將來的假設，省略 if 後需將 should 提前至句首形成倒裝句。

(9)　解釋：伊麗莎能把一切事情記得很準確，就像昨天發生的一樣。本題中 as if 引導的方式副詞子句中用了虛擬語氣，表達與事實相反的情況。儘管這裡有 yesterday，但它並不是實際的「昨天」，這裡的一般過去式表示的是虛擬語氣。

(10)　解釋：「你不認為不把他送往邁阿密而送去紐約很有必要嗎？」「我同意，但問題是他已經拒絕了。」necessary 後面的句子，動詞應該用「(should ＋) 動詞原形」，而根據題意，應該用被動語態；第二個空格中主詞補語子句的引導詞，引導詞本身沒有意義，只有引導作用，所以應該用 that。

答案・解說 ②

(1) C (2) A (3) C (4) D (5) A (6) C (7) B (8) D (9) A (10) C

(1) 解釋：如果你不幫我們的話，我們很可能已經失敗了。條件句中表示與過去事實相反的假設，述詞動詞用過去完成式，所以答案選 C。

(2) 解釋：「寒假你要做什麼？」「我不知道，但是現在是我該作決定的時候了。」"It's (about) time..." 後面的句子要用虛擬語氣，述詞動詞用過去式。

(3) 解釋：我建議把這個生病的小男孩盡快送去醫院。表示「建議」的 suggestion 後面的主詞補語子句中要用虛擬語氣，述詞動詞用「（should +）動詞原形」，且 boy 與 take 是被動關係，所以答案選 C。

(4) 解釋：要是我們沒有錯過公車的話，現在就會在家吃午餐了。儘管條件子句與過去事實相反，用了過去完成式；但是由 now 可知主句表示與現在事實相反，所以用「would/should/could/might +動詞原形」的形式，且這裡強調現在正在做什麼，所以用進行式。

(5) 解釋：要是他昨天到了，今天就會和我們一起來聽演講。在虛擬條件句中如果有 had, should, were，可以將 if 去掉，然後把 had, should, were 提到主詞前面。題目中的條件句與過去事實相反，所以用過去完成式，將 had 提到主詞前面而省略 if。

(6) 解釋：我們主席還沒來，如果他不能準時到的話，我們就得延後這個會議。表示與將來事實相反時，條件副詞子句中可以用「should +動詞原形」，主句中述詞動詞用「should/would/could/might +動詞原形」。由語意可知，if 條件句應該用否定式，所以 C 選項正確。

(7) 解釋：我寧願她明天來而不是今天來。would rather 後面的受詞子句中要用虛擬語氣，用一般過去式表示與現在或未來事實不符。

(8) 解釋：要是沒有電的話，今天人類的生活就會很不一樣。此題是 without 引導的含蓄虛擬條件句，表示與現在事實相反，主句中可以用「would +動詞原形」的形式。

(9) 解釋：在會議上討論這個問題的提議是湯姆提出來的。表示建議的 proposal 後面的同位語子句中要用虛擬語氣，述詞動詞用「（should +）動詞原形」的形式。且這裡 problem 與 discuss 之間是被動關係，所以答案選 A。

(10) 解釋：我希望在你離開之前，能有機會和你談一談我的寫作。wish 後面的受詞子句要用虛擬語氣，且表示與過去事實相反時要用過去完成式，所以答案選 C。

非述詞動詞

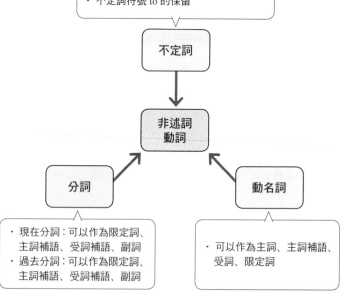

- 時態與語態：一般式、進行式、完成式、完成進行式、被動式
- 句型功能：可作主詞、主詞補語、受詞、受詞補語、限定詞、副詞
- 不定詞的複合結構：for/of sb. to do
- 和疑問詞連用的不定詞
- 不定詞符號 to 的省略
- 不定詞符號 to 的保留

不定詞

非述詞動詞

分詞

- 現在分詞：可以作為限定詞、主詞補語、受詞補語、副詞
- 過去分詞：可以作為限定詞、主詞補語、受詞補語、副詞

動名詞

- 可以作為主詞、主詞補語、受詞、限定詞

　　非述詞動詞指不能單獨作為述詞，但是同時仍保留動詞某些特徵的動詞形式。非述詞動詞主要有不定詞、動名詞、現在分詞和過去分詞四類。它們沒有人稱和單複數的變化，但是可以有自己的邏輯主詞、受詞及副詞等。

不 定 詞

不定詞在句子裡沒有人稱和單複數的限制，具有名詞、形容詞或副詞的作用。有帶 to 的不定詞和不帶 to 的不定詞兩種形式。不定詞不能當作句子的述詞，但是具有動詞的某些特徵，如有自己的受詞、副詞等。

A

不定詞的時態與語態

◀◀◀

　　不定詞雖然沒有人稱和單複數的變化，但是所表達的動作仍然具有時間性、主動性和被動性。實際形式如下表所示（以動詞write為例）：

時態 ＼ 語態	主 動 語 態	被 動 語 態
一般式	to write	to be written
進行式	to be writing	
完成式	to have written	to have been written
完成進行式	to have been writing	
其否定形式是在 to 前面加 not 或 never		

267

❶ 不定詞的一般式所表示的動作，通常與述詞動詞的動作同時發生，或在後面發生。

- Lots of extra labor force in the country prefers **to try their luck in the cities**.
（很多鄉村的多餘勞力，願意到城裡碰碰運氣。）
- Miranda demanded **to see the manager**.
（米蘭達要求見經理。）

❷ 不定詞的進行式表示動作正在進行，與述詞動詞的動作同時發生。

- Don't pretend **to be working hard**. Just do what you should do.
（不要假裝努力工作，做你該做的事。）
- He seems **to be thinking deeply**, without noticing me overpassing him.
（他似乎陷入了沉思，我從他身邊經過他都沒注意到。）

❸ 不定詞的完成式表示的動作，發生在述詞動詞的動作之前。

- I am sorry **to have given you so much trouble**.
（真是對不起，給你帶來這麼多麻煩。）
- She is well known **to have been to many countries**, lecturing about animal protection.
（大家都知道她到很多國家作過有關動物保護的講座。）

❹ 不定詞的完成進行式，表示在述詞動詞動作之前一直在進行的動作。

- Molly is said **to have been writing the novel about New York for years**.
（據說莫莉多年來一直在寫這本關於紐約的小說。）
- Robin is known **to have been studying abroad for a while**, but we don't know which country.
（我們知道羅賓在國外念書念了一段時間，但是不知道他在哪個國家。）

❺ 當動詞不定詞的邏輯主詞是不定詞表示動作的承受者時，一般要用不定詞的被動形式。

- The car needs **to be repaired** before we go on a trip to Europe.
（在我們去歐洲旅行之前，這輛車必須修理一下。）
- The press conference is **to be held** tomorrow.
（記者會將於明天舉行。）
- The telephone is generally considered **to have been invented** by Alexander Bell.
（大家一般認為電話是由亞歷山大・貝爾發明的。）

B
| 不定詞的句法功能 |
◄◄◄

不定詞具有名詞、形容詞和副詞的特徵，在句子裡可以作為主詞、主詞補語、受詞、受詞補語、限定詞和副詞。

❶ 作為主詞

不定詞在句子裡作為主詞，相當於名詞或代名詞，有時候用形式主詞it替代，將不定詞放在句尾。

- **To succeed** calls for hard work. (=**It** calls for hard work **to succeed**).
  （成功需要付出努力的代價。）
- **To do a part-time job** is necessary. (=**It** is necessary **to do a part-time job.**)
  （做兼職工作是必要的。）

❷ 作為主詞補語

不定詞作為主詞補語，可以表示主詞的實際內容、目的等。

- Our duty is **to help those children find their parents**.
  （我們的職責就是幫助那些孩子找到父母。）
- The intention of this book is **to introduce popular science**.
  （這本書的主要目的在介紹科普知識。）
- To learn a language is **to use it**.
  （學習語言的目的是為了運用語言。）
- What strikes me most is **to see him always busy**.
  （最讓我感到驚訝的是看到他總是很忙。）

❸ 作為受詞

不定詞一般跟在某些動詞後面作為受詞，也可以作為個別介系詞(but, except)的受詞。

- The government is planning **to make a new law** to ensure the life of the laid-off workers.
  （政府正在計畫制定一項新的法律，以保障非自願離職勞工的生活。）
- I can't afford **to miss another day**. I have been absent from classes for a week.
  （我不能再錯過任何一天了，我已經一個星期沒上課了。）
- He wanted nothing but **to play in the park**.
  （他只想要在公園裡玩。）

注意
一下

作為受詞的不定詞後面有受詞補語時，常用 it 作為形式受詞，而把不定詞放在後面。
· I make it a rule <u>to do shadowboxing every morning.</u>（我養成了每天早上打太極拳的習慣。）

常用必備

常見只以不定詞作為受詞的動詞有：

- ask（要求）
- afford（負擔得起）
- agree（同意）
- arrange（安排）
- care（想要）
- choose（決定）
- decide（決定）
- demand（要求）

- determine（決心）
- expect（期待）
- fail（失敗）
- help（幫助）
- hesitate（猶豫）
- hope（希望）
- long（渴望）
- manage（設法）

- offer（主動提出）
- plan（計畫）
- prepare（準備）
- pretend（假裝）
- promise（答應）
- refuse（拒絕）
- want（想要）
- wish（希望）

❹ 作為受詞補語

有的動詞必須接著帶有to的不定詞作為受詞補語，有的必須接著不帶to的不定詞作為受詞補語。句子由主動語態變成被動語態，受詞補語相對地變成主詞補語。

- The doctor advised him **to stop smoking**.
  （醫生勸他戒煙。）
- These pictures made me **think of my childhood**.
  （這些照片讓我想起了我的童年。）

以不帶 to 的不定詞作為補語的常用動詞有
（但是在這些動詞的被動形式下，需要帶有 to, let 除外）：

「一感」，「二聽」，「六看」，「三使動」。

一感：feel

二聽：listen to, hear

六看：see, watch, notice, observe, look at, discover

三使動：have, make, let

❺ 作為限定詞

不定詞作為限定詞，一般放在被修飾詞的後面，含有未來時間的意義。當名詞前面有序數、形容詞最高級修飾時，多半用不定詞作為限定詞。

- The man **to give us the lecture** is a visiting professor.
  （要幫我們上課的是一位客座教授。）
- Susana is always the first **to come to school**.
  （蘇珊娜總是第一個到學校。）

- Every day I've got lots of things **to deal with**.
（每天我都有很多事情要處理。）
- It was an exciting moment **to remember**.
（這是一個令人難忘的激動時刻。）
- We made a plan **to set up a club for car fans**.
（=We made a plan that we would set up a club for car fans.）
（我們制訂了一個為汽車迷成立俱樂部的計畫。）
- He lost his last hope **to go to university**.
（=He lost his last hope that he wanted to go to university.）
（他上大學的最後一絲希望破滅了。）

注意一下

如果不定詞是不及物動詞，作為限定詞時後面應該有必要的介系詞。
- Maria is a pleasant person to work with.（和瑪麗亞一起工作真愉快。）
- Jazz is exciting music to listen to.（爵士樂是一種聽起來令人振奮的音樂。）

❻ **作為副詞**

不定詞作為副詞，往往表示目的、結果、原因等。表示原因、結果時，不可以放在句首。

ⓐ 作為目的副詞

不定詞作為目的副詞，可以放在句首或句尾，有時候為了突出和強調，也可以用in order to或so as to。in order to可放在句首或句尾，但是so as to不可以放在句首。

- Since March 2003, many students have begun to learn about AIDS prevention and the risks of drugs **to stay far away from AIDS**.
（為了遠離愛滋病，自從 2003 年 3 月以來，很多學生開始瞭解有關愛滋病預防及吸毒危害的知識。）
- **In order to ensure success** we must have a complete and thorough plan.（為了保證成功，我們必須要有一個周密的計畫。）

ⓑ 作為結果副詞

不定詞作為結果副詞，通常表示預料之外的結果；有時候為了加強語氣，不定詞前面常會加上only；還常用在too... to, enough... to, such/so... as to的句型中。

- He is old enough **to go to school**.（他到了上學的年齡了。）
- As people are paying more attention to preserving their health, more and more people can live **to be a hundred years old**.
（因為人們更加注重養生，所以越來越多的人可以活到 100 歲。）
- He woke up and looked out of the window **only to find the world outside greatly changed**.
（他醒來時看了看窗外，結果發現外面的世界都變了。）

ⓒ作為原因副詞

　　這種原因副詞多半跟在表示心理活動或情緒的形容詞後面，說明產生這種情感的原因。

- I am much honored **to be invited to talk here**.
（我很榮幸應邀在這裡講話。）
- I am sorry **to have troubled you so much**.
（我很抱歉給你添了這麼多麻煩。）

ⓓ作為條件副詞

　　不定詞作為條件副詞，一般放在句首。

- **To turn to the left**, you could find a post-office.
（如果向左轉，你就會發現一間郵局。）
- **To listen to him**, you should think that there is no problem whatever exists.
（如果你聽他的話，就會知道根本沒問題。）

ⓔ作為獨立組成部分

　　這種不定詞獨立於句子之外，表示說話者的態度、語氣等，又稱為評論性副詞。

- **To tell (you) the truth**, we don't want to include you.
（老實告訴你，我們不想讓你加入。）
- Today's writers should turn a real life into a piece of literature, **to be frank**.
（坦白說，現在的作家應該將真實生活寫成文學。）

常用必備

常用作為獨立組成部分的不定詞有：

• to tell you the truth（說實話）	• to put it briefly（簡而言之）
• to begin with（首先）	• to start with（首先）
• to speak frankly（坦白說）	• to be honest（老實說）
• to be frank（坦白說）	• to be sure（的確）

C

不定詞的複合結構

不定詞常用for或of帶出邏輯主詞，這類帶有邏輯主詞的不定詞，稱為不定詞的複合結構。如果不定詞前面的形容詞說明不定詞的特性，它的邏輯主詞一般用for帶出來。如果不定詞前面的形容詞說明不定詞動作執行者的特性，它的邏輯主詞常用of帶出來，這類形容詞常見的有kind, nice, good, polite, rude, patient, careful, wise, clever, selfish等。

- It was impossible **for a poor child to attend school** in this place 10 years ago.
（這個地方十年前窮孩子是不可能上學的。）
- I don't think it advisable **for him to learn medicine**.
（我認為他不適合學醫。）
- It's impolite **of you not to respect your parents**.
（你不尊重父母是不禮貌的。）
- We consider it silly **of a student to keep silent** in class.
（我們認為學生在課堂上保持沉默是愚蠢的行為。）

D

和疑問詞連用的不定詞

不定詞可以和疑問代名詞who, whom, what, which, whose及疑問副詞when, where, why, how等連用，構成動詞不定詞片語。在句子裡作為主詞、受詞、主詞補語、同位語等。

- **When to start off** hasn't been determined.
（還沒決定什麼時候出發。）〔作為主詞〕
- I'm still wondering **how to answer these questions**.
（我還是不知道如何回答這些問題。）〔作為受詞〕
- The question is **how to educate the young generation**.
（問題是如何教育年輕的一代。）〔作為主詞補語〕
- Many people are thinking of how to try their luck, that is, **how to earn their bread**.
（很多人在考慮如何碰運氣，也就是如何謀生。）〔作為同位語〕

E

不定詞符號 to 的省略

在感官動詞或使役動詞 let, have, make 後面作為補語的不定詞，通常省略 to，但是當用在被動語態時，後面的不定詞符號 to 要保留（let, have 除外）。

- Did you notice a man **come** in?
（你有注意到有個人進來嗎？）
- He saw a stranger **go** upstairs.
（他看見一個陌生人上樓。）

- We watched the children **play** games in the yard.
（我們看見孩子們在院子裡玩遊戲。）
- Look at me **draw** the picture and then try to learn.
（看我怎樣畫這幅畫，然後學著畫。）
- Will you please have Tom **come** over this weekend?
（這個週末能不能讓湯姆來？）

❶ 動詞 help 之後的不定詞中，to 可有可無（被動語態中 to 必須保留）；但是當主詞是表示物的名詞，或主詞不能發出不定詞的動作時，需要加上 to。
- I **helped** her **(to) finish** her work on time.
（我幫她準時完成了工作。）
- Your perfect spoken English can **help** you **to find** a good job.
（你完美的口語英語，能幫你找到一份好工作。）

❷ 在 cannot but, had better, would rather, why(not) 等結構後面的不定詞，通常省略符號 to。
- I **cannot but** admire her courage.
（我不得不佩服她的勇氣。）
- You **had better** answer his letter right now.（你最好馬上回信給他。）
- **Why not join** us in the game?
（怎麼不和我們一起玩遊戲呢？）

❸ 當主詞部分含有動詞 do 的某種形式時，作為主詞補語的不定詞可以省略 to。
- The first thing I **do** every morning is **(to) take plenty of exercise**.
（每天早上我做的第一件事就是進行充分的運動。）
- What I choose to **do** is **(to) live in peace in the country**.
（我願意做的就是在鄉村安定地生活。）
- What I **did** last Sunday was **(to) stay home taking care of my grandma**.（上個星期天我只是待在家裡照顧奶奶。）

❹ 不定詞作為介系詞 but, except, besides 的受詞，且介系詞前面有 do 的某種形式時，不定詞前面的 to 必須省略。
- She's one of those guests who do nothing but **complain**.
（她是那些除了抱怨什麼也不做的客人之一。）
- There's nothing we can do but **wait out** the crisis.
（我們除了等待危機過去以外無計可施。）

如果介系詞前面沒有動詞 do 及 do 的其他形式時，則不能省略 to。
- The government has few options except to keep interest rates high.（政府除了保持高利率外，別沒有選擇。）

❺ 兩個或多個不定詞片語表示並列關係時，只要在第一個不定詞前面加 to；如果表示對比關係，那麼後面的不定詞通常要保留 to。

- He refuses to spend time with us or **do** as we tell him.
  （他不肯花時間陪我們，也不聽我們的話。）
- They didn't tell me whether to go on or **to stop**.
  （他們沒有告訴我要繼續下去還是停止。）〔to go on 與 to stop 形成對比〕

F

不定詞符號 to 的保留
◀◀◀

為了避免與前面已出現的動詞重複，可以用不定詞符號來代替不定詞結構，這種情況往往有明確的上文或出現在答語中。當不定詞在 expect, hate, hope, intend, mean, plan, prefer, refuse, try,

❶ want, wish, would like/love, have to, need to, ought to, used to, be able to, be about to, be going to 等後面作為受詞時。

- I would like to treat you to tea this evening, if you'd like **to**.
  （如果你願意，今天晚上我請你喝茶。）
- You haven't finished the work on time, but you are expected **to**.
  （你沒準時完成這項工作，但是我們期望你能。）
- —Don't make any mistakes in your composition, will you?
  （作文裡面不要再犯錯了，好嗎？）
- —I'll try not **to**.
  （我盡力。）
- —Do you live here?
  （你住在這裡嗎？）
- —No, but I used **to (live here)**.
  （不，不過我以前住在這裡。）

❷ 不定詞在 ask, advise, persuade, wish, allow, permit, tell, expect, force, invite, beg 等動詞後面作為受詞補語時。

- She wants to come but her parents won't allow her **to**.
  （她想來，但是她的父母不允許。）
- If he doesn't want to go there, don't force him **to**.
  （如果他不想去那裡，不要強迫他。）
- He didn't come, though we had invited him **to**.
  （雖然我們邀請了他，但是他沒來。）
- —Did your husband give up smoking?（你丈夫戒煙了嗎？）
- —No. He was advised **to**, but he wouldn't listen.
  （沒有。有人勸過他，但是他就是不聽。）

❸ 不定詞在形容詞 eager, glad, happy, ready, willing 等後面時。

- —Would you go to visit the Great Wall with us?
  （你想和我們一起去參觀長城嗎？）
- —Yes, I'm glad **to**.
  （是的，我想去。）

特別強調

- 如果不定詞結構中動詞為 be 或助動詞 have 時，需保留 be 和 have。
  - —Are you a taxi-driver?
    （你是計程車司機嗎?）
  - —No, but I used to **be**.
    （不, 但是我曾經是。）
  - —Did you hand in your homework this morning?
    （你今天早上交作業了嗎?）
  - —No, I ought to **have**, but I forgot.
    （沒有。我應該交的, 但是我忘了。）

G

不定詞的主動形式表示被動意義
◀◀◀

不定詞以主動形式表示被動意義的情況，常見於以下幾種情況：

❶ 不定詞作為限定詞與被修飾的名詞構成動受關係，同時與句子的另一個名詞或代名詞有邏輯上的主從關係時。

- Parents shouldn't give their children too much homework **to do**.
  （父母不應該讓他們的孩子做太多家庭作業。）
- Oliver is not the right person **to depend on** to do the work.
  （奧利佛不是做這項工作的最佳人選。）

❷ 用在「be ＋性質形容詞＋不定詞」結構，形容詞修飾說明不定詞時。

- Frances is hard **to get on with**.
  （法蘭斯很難相處。）
- Cheryl is pleasant **to work with**.
  （跟綺麗兒工作真愉快。）
- The work is impossible **to finish** next month.
  （這項工作不可能在下個月完成的。）

注意
一下

常見的此類形容詞有
easy, hard, difficult,
interesting, heavy,
pleasant, comfortable,
safe, dangerous,
impossible 等。

❸ 不定詞與疑問代名詞連用時。

- I've been working in the kindergarten for years, so I know **what to expect** in my future work.
（我在幼稚園工作多年，所以我知道在未來的工作中會碰到什麼事。）
- In the fire, many people hardly knew **what to do** and waited for death.
（在大火中，很多人不知所措，只好等待死神來臨。）

❹ 某些動詞不定詞與 be 連用時。

　　這類動詞常用的有blame(責備), seek(尋找), let(出租)等。

- I felt I **was to blame** for this bicycle accident.
（我覺得這次的自行車事故該怪我。）
- The causes of the 11.3 fire **are** not far **to seek**.
（11.3 大火的根源不難找。）
- This house **is to let**.
（這間房子出租中。）

❺ 當動詞不定詞作為限定詞，與被修飾詞有邏輯上的動受關係時，不定詞用主動或被動形式，意義差別不大。

- The best thing **to do/to be done** is to send a telegram to the company.
（最好發一封電報給那家公司。）
- Give me a list of the people **to invite/to be invited**.
（給我一份邀請人名單。）
- He is the very man **to choose/to be chosen** for the work.
（他就是這項工作的最佳人選。）

動 名 詞

動名詞由動詞的 -ing 形式構成，既具有動詞的特徵，可以有自己的受詞和副詞，有時態和語態的變化；又具有名詞的特徵，在句子裡可以作為主詞、主詞補語、受詞、限定詞等。

A

動名詞的時態和語態

動名詞保留著動詞的某些特徵，有時態和語態變化。其時態和語態的形式如下表所示（以動詞 do 為例）：

語態 時態	主 動 語 態	被 動 語 態
一般式	doing	being done
完成式	having done	having been done
否定形式是在 doing 之前加上 not		

❶ 動名詞的一般式可以表示沒有明確發生時間的動作，也可以表示與述詞動作同時發生或發生在述詞動詞前後的動作。

- I hate **talking** with such boastful people.
  （我討厭跟這些自吹自擂的人說話。）〔沒有明確的先後關係〕
- We had a good time **dancing** with them.
  （跟他們跳舞我們玩得很開心。）〔與述詞動作同時發生〕
- Thank you for **giving** us so much help yesterday.
  （謝謝你昨天給我們那麼多幫助。）〔發生在述詞動作之前〕
- Doctors advise **giving up** smoking.（醫生建議戒煙。）〔發生在述詞動作之後〕

❷ 動名詞的完成式，一般表示發生在述詞動詞之前的動作。

- I'm sorry for **not having kept** my promise.（我很抱歉沒能遵守我的諾言。）
- That young guy still denies **having started** the fire behind the store.
  （那個年輕的傢伙依然否認他在那家店後面放了火。）

❸ 動名詞的邏輯主詞是動名詞所表示動作的承受者時，用被動語態。

- I hate **being laughed at** in public.
  （我痛恨在公共場合被人嘲笑。）
- I appreciate **being given** this opportunity.（我很感謝得到這個機會。）
- The bird just missed **being caught**.（小鳥剛好沒有被抓住。）

- 多數情況下，都避免使用動名詞的被動完成式，而用一般式代替，以免句子顯得累贅，尤其是在口語中。

  - I really regret being misunderstood/having been misunderstood by my friends.

    （被朋友誤解我真的感到很遺憾。）

  - I forget once being taken/having been taken to the city zoo.

    （我曾被帶去動物園過，可是我忘了。）

B

動名詞的句型功能 　　　動名詞相當於名詞，在句子裡主要作為主詞、主詞補語、受詞、限定詞等。

◀◀◀

❶ 作為主詞

　　動名詞作為主詞往往表示一種概念、習慣或經驗。

- **Finding a job** is difficult these days.

  （現在找工作很困難。）

- **Smoking** may cause cancer.

  （吸煙會致癌。）

- **Working in these conditions** is not a pleasure but a suffer.

  （在這種環境下工作不是快樂而是痛苦。 ）

- 動名詞作為主詞，有時候先用 it 作為形式主詞，把動名詞放在句尾，例如 It's (no) use/good/fun..., It's useful/nice/useless... 等句型。

  - **It** is no use **crying** over spilt milk. (覆水難收。)

  - **It's** nice **seeing** you again. (再次見到你真好。)

13

❷ 作為主詞補語

　　動名詞作為主詞補語也表示一種概念、習慣或經驗，說明主詞的內容，與主詞可以換位。

- My hobby is **painting**.（我的愛好是繪畫。）

- Her favorite sport is **skiing**.（她最喜歡的運動是滑雪。）

- Seeing is **believing**.（眼見為憑。）

❸ 作為受詞

　　動名詞既可作為動詞的受詞，也可以作為介系詞的受詞。

- Would you mind **opening the door**?
  （你介意把門打開嗎？）
- The little boy admitted **breaking the window**.
  （小男孩承認打破了窗戶。）
- He objected to **changing his job**.
  （他反對改變他的工作。）
- There's still no hope of **winning the game**.
  （要贏這場遊戲還是沒有希望。）

特別強調

- 常跟動名詞作為受詞的動詞或片語有：

· admit（承認）	· enjoy（喜歡）	· miss（錯過）
· advise（建議）	· finish（完成）	· put off（延遲）
· allow（允許）	· give up（放棄）	· permit（允許）
· avoid（避免）	· imagine（想像）	· practise（練習）
· cannot help（禁不住）	· include（包括）	· resist（抵抗）
· can't stand（禁不住）	· keep（保持）	· suggest（建議）
· consider（考慮）	· keep on（持續）	· set about（開始）
· delay（延後）	· mind（介意）	

---

❹ 作為限定詞

　　動名詞作為限定詞修飾名詞，說明被修飾詞的用途，相當於「名詞＋for＋doing」的意思。

☐ a swimming pool（游泳池）	☐ a hiding place（藏身處）
☐ a walking stick（拐杖）	☐ a racing bicycle（賽車）
☐ a reading room（閱覽室）	☐ a diving board（跳板）
☐ a bathing cap（浴帽）	☐ a writing table（書桌）
☐ a watering can（灑水壺）	☐ reading materials（閱讀素材）
☐ a guessing game（猜謎遊戲）	☐ a dancing hall（舞廳）

C

動名詞的邏輯主詞

　　動名詞的邏輯主詞與句子的主詞不一樣時，要在動名詞的前面加上形容詞性所有代名詞，或是以名詞所有格充當邏輯主詞，構成動名詞的複合結構。

◀◀◀

- **Her coming to help** encouraged all of us.
  （她來幫忙鼓舞了我們。）
- **Jane's being careless** caused so much trouble.
  （珍的粗心帶來不少麻煩。）

❶ 在口語中，形容詞性所有代名詞或名詞所有格，可以用人稱代名詞受格或名詞普通格來代替。

- Would you mind **me using your telescope**?
  （介意用一下你的望遠鏡嗎？）
- We are looking forward to **the expert coming** to speak to us.
  （我們一直期盼那位專家跟我們報告。）

❷ 動名詞的複合結構作為主詞時，只能用形容詞性所有代名詞或名詞所有格。

　┌ **His being** late again and again made the manager angry. （√）
　└ **Him being** late again and again made the manager angry. （×）
　（他一次又一次的遲到，讓經理非常生氣。）

❸ 動名詞的邏輯主詞表示沒有生命的東西，或是雖然有生命但是表示的是泛指意義時，只能用名詞普通格。

- The child was frightened by **the door shutting**.
  （那個孩子被關門聲嚇著了。）
- Can you hear the noise of **the machine running**?
  （你能聽見機器運轉的噪音嗎？）
- Have you heard of **women playing football**?
  （你聽過女生踢足球嗎？）

❹ 兩個以上有生命的名詞並列時，只能用名詞普通格。

- The father insisted on **John and Mary walking to school**.
  （父親堅持讓約翰和瑪麗走路去學校。）
- Have you heard of **boys and girls studying** in the separate schools?
  （你聽過男孩和女孩在不同學校上學嗎？）

現在分詞

現在分詞由動詞的 -ing 形式構成，它的否定句在前面加上 not。根據其表達的意義，現在分詞有一般式和完成式兩種不同的時態，以及主動和被動兩種不同的語態形式。

A

現在分詞的時態
和語態

◀◀◀

❶ 現在分詞一般式表示的動作，一般與述詞動詞表示的動作同時發生；現在分詞完成式表示的動作，則發生在述詞動詞表示的動作之前。

- **Seeing nobody in the classroom**, he turned off all the lights.
  （看到教室裡沒有人，他便關掉了所有的燈。）
- He hurried home, **looking behind him** as he went.
  （他匆忙回到家，邊走邊往後看。）
- **Having lived in this city** for 3 years, he knows it very well.
  （因為在這座城市住過三年，他對這裡很瞭解。）
- **Having cleaned the desks**, we began our class.
  （擦完桌子後我們開始上課。）

❷ 當分詞的邏輯主詞是分詞表示動作的承受者時，用分詞的被動語態。

- The question **being discussed** is of great importance.
  （正在討論的那個問題很重要。）
- **Not being given a reply**, he wrote a letter again.
  （因為沒有收到回覆，他又寫了一封信。）
- **Having been criticized by the teacher**, Jack felt very sad.
  （因為受到老師的批評，傑克感到非常難過。）
- **Having been given such a good chance**, he should make full use of it.
  （得到這麼好的一個機會，他應該好好利用。）

B

現在分詞的句型功
能

◀◀◀
現在分詞在句子裡可以作為限定詞、主詞補語、受詞補語和副詞。

❶ 現在分詞作為限定詞

單一現在分詞作為限定詞時，一般放在被修飾詞的前面，個別情況中也可以放在被修飾詞的後面；現在分詞片語作為限定詞時，一般放在被修飾詞的後面。作為限定詞的現在分詞與被修飾詞，在邏輯上是主動關係。

- This is a **pressing** question.（這是一個緊迫的問題。）
- He asked an **embarrassing** question.
  （他問了一個令人尷尬的問題。）
- There were no soldiers **drilling**.（沒有士兵在演練。）
- Tell the children **playing** there not to make any noise.
  （告訴在那邊玩的孩子不要弄出聲音來。）
- The men **working** here are all from the rural areas.
  （在這裡工作的人都來自農村地區。）

❷ 現在分詞作為主詞補語

　　作為主詞補語的現在分詞，往往具有形容詞的性質，說明主詞的性質、特徵等。

- The argument is very **convincing**.
  （這個論點非常令人信服。）
- He remained **standing** beside the table.
  （他仍然站在桌子旁邊。）

❸ 現在分詞作為受詞補語

　　現在分詞作為受詞補語說明受詞的性質、特徵或正在做的主動動作。當句子變為被動語態時，受詞補語相對地成為主詞補語。

- I found a beggar **standing** at the door.
  （我發現一個乞丐站在門口。）
- I noticed a group of children **playing football** on the playground.
  （我注意到一群孩子正在操場上踢足球。）
- I could feel the wind **blowing** on my face.
  （我能感覺到風迎面吹來。）
- The young man was caught **stealing** a car.
  （那個年輕人偷車時被抓到。）

❹ 現在分詞作為副詞

　　現在分詞在句子裡可以作為時間副詞、原因副詞、結果副詞、伴隨副詞、方式副詞，也可以單獨使用。

ⓐ 作為時間副詞

　　現在分詞作為時間副詞，它的一般式多半表示動作與述詞動詞同時或相繼發生；其完成式多半表示動作早於述詞動詞的發生，有時候可以在現在分詞前面加上when, while, after等連詞。

- **Hearing their teacher's voice**, the pupils stopped talking at once.
  （一聽到老師的聲音，學生們立刻停止講話。）
- **Having finished his homework**, the boy was allowed to watch a TV show.
  （完成作業後，小男孩被允許看電視。）
- **Seeing those pictures**, he couldn't help thinking of his former teacher.
  （看到那些照片，他禁不住想起了以前的老師。）
- **While working in the factory**, he learned a lot from the workers.
  （在工廠工作的期間，他從工人那裡學到很多。）

ⓑ 作為原因副詞
- **Living in the country**, we had few amusements.
  （因為住在農村，我們幾乎沒什麼娛樂活動。）
- **Not knowing his phone number**, I couldn't get in touch with him.
  （因為不知道他的電話號碼，我沒有辦法和他聯絡上。）

ⓒ 作為結果副詞
　　現在分詞作為結果副詞，多半表示順其自然的結果，常常放在句尾。
- The old man slipped and fell, **hurting his head** against the wall.
  （這個老人滑倒了，他的頭撞到牆上。）
- We opened the window, **letting the fresh air in**.
  （我們打開窗戶，讓新鮮空氣進來。）
- Their car was caught in a traffic jam, thus **causing the delay**.
  （他們的車子遇到交通堵塞，因此延誤了。）

ⓓ 作為伴隨副詞
　　現在分詞作為伴隨副詞，多半表示一個與述詞動作同時發生的動作，它的邏輯主詞就是句子的主詞。述詞動詞是主要動作，現在分詞表示陪襯動作。
- We sat by the road, **hoping a car would stop and pick us up**.
  （我們坐在路邊，希望有輛車能停下來載我們一程。）
- He put a finger in his mouth, tasted it and smiled, **looking rather pleased**.（他把一根手指頭放進嘴裡，嘗了一嘗笑了，看起來很高興。）
- The children ran out of the room, **laughing and talking merrily**.
  （那些孩子們跑出房間，愉快地說說笑笑。）

ⓔ 作為方式副詞
- **Using a stick**, the painter drew a horse on the ground in ten minutes.
  （那位畫家十分鐘內用一根木棍在地上畫了一匹馬。）
- **Holding his head high**, he walked past the enemy.
  （他仰著頭從敵人身邊走過去。）

❶ 單獨使用

　　有些慣用的現在分詞片語，在句子裡可以沒有邏輯上的主詞而獨立存在，它們往往作為句子的獨立部分來修飾全句，表示說話者的態度和觀點等。常見的有generally speaking(一般來說), strictly speaking(嚴格來說), roughly speaking(大致來說), broadly speaking(廣義上說), narrowly speaking(狹義上說), judging from/by(由……判斷)等。

- **Generally speaking**, the middle school students aren't allowed to have a cellphone.
  （一般來說，中學生不允許帶手機。）
- **Strictly speaking**, he's not qualified for the job.
  （嚴格來說，他沒有資格做這份工作。）
- **Judging from his accent**, we know he comes from Hong Kong.
  （從他的口音判斷，我們知道他是香港來的。）

4 過去分詞

A

過去分詞的結構特徵

　　過去分詞保留了動詞的許多特徵，因此在句子裡可以有自己的副詞和邏輯主詞，及物動詞的過去分詞形式還可以有自己的受詞。它的否定形式是在過去分詞前面加not。

- **Given enough care**, the children can cooperate better.
  （如果給予足夠的關心，孩子們會合作得更好。）〔帶有自己的受詞〕
- **Greatly encouraged**, we made up our mind to carry on the hard work.
  （由於受到了極大的鼓舞，我們決心將艱苦的工作繼續做下去。）〔帶有自己的副詞〕

B

過去分詞的句型功能

　　過去分詞具有副詞、形容詞的特徵，在句子裡可以作為主詞補語、限定詞、受詞補語、副詞等成分。

❶ 作為主詞補語

　　作為主詞補語的大多是及物動詞的過去分詞，表示主詞所處的狀態，很多已轉化為形容詞。

- All the people present were already **seated**, waiting for the conference to open.（所有到場的人都坐好，等待會議開始。）

- All of us were **moved** to tears at the sorrowful story.
  （聽到那個令人悲傷的故事，我們都感動得流下淚來。）
- Most middle school students are **very interested** in pop stars and NBA star players.
  （大多數中學生對於流行歌手和 NBA 明星運動員很感興趣。）

特別強調

- 有些表示位置移動的不及物動詞的過去分詞，也可以作為主詞補語。
  - Spring is **gone** and summer is coming.
    （春天走了，夏天來了。）

❷ 作為限定詞

　　單一個過去分詞作為限定詞，一般放在被修飾詞的前面，過去分詞片語作為限定詞，常放在被修飾詞的後面。及物動詞的過去分詞，作為限定詞表示被動和完成；不及物動詞的過去分詞，作為限定詞不表示被動，只表示完成。

- We only sell **used** books in our bookstore.（我們書店只賣舊書。）
- The **lost** time can never be found again.（時光一去不復返。）
- He is a **retired** airline pilot.（他是一位退休的飛行員。）
- The story **written by a middle school student** is popular in schools.
  （由一名中學生所寫的這個故事，在校園裡受到歡迎。）
- The old man, **greatly disturbed in prison**, almost lost his memory.
  （這位老人在監獄中受到了極大的困擾，幾乎喪失了他的記憶力。）

Extension 【延伸學習】

有些過去分詞既可作為前置限定詞，也可以作為後置限定詞，有的意義相同，但是大多數意義不同。

- All the **broken** windows have been repaired.
  (=All the windows **broken** have been repaired.)
  （所有壞掉的窗戶都已經修理好了。）
- We've collected a large quantity of **used** books.（我們募集了大量的舊書。）
- You should put all the books **used** at hand and the others in order
  on the shelf.（你應該把所有用得到的書放在手邊，其他的按照順序放在書架上。）

❸ 作為受詞補語

過去分詞作為受詞補語，說明受詞的狀態或性質，與前面的受詞在邏輯上是被動關係。當句子變成被動語態時，受詞補語相對地變成主詞補語。

- If you want to make yourself **respected**, you are above all to respect others.
  （如果你想讓自己被尊重，就必須先尊重別人。）
- Almost no student is seen **punished** in this school.（在這所學校幾乎看不到學生受罰。）
- I found myself **lost** and couldn't sense the right direction.
  （我發現自己迷路了，不能分辨正確的方向。）
- The boy was found **lost** and couldn't find his way back.
  （有人發現這個男孩迷路了，找不到回去的路。）

特別強調

- have, get 這兩個動詞後面，用過去分詞作為受詞補語表示特殊的含義。
  - I must go to town to **have/get** my computer **repaired**.
    （我要到市區找人修理我的電腦。）〔找人修理〕
  - I **had** my bike **broken** on my way home.
    （在回家的路上，我的自行車壞了。）〔遭受某種不愉快或不幸〕
  - I am going to **have/get** all the letters **mailed**.
    （我要去寄一些信。）〔自己寄或找人寄〕

---

❹ 作為副詞

過去分詞在句子裡可以作為時間、原因、條件、伴隨或方式副詞等。

ⓐ 時間副詞

過去分詞作為時間副詞，可以放在句首，也可以放在句尾，有時可以放在主詞和述詞之間。

- **Asked about his family**, he made no answer.
  =He, **asked about his family**, made no answer.
  =He made no answer, **asked about his family**.
  （當問到有關他的家庭狀況時，他沒有回答。）
- **Lost in the forest**, you should first of all remain where you are, waiting for help to come.（在森林裡迷路時，你首先應該要待在原地等待救援。）

ⓑ 原因副詞

　　表示原因的分詞片語一般放在句首，偶爾會放在句尾或句子中間。

- **Seriously injured**, he had to be taken to hospital.
  （由於傷勢嚴重，只好把他送往醫院。）
- The child learns fast, **well brought up by his parents**.
  （由於受到父母良好的教育，這個孩子學得很快。）

ⓒ 條件副詞

　　表示條件的副詞通常放在句首。

- **United**, we stand; **divided**, we fall.
  （團結則立，分裂則亡。）
- **Given more time and money**, we would have done the work better.
  （如果給予更多的時間和錢，我們會做得更好。）

ⓓ 伴隨或方式副詞

- **Followed by his wolf dog**, the hunter walked slowly in the forest.
  =The hunter, **followed by his wolf dog**, walked slowly in the forest.
  =The hunter walked slowly in the forest, **followed by his wolf dog**.
  （獵人在森林裡慢慢地走著，後面跟著一條狼狗。）

Extension【延伸學習】

根據需要，過去分詞前面也可以加上 when, while, until, once, though, although, as long as, so long as, unless, as if, as though, even if, even though 等詞（as除外），而在 before, after, without 等詞後面則必須用 being done 結構。

- **Unless invited**, I won't attend the get-together.
  （除非受到邀請，否則我不會參加聚會。）
- The boy left the playhouse **without being seen**.
  （男孩離開了遊戲室，而且沒人發現。）
- **Before being called**, remain where you are.
  （叫到你之前，待在原地別動。）

---

5 非述詞動詞的用法比較

A

動名詞和不定詞
作主詞的區別
◀◀◀

動名詞作為主詞表示的動作一般是抽象的、習慣性的，意義上通常表示一件已知的事情或經驗；不定詞作為主詞表示的動作一般是實際的、一次性的，意義上通常表示一件未完成的事情或目的。

- **Smoking** is prohibited here.
  （這裡禁止抽煙。）〔抽象〕
- It is not very good for you **to smoke** so much.
  （抽這麼多煙對你的身體不好。）〔實際〕
- **Driving a car** during the rush hour is tiring.
  （上下班時間開車讓人很煩。）〔已知的、經驗〕
- **To get the Doctor's degree** in two years is his wish.
  （他的願望是兩年內拿到博士學位。）〔未完成的、目的〕

B

不定詞和動名詞
作為受詞的區別
◀◀◀

❶ 作為動詞的受詞

ⓐ 有些動詞後面只能接不定詞，不能接動名詞作為受詞。有些動詞後面只能接動名詞，不能接不定詞作為受詞。
　用法詳見本章「不定詞作為受詞和動名詞作為受詞」的部分。

ⓑ 有些接不定詞和動名詞都可以，而且意義差別不大。常用的此類動詞有like, hate, begin, start, prefer, continue等。
- I liked **playing/to play** table tennis when I was a middle school student.
  （我上中學時喜歡打桌球。）
- As soon as he arrived at the school, he began **reading/to read** books.
  （他一到學校就開始讀書。）
- After a short break he continued **writing/to write** the report.
  （稍微休息一下之後，他繼續寫報告。）

ⓒ 有些動詞後面接不定詞或動名詞都可以，但是意義差別很大。常用此類動詞的區別如下：

┌ try to do （盡力去做……）	┌ forget doing （忘了曾經做過……）
└ try doing （嘗試去做……）	└ forget to do （忘記做……）

┌ remember doing （記得做過……）	┌ mean doing （意味做過……）
└ remember to do （記得去做……）	└ mean to do （打算做……）

┌ regret doing （後悔做過……）	┌ go on doing （繼續做〈同一件事〉）
└ regret to do （遺憾要去做……）	└ go on to do （繼續做〈不同一件事〉）

❷ 作為介系詞的受詞

介系詞的受詞一般由動名詞充當，但是「疑問詞＋不定詞」可以作為介系詞的受詞；介系詞but, except等後面可以接不定詞作為受詞。

- I've got used to **staying up late**.
  （我已經習慣熬夜了。）
- Mr Wang is fond of **reading picture books**.
  （王先生喜歡看繪本。）
- He paid much attention to **how to pronounce this word**.
  （他很注意這個單字的發音。）
- He is curious about **where to discover an oil field**.
  （他對什麼地方能發現油田很感興趣。）
- He never came except **to borrow money**.
  （除了借錢的時候他從不來這裡。）
- He did nothing but **eat and drink every day**.
  （他整天除了吃喝外無所事事。）

C

不定詞、動名詞、現在分詞和過
去分詞作為主詞補語的區別

❶ 表示某一個特定行為，尤其是未來的或有待實現的行為，一般用不定詞。

- Your work this afternoon is **to clean all the windows**.
（你今天下午的工作就是把所有的窗戶擦乾淨。）

❷ 如果不強調動作，只是說明動作的名稱或內容，一般用動名詞。

- Her work is **cleaning all the windows** of the company every day.
（她的工作就是每天把公司的窗戶擦乾淨。）

❸ 表示主詞所處的狀態或感受，通常用過去分詞作為主詞補語；表示主詞所具有的特徵，通常用現在分詞作為主詞補語。

- They were **frightened** to hear the frightening sound.
（他們聽到可怕的聲音感到很害怕。）
- The story is very **moving**.（這個故事很感人。）

D

不定詞、動名詞、現在分詞和
過去分詞作為限定詞的區別

❶ 不定詞作為限定詞

　　不定詞作為限定詞，多半表示在述詞後面發生的動作；也可以表示一個過去已經完成的主動動作，但是此時不定詞前面必須要有形容詞、分詞或序數詞。

- The problem **to be discussed** tomorrow is of great interest.
（明天要討論的那個問題很有意思。）
- Madam Curie was the first **to discover the element radium**.
（居里夫人是第一個發現鐳的人。）

❷ 動名詞作為限定詞

　　動名詞作為限定詞，表示所修飾名詞的用途。

- The soldiers each have a **sleeping** bag.（每個士兵都有一個睡袋。）
- I saw him just now in the **reading** room.（我剛剛在閱覽室見過他。）

❸ 分詞作為限定詞

　　現在分詞作為限定詞，表示正在進行的動作或所修飾名詞的主動性質；過去分詞作為限定詞，表示被動或完成的動作，或被修飾名詞的被動性質。

- The **sleeping** boy is my neighbour's son.
  （那個正在睡覺的小孩是我鄰居的兒子。）
- Last week he gave us an **interesting** lecture.
  （上個星期他幫我們做了一場有趣的演講。）
- The **injured** workers are now being taken good care of in the hospital.
  （受傷的工人現在正在醫院接受良好的照顧。）
- They are cleaning the **fallen** leaves in the yard.
  （他們正在打掃院子裡的落葉。）
- We realised that she didn't know the news from her **surprised** expression.
  （從她驚訝的表情我們了解她還不知道這個消息。）

注意
一下

being 不能單獨作限定詞，-ing 的完成式 having done 一般也不作限定詞。

E

不定詞、現在分詞和過去分詞作為受詞補語的區別

動詞不定詞只說明受詞執行的一個動作，著重整個過程；現在分詞說明受詞執行的動作正在進行；過去分詞則表示受詞的動作的被動性或完成性。

- They had seen her **grow up** from childhood. They knew her quite well.
  （他們從小看著她長大，很瞭解她。）
- Some villagers last saw the missing boy **playing near the river**.
  （一些村民最後看見那個失蹤的孩子時，他正在河邊玩。）
- I want this matter **settled** immediately.（我想讓這件事立刻被解決。）
- When he woke up, he found the world outside **changed** completely.
  （當他醒來時發現外面的世界全都變了。）

 獨立主格結構

獨立主格結構是一種特殊的結構，可以當做一個在句子裡作為副詞的片語，主要由兩個部分構成：邏輯主詞和邏輯述詞。獨立主格結構用在修飾整個句子。它的位置相當靈活，可以放在句前、句尾或句中，常由逗號將其與句子分開。有「邏輯主詞＋非述詞動詞」和「邏輯主詞＋名詞／形容詞／副詞／介系詞片語等」兩種。此外，with 結構也看作是獨立主格結構的一種形式。

A

非述詞動詞的獨立主格結構

「名詞或代名詞＋非述詞動詞」構成的獨立主格結構，稱為非述詞動詞的獨立主格結構。名詞或代名詞與非述詞動詞具有邏輯上的主述關係。

❶ 不定詞構成的獨立主格結構

　　不定詞構成的獨立主格結構，往往表示還沒發生的行為或狀態，在句子裡常作為原因副詞，偶爾作為條件副詞。

- **So many children to look after**, the mother has to quit her job.
  （有這麼多孩子需要照顧，這位母親只好辭掉工作。）〔原因副詞〕
- I might miss the train, **no one to wake me up**.
  （沒人叫我，我可能會錯過火車。）〔條件副詞〕

❷ 現在分詞構成的獨立主格結構

　　如果現在分詞的邏輯主詞與句子的主詞不一致，就應該在現在分詞前面加上邏輯主詞，這便構成了現在分詞的獨立主格結構。這種結構在句子裡常作為時間副詞、原因副詞、條件副詞和方式副詞等。

- **The governor considering the matter**, more strikers gathered across his path.
  （州長正思考這個問題時，更多的罷工工人聚集在他要經過的路上。）〔時間副詞〕
- **The guide leading the way**, we had no trouble getting out of the forest.
  （有嚮導帶路，我們毫不費力地走出了森林。）〔原因副詞〕
- **Weather permitting**, we will go on an outing to the beach tomorrow.
  （如果天氣允許，我們明天要去海灘玩。）〔條件副詞〕
- He lay at full length upon his stomach, **his head resting upon his left forearm**.
  （他的頭枕在左前臂上，直挺挺地趴著。）〔方式副詞〕

❸ 過去分詞構成的獨立主格結構

　　由過去分詞構成的獨立主格結構，在句中作為時間副詞、伴隨副詞、原因副詞、條件副詞等。

- **My shoes removed**, I entered a low-ceilinged room.
  （脫掉鞋子之後，我進到一個低矮的房間。）〔時間副詞〕
- When in trouble, Sadie would sit alone, **head bent**.
  （塞德遇到麻煩時，總是獨自低著頭坐著。）〔方式副詞〕
- Rex was listening attentively to the lecture, **all his attention fixed upon it**.
  （雷克斯專心聽著演講，把所有注意力全都集中在上面。）〔伴隨副詞〕
- **Thousands of eyes fixed upon her**, Rose felt on edge.
  （上千隻眼睛看著她，羅絲感到緊張極了。）〔原因副詞〕
- **The book written in simple English**, it will be more popular.
  （如果這本書用簡易英語寫的話，將會更受歡迎。）〔條件副詞〕

沒有動詞的獨立 主格結構 ◂◂◂	英語中常用的還有一類沒有動詞獨立主格結構，在英語中的運用也比較頻繁。這種結構往往看作是「名詞/代名詞＋being＋主詞補語」結構中省略了being，主要有如下幾種情況：

❶ 邏輯主詞＋名詞

- Many students joined in the maths competition, **most of them children of no more than 10**.
  （很多學生參加了這次數學競賽，其中大多數是不超過十歲的兒童。）
- I received many gifts, **many of them books**.
  （我收到了很多禮物，其中很多是書。）

❷ 邏輯主詞＋形容詞

- **The Trojans asleep**, the Greek soldiers crept out of the hollow wooden horse.
  （特洛伊人睡著了，於是希臘士兵從中空的木馬裡悄悄地爬了出來。）
- Arriving at the spot, they were all standing in surprise face to face, **eyes wide open**.
  （一到現場，他們都睜大雙眼，吃驚地面對面站著。）

❸ 邏輯主詞＋副詞

- **Music over**, all the audience stood up with fits of applause.
  （音樂一結束，所有的觀眾都站了起來，報以熱烈的掌聲。）
- **Nobody in**, I had to wait.
  （沒人在家，我只好等。）

❹ 邏輯主詞＋介系詞片語

- Many experts attended the conference, **most of them from the States**.
  （很多專家參加了這次會議，其中大多數來自美國。）
- The boy went off, **a pinwheel in his hand**.
  （小男孩手裡拿著一個風車離開了。）

特別強調

- 在表示方式的獨立主格結構中，為了使語言簡潔、明快，往往將獨立主格結構中的冠詞或代名詞都省略。
  - Andy came in, **(a)** smile on **(his)** face.
    （安迪進來了，臉上帶著微笑。）
  - Lucy stood by the door, **(a)** toy in **(her)** hand.
    （露西站在門邊，手裡拿著玩具。）

C

> with 結構

　　with結構是英語複合結構中最常用的一種，幾乎所有的獨立主格結構都可以在其邏輯主詞前加上with，with結構在句子裡常作為原因副詞、伴隨副詞、限定詞等。主要有以下幾種情況：

❶ with ＋名詞 / 代名詞＋形容詞

- **With the floor wet and dirty**, we had to stay outside.
  （由於地板又濕又髒，我們只好待在外面。）
- Hearing the tiger roaring, I felt frightened, **with my face pale**.
  （聽到老虎怒吼，我嚇得臉色蒼白。）

❷ with ＋名詞 / 代名詞＋副詞

- I enjoy reading **with music on**. （我喜歡邊聽音樂邊看書。）
- **With all children abroad**, I at times feel very lonely.
  （我的孩子都在國外，我不時感到非常孤單。）
- **With the examinations over**, we had a long time to rest.
  （考試結束後，我們有一段很長的休息時間。）

❸ with ＋名詞 / 代名詞＋介系詞片語

- **With the white skirt on you**, you look smarter.
  （穿上白色裙子，你看起來更精明了。）
- The river **with grass and flowers on both sides** runs through our schoolyard.（這條兩岸長滿鮮花和綠草的小河，從我們校園裡穿過。）

❹ with ＋名詞 / 代名詞＋不定詞

- **With the boy to lead the way**, we will find the cave easily tomorrow.
  （如果讓小男孩帶路，我們明天會很容易找到山洞的。）
- **With so much homework to do**, I can't spare a minute.
  （有這麼多家庭作業要做，我一分鐘也抽不出來。）

❺ with ＋名詞 / 代名詞＋動詞 -ing 形式

- **Without anyone noticing**, he hid the gun under the bed.
  （沒有人注意到，他把槍藏到床底下。）
- **With so many children talking and laughing**, I couldn't settle down to my work. （有這麼多孩子又說又笑，我不能靜下心來工作。）

❻ with ＋名詞 / 代名詞＋動詞 -ed 形式

- **With the door shut**, I spent the whole day preparing a long report.
  （我關起門，花了一整天的時間準備一份很長的報告。）
- **With the work finished**, I left the office.（工作完成後，我離開了辦公室。）

考題演練

▶（一）大學入試考古題：Choose the correct answer.（選擇正確的答案）

(1) Many buildings in the city need repairing, but the one _____ first is the library.
   A. repaired
   B. being repaired
   C. repairing
   D. to be repaired

(2) _____ from the top of the tower, the south foot of the mountain is a sea of trees.
   A. Seen
   B. Seeing
   C. Having seen
   D. To see

(3) Lots of rescue workers were working around the clock, _____ supplies to Miyagi-ken after the earthquake.
   A. sending
   B. to send
   C. having sent
   D. to have sent

(4) Dina, _____ for months to find a job as a waitress, finally took a position at a local advertising agency.
   A. struggling
   B. struggled
   C. having struggled
   D. to struggle

(5) In many people's opinion, that company, though relatively small, is pleasant _____.
   A. to deal with
   B. dealing with
   C. to be dealt with
   D. dealt with

(6) We were astonished _____ the temple still in its original condition.
   A. finding
   B. to find
   C. find
   D. to be found

(7) I had great difficulty _____ the suitable food on the menu in that restaurant.
   A. find
   B. found
   C. to find
   D. finding

(8) The lawyer listened with full attention, _____ to miss any point.
   A. not trying
   B. trying not
   C. to try not
   D. not to try

(9) The lady walked around the shops, _____ an eye out for bargains.
   A. keep
   B. kept
   C. keeping
   D. to keep

(10) The news shocked the public, _____ to great concern about students' safety at school.

A. having led   B. led   C. leading   D. to lead

■ （二）模擬試題：Choose the correct answer.（選擇正確的答案）

(1) In spite of his broken English, he can make himself _____.

A. understood   B. understanding

C. understand   D. to understand

(2) The speech was very _____, and we were _____ to tears.

A. moved; moved   B. moving; moving

C. moving; moved   D. moved; moving

(3) Mr Smith wanted his daughter _____ after drinking.

A. never to drive   B. to never drive

C. never driving   D. never drive

(4) The secretary worked late into the night, _____ a long speech for the president.

A. to prepare   B. preparing   C. prepared   D. was prepared

(5) I can hardly imagine Peter _____ across the Atlantic Ocean in five days.

A. sail   B. to sail   C. sailing   D. to have sailed

(6) —How do you deal with the disagreement between the company and the customers?

—The key to _____ the problem is to meet the demand _____ by the customers.

A. solving; making   B. solving; made

C. solve; making   D. solve; made

(7) John was made _____ the truck for a week as a punishment.

A. to wash   B. washing   C. wash   D. to be washing

(8) Little Jim should love _____ to the theatre this evening.

A. to be taken   B. to take   C. being taken   D. taking

(9)　—I usually go there by train.

　　—Why not ＿＿＿ by boat for a change?

　　A. to try going　　　**B.** trying to go　　**C.** to try and go　　**D.** try going

(10)　＿＿＿ for his expert advice, John is often asked to help others with their personal affairs.

　　A. Having known　　　　　　　　**B.** Being known

　　C. Known　　　　　　　　　　　　**D.** Knowing

(11)　The computer centre, ＿＿＿ last year, is very popular among the students in this school.

　　A. open　　　　　　**B.** opening　　　　**C.** having opened　　　　**D.** opened

(12)　The man ＿＿＿ on now is my brother.

　　A. to be operated　　　　　　　　**B.** being operated

　　C. operated　　　　　　　　　　　**D.** been operated

(13)　The visiting Minister expressed his satisfaction with the talk, ＿＿＿ that he had enjoyed his stay here.

　　A. having added　　**B.** to add　　　　**C.** adding　　　　**D.** added

(14)　The old man ran to the railway station, only ＿＿＿ the train was slowly pulling out of the station.

　　A. found　　　　　　**B.** finding　　　　**C.** to find　　　　**D.** find

(15)　The Olympic Games, ＿＿＿ in 776 B.C., did not include women players until 1912.

　　A. first played　　　　　　　　　　**B.** to be first played

　　C. first playing　　　　　　　　　　**D.** to be first playing

答案・解說 ①

▶ (1) D　(2) A　(3) A　(4) C　(5) A　(6) B　(7) D　(8) B　(9) C　(10) C

(1)　解釋：都市裡的許多建築物需要維修，但是首先要維修的就是圖書館。one 在此指 building，與動詞 repair 是被動關係，且「維修」這個動作在將來發生，因此用不定詞的被動語態作限定詞。repaired 表示被動、完成意義；being repaired 表示正在進行的被動意義；repairing 表示主動意義。

(2)　解釋：從塔頂看過去，山的南邊是一片樹海。句子主詞與動詞 see 之間是邏輯上的被動關係，因此用過去分詞作副詞。seeing 與句子主詞是主動關係；having seen 表示的動作先於句子述詞發生，時間概念不對；to see 在句首大多作為目的副詞，從時間上講有將來的含義。

(3)　解釋：地震發生後，許多救難人員晝夜不停地工作，把救援物資送往宮城縣。句子主詞 rescue workers 是動詞 send 的執行者，二者是主動關係，因此用現在分詞作為副詞。不定詞多作為目的副詞；C、D 兩個選項都是非述詞動詞的完成式，表示動作發生在句子述詞動作之前。

(4)　解釋：幾個月以來，迪娜一直在努力找一份服務生的工作，最後她在當地一家廣告公司找到了一個職缺。Dina 是動詞 struggle 的執行者，二者是主動關係，加上由 for months 可知，動作發生在述詞動詞之前，因此用現在分詞的完成式。

(5)　解釋：在很多人看來，那家公司雖然相對有點小，但是合作起來很愉快。「be ＋形容詞＋不定詞」是固定句型，若其中的形容詞說明不定詞的特徵，不定詞用主動形式表示被動意義。

(6)　解釋：發現這座廟仍然保持原始的樣子，我們都感到很驚訝。be astonished to do sth. 是固定用法，意思是「做某事感到很驚訝」。現在分詞 finding 表示動作正在進行；find 不能直接跟在形容詞後面；to be found 表示被動意義。

(7)　解釋：在那家餐廳，我費了很大力氣才從菜單上找到合適的食物。have difficulty (in) doing sth. 是固定句型，意思是「做某事有困難」。

(8)　解釋：這位律師集中全部注意力聽，儘量不錯過任何要點。句子中主詞 the lawyer 與 try 是主動關係，應該用現在分詞作為副詞；try 後面接不定詞 to miss any point 作受詞，不定詞的否定式在 to 前加 not，所以答案選 B。

(9)　解釋：婦人在商店周圍徘徊，眼睛一直盯著廉價品。the lady 與 keep 為邏輯上的主從關係，因此用現在分詞作為伴隨副詞，表示與 walk around 同時發生的動作。A 選項為動詞原形，不能作副詞；B 選項表示被動、完成意義；D 選項表示正要做的動作。

⑽ 解釋：這項消息震驚了大眾，引發了大家對學生在校安全的極大關注。句子的主詞 the news 與 lead to 是邏輯上的主動關係，因此用現在分詞作結果副詞。having led 是現在分詞的完成式，表示動作發生在述詞動詞之前，不符合語意。

答案 · 解說 ②

(1) A (2) C (3) A (4) B (5) C (6) B (7) A (8) A (9) D ⑽ C ⑾ D ⑿ B ⒀ C ⒁ C ⒂ A

(1) 解釋：儘管他的英語不好，但是他能讓自己被別人明白。himself 與 understand 之間是被動關係，所以用過去分詞作為受詞補語，表示被動意義。

(2) 解釋：這個演講很感人，我們都被感動得哭了。第一個空格，表示「物（等）令人感動的」用現在分詞的形式（moving）。第二個空格，表示「人（等）感到感動」，用過去分詞的形式（moved）。

(3) 解釋：史密斯先生要求他女兒，永遠不要酒後駕駛。want sb. to do sth.「要求某人做某事」，帶 to 的動詞不定詞作 want 的受詞補語，其否定式在 to 前加 not 或 never 等副詞。

(4) 解釋：秘書工作到深夜，為總裁寫了一份很長的演講稿。句子的主詞與 prepare 之間是主動關係，所以用現在分詞的形式作副詞。

(5) 解釋：我很難想像彼得在五天內坐船橫渡大西洋。imagine 後面用動名詞當作受詞，為明確的名詞表示動作的執行者，在 sailing 前加上了其邏輯主詞 Peter，構成了動名詞的複合句型。

(6) 解釋：「你怎麼處理公司和顧客之間的矛盾？」「解決問題的關鍵是滿足顧客的需求。」the key to 中 to 是介系詞，後面要跟動名詞或名詞，所以第一個空格用 solving；第二個空格，demand 與 make 之間是被動關係，所以用過去分詞的形式作限定詞修飾 demand。

(7) 解釋：作為懲罰，約翰被要求洗一個星期的卡車。make sb. do sth.「要求某人做某事」，變成被動句型時，省略的不定詞符號 to 要還原（sb. be made to do sth.）。

(8) 解釋：小吉姆今天晚上應該喜歡被帶去戲院。love to do「喜歡做某事」，且 Jim 與 take 之間是被動關係，所以用不定詞的被動語態。

(9) 解釋：「我經常搭火車去那裡。」「為什麼不改變一下，試著坐船去呢？」why not do sth.「為什麼不做某事」，後面跟動詞原形，try doing sth.「試著做某事」，是固定用法。

⑽ 解釋：因為擅長給別人意見，約翰經常被找去幫別人解決一些私人問題。非述詞動詞的邏輯主詞與句子的主詞 John 是相同的，John 與 know 之間是被動關係，所以用過去分詞的形式表示被動。題目中指的是現在的情況，所以不用完成式或進行式。

(11)　解釋：學校去年開放的這個電腦中心很受學生歡迎。computer centre 與 open 之間是被動關係，所以用過去分詞的形式表示被動完成，作限定詞修飾 the computer center。

(12)　解釋：那個正在接受手術的男人是我哥哥。由 now 判斷動作正在進行，且 the man 與 operate 之間是被動關係，因此用現在分詞的被動式作限定詞。

(13)　解釋：來訪的那位部長對於此次談話表示滿意，並且補充說在這裡的停留很愉快。Minister 與 add 之間是邏輯上的主述關係，因此用現在分詞當作副詞。

(14)　解釋：這個老人跑到火車站，卻發現火車正在慢慢地駛離月台。only to do 作結果副詞表示意料之外的結果。

(15)　解釋：西元前 776 年第一次舉行奧林匹克運動會，直到 1912 年才允許女性參加。the Olympic Games 與 play 之間是被動關係，因此用過去分詞的形式作限定詞表示被動完成。

句子組成部分、結構和種類

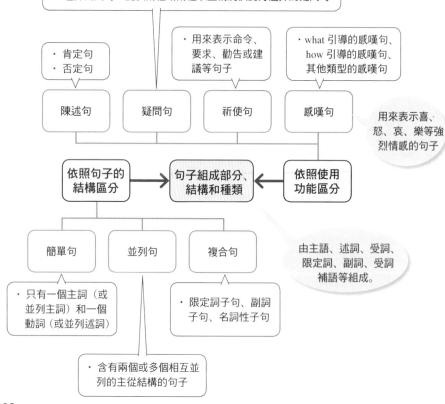

· 一般疑問句：用 Yes 或 No 來回答的疑問句
· 特殊疑問句：用疑問代名詞或疑問副詞提問的疑問句，不能用 Yes 或 No 回答
· 反意疑問句：附在陳述句的後面，對陳述句所敘述的事實提出相反的疑問
· 選擇疑問句：提供兩種或兩種以上情況供對方選擇的疑問句

· 用來表示命令、要求、勸告或建議等句子

· what 引導的感嘆句、how 引導的感嘆句、其他類型的感嘆句

· 肯定句
· 否定句

陳述句　　疑問句　　祈使句　　感嘆句

用來表示喜、怒、哀、樂等強烈情感的句子

依照句子的結構區分　→　句子組成部分、結構和種類　←　依照使用功能區分

簡單句　　並列句　　複合句

由主語、述詞、受詞、限定詞、副詞、受詞補語等組成。

· 只有一個主詞（或並列主詞）和一個動詞（或並列述詞）

· 限定詞子句、副詞子句、名詞性子句

· 含有兩個或多個相互並列的主從結構的句子

　　一個句子是由好幾個部分組成的，句子是語言或文章的基本單位，它是由單字、子句或片語所構成，能表達一個完整的意思。研究句子的各個組成部分，和它們排列順序的語法，稱之為文法。

1 句子的組成要素

句子的組成要素，說明不同詞性、片語、子句等在句子中的功能，包括主詞、述詞、受詞、主詞補語、限定詞、副詞、受詞補語、同位語等。主詞和述詞是句子的主體部分，受詞、主詞補語、限定詞、副詞、受詞補語和同位語等是句子的次要部分。

A

主詞

　　主詞是一個句子所　說的主體，表示句子所說的是「什麼人」或「什麼事物」，一般放在句首，但是在there be結構、主詞不是疑問詞的疑問句和倒裝句中，主詞放在述詞、助動詞或情態動詞後面。可以作為主詞的有名詞、代名詞、數詞、名詞化的形容詞、不定詞、動名詞、片語或句子等。

- During the 1990s, **American country music** has been more and more popular.
  （1990 年代，美國鄉村音樂越來越受歡迎。）〔名詞〕
- **We** often play basketball after class.
  （我們經常在下課後打籃球。）〔代名詞〕
- **Two thirds** of the workers of this factory are men.
  （這家工廠有三分之二的工人是男性。）〔數詞〕
- **The young** should respect the old. （年輕人應該尊重長輩。）〔名詞化的形容詞〕

- **To drink a cup of cold drink** in such hot weather is a great pleasure.
  （這麼熱的天氣喝一杯冷飲真爽！）〔不定詞〕
- **Swimming alone in the river** is very dangerous.
  （一個人在河裡游泳是很危險的。）〔動名詞〕
- **When we are going to have an English test** has not been decided.
  （我們舉行英語測考試的時間還沒決定。）〔主詞子句〕

B

述詞

述詞說明主詞所做的動作或是擁有的特徵和狀態，一般都是動詞，放在主詞的後面，是句子的基本組成部分。述詞動詞有人稱、單複數和時態的變化，根據它在句子裡的繁簡程度，可以把述詞分成簡單述詞和複合述詞。

❶ 簡單述詞

不管哪一種時態、語態或語氣，只要由一個動詞或動詞片語構成的述詞，都是簡單述詞。

- He **practices** playing the piano every evening.
  （他每天晚上都會練習彈鋼琴。）
- The little child **cried** when he **saw** his toy gone.
  （看見他的玩具不見了，這個小孩大哭起來。）

❷ 複合述詞

由情態動詞或其他助動詞，加上動詞原形或系動詞加主詞補語構成的述詞，叫作複合述詞。

- You **may stay** here until Tom comes back.
  （你可以在這裡待到湯姆回來。）
- The tall young man **is our new English teacher**.
  （那個高高的年輕男子是我們新的英語老師。）

C

主詞補語

主詞補語用來說明主詞的身份、特徵和狀態，它一般放在系動詞，如be, become, get, look, grow, turn, seem等字的後面，形成複合述詞。主詞補語一般由名詞、代名詞、形容詞、數詞、非述詞動詞、介系詞片語、某些副詞、子句等表示。

- My new classmate is **an American boy**.
  （我的新同學是一位美國男孩。）〔名詞〕
- Is this black car **yours**?
  （這輛黑色的車是你的嗎？）〔代名詞〕

- The poor old woman went **mad** after her son died.
  （那位可憐的老婦人自從兒子死後就瘋了。）〔形容詞〕
- I will be **forty** next year.
  （明年我就 40 歲了。）〔數詞〕
- All I could do is **to wait**.
  （我能做的只有等待。）〔非述詞動詞〕
- The machine must be **out of order**.
  （這台機器一定故障了。）〔介系詞片語〕
- The class is **over**.
  （下課了。）〔副詞〕
- She has remained **where I stood yesterday for an hour**.
  （她已經在我昨天站的那個地方待了一個小時。）〔主詞補語子句〕

D

受詞

◀◀◀

❶ 受詞的形式與分類

　　受詞表示動作的承受者，一般放在及物動詞和介系詞後面。可以作為受詞的有名詞、代名詞、數詞、名詞化的形容詞、不定詞、動名詞、子句等。受詞又有單受詞、雙受詞及複合受詞三種形式。

- I will go to see **an exhibition** this weekend.
  （這個週末我要去看一場展覽。）〔名詞〕
- I don't know **him**.
  （我不認識他。）〔代名詞〕
- —How many chairs do you need?
  （你需要幾張椅子？）
- —I need **two**.
  （兩把。）〔數詞〕
- They donated some money to help **the poor** of the mountainous area.
  （他們捐了一些錢幫助山區的窮人。）〔名詞化的形容詞〕
- He pretended **not to see me**.
  （他假裝沒看到我。）〔不定詞片語〕
- He risked **losing his life** to save the child.
  （他冒著生命危險去拯救那個孩子。）〔動名詞〕
- I wondered **whom I could turn to for help in such bad weather**.
  （在這麼糟糕的天氣裡，我不知道該向誰求助。）〔受詞子句〕

14

❷ 雙受詞

雙受詞是指動詞後面接了兩個受詞，一個是直接受詞，一個是間接受詞。直接受詞表示動作的承受者或結果，通常指物；間接受詞表示動作是對誰做的，通常指人。間接受詞通常放在直接受詞前面，也可以放在後面，但此時在它前面必須加上介系詞to或for。

- Pass me that book please. →Pass that book **to** me please.
  （請把那本書傳給我。）
- I have bought you some fruit. →I have bought some fruit **for** you.
  （我買了一些水果給你。）

❸ 複合受詞

有些動詞除了帶有受詞外，還需要一個單字或片語來說明受詞的身份或狀態，補充意義上的不足，這樣的單字或片語叫作受詞補語。受詞和受詞補語存在邏輯上的主述關係，二者一起構成複合受詞。

- Please color **the pig red**.
  （請幫小豬塗上紅色。）
- We found **the little girl in that empty house**.
  （我們發現小女孩在那間空房子裡。）
- There is too much noise. I couldn't make **myself heard**.
  （噪音太大了，我無法讓人聽見我説的話。）
- He had **the light burning** all the night.
  （他讓燈亮了一整夜。）
- We won't allow **any stranger to enter the yard**.
  （我們不會允許任何陌生人走進這個院子的。）

E

限定詞

◀◀◀

限定詞是對名詞或代名詞具有修飾、限定作用的詞、片語或句子。名詞、代名詞、形容詞、數詞、非述詞動詞、介系詞片語、副詞、子句等都可以在句子中作為限定詞。單詞作為限定詞時，通常放在它所修飾的詞的前面，作為前置限定詞；片語和子句作為限定詞時，則放在所修飾的詞的後面，作為後置限定詞。

- They are talking about a **maths** problem.
  （他們在討論一個數學問題。）〔名詞〕
- It is very near from here to **his** school.
  （從這裡到他們學校很近。）〔代名詞〕

- She likes the **yellow** dress, not the **green** one.
（她喜歡那件黃色的裙子，不是綠色的那件。）〔形容詞〕
- **Three** people were absent from yesterday's meeting.
（昨天的會議有三人缺席。）〔數詞〕
- The library **to be open next month** is the biggest of this city.
（下個月對外開放的圖書館是本市最大的。）〔非述詞動詞〕
- The picture **on the wall** was drawn by my daughter.
（牆上那幅畫是我女兒畫的。）〔介系詞片語〕
- The man **upstairs** is a professor of Taitung University.
（樓上那個人是台東大學的一位教授。）〔副詞〕
- The car **which is parked outside** is mine.
（停在外面那一輛車是我的。）〔限定詞子句〕

F

副詞是用來修飾動詞、形容詞及全句的一種詞性。

❶ 副詞的形式

能充當副詞的有介系詞片語、非述詞動詞、少數形容詞(片語)、名詞(片語)、獨立結構、子句等。

- He walked **slowly** along the river bank.
（他沿著河邊慢慢走。）〔副詞〕
- That company is expanding its business **in the Chinese market**.
（那間公司正在擴大中國市場的業務。）〔介系詞片語〕
- A young man stood there **gazing at the sea**.
（一個年輕人站在那裡眺望著大海。）〔非述詞動詞〕
- **Given one more chance**, he will succeed.
（再給他一個機會，他會成功的。）〔非述詞動詞〕
- The old woman sat in the chair, **motionless and speechless**.
（老婦人坐在椅子上一動也不動，一言不發。）〔形容詞〕
- They sat on the bench **side by side**.
（他們肩併肩坐在長板凳上。）〔名詞片語〕
- **Dinner being ready**, mother called us to the table.
（晚飯煮好後，母親叫我們上桌。）〔獨立結構〕
- **If you can buy me a ticket**, I will go to the concert with you.
（如果你幫我買票，我就跟你一起去聽音樂會。）〔子句〕

14

❷ 副詞的種類及位置

副詞依照用途可以分成時間、地點、原因、結果、目的、條件、讓步、程度、方式、伴隨、比較副詞等種類，不同的副詞出現在句子裡的位置也不同。

ⓐ 時間副詞

時間副詞一般放在句首或句尾，有時候也可以放在句中。

- **After writing down my name and telephone number**, he asked me some questions.
  （記下我的名字和電話號碼後，他又問了我一些問題。）〔句首〕
- Shall we go hiking **this weekend**?（我們這個週末去爬山好嗎？）〔句尾〕
- He **then** was studying in Germany. （那時候他正在德國讀書。）〔句中〕

> **特別強調**
>
> - 一些表示不確定頻率的時間副詞，如 already, usually, often, sometimes, seldom 等常放在句中。
>   - Good student as he is, he **sometimes** makes mistakes.
>   （雖然他是個好學生，但偶爾也會犯錯。）
> - 並列的時間副詞應該將小的時間放在前面，大的時間放在後面。
>   - I'll meet her at the airport **at 9:00 a.m. tomorrow morning**.
>   （我明天上午九點去機場接她。）

ⓑ 地點副詞

地點副詞多放在句尾，有時候也可以放在句首或句中。

並列地點副詞小的在前面，大的放在後面；地點、時間副詞並列時，地點副詞放在前面。

- There are many kinds of living things **in the sea**.
  （海裡有各式各樣的生物。）〔句尾〕
- **Where there is plenty of rain**, the crops grow well. （雨水充足的地方農作物就會長得好。）〔句首〕
- I was looking **everywhere** for Jenny.
  （我到處在找珍妮。）〔句中〕

ⓒ 原因副詞

原因副詞通常放在句尾，有時候也可以放在句首。

- The old buildings were pulled down **because a new road will be built here**. （因為這裡要興建一條新馬路，這些老房子都被拆掉了。）〔句尾〕
- **For reasons of health**, he was unable to go to work.
  （由於健康因素，他沒辦法去工作。）〔句首〕

ⓓ 結果副詞

結果副詞多半由子句、非述詞動詞等表示，一般放在句尾。

- He spoke so fast **that I couldn't hear clearly what he said**.
  （他說得這麼快，以致我根本就沒聽清楚他說了什麼。）〔子句表示結果〕
- The parents died, **leaving the poor girl an orphan**.
  （父母雙亡使得這個可憐的小女孩成了孤兒。）〔現在分詞表示結果〕
- We hurried to his house **only to find he had gone**.
  （我們匆匆趕往他家，結果發現他已經走掉了。）〔不定詞表示結果〕

ⓔ 目的副詞

目的副詞一般放在句尾，表示強調時也可以放在句首，多半由不定詞、子句等充當。

- He emigrated to Australia **in order to find a better job**.
  （為了找一份好工作，他移民到澳洲去了。）〔不定詞〕
- **In order not to be found**, he hid himself in the bushes.
  （為了不被找到，他藏到灌木叢裡。）〔表示強調，放在句首〕
- You'd better put on more clothes **in case the weather becomes cold**.
  （你最好多穿點衣服，以防天氣變冷。）〔子句〕

ⓕ 條件副詞

條件副詞可以放在句尾或句首，可以由子句、非述詞動詞、介系詞片語等表示。

- **If it rains**, we will not go hiking.
  （如果下雨，我們就不去郊遊了。）〔子句放在句首〕
- I sleep with the window open **unless it's really cold**.
  （除非天氣非常冷，我總是開著窗戶睡覺。）〔子句放在句尾〕
- **Turning to the right**, you will find the bank.
  （向右轉，你就會看到銀行了。）〔非述詞動詞〕
- There will be no living things **without water**. （沒有水就沒有生物。）〔片語〕

ⓖ 讓步副詞

讓步副詞可以放在句尾或句首，多半由介系詞片語、子句等表示。

- I know you'll be successful **in spite of early difficulties**.
  （我知道你會成功的，儘管一開始有些困難。）〔介系詞片語〕
- **In spite of my efforts at persuasion**, he wouldn't agree.
  （儘管我努力勸說，他還是不同意。）〔介系詞片語〕
- **Though he may fail again**, he still sticks to his own plan.
  （儘管他可能會再次失敗，他仍然堅持自己的計畫。）〔子句〕

ⓗ 程度副詞

　　程度副詞多半由副詞、片語等表示，單個的詞大多放在所修飾的詞的前面或的後面，片語一般放在修飾的詞的後面，有時候也可以放在被修飾的部分的前面。

- He was **deeply** moved by the story I told him.
  （他被我告訴他的那個故事深深地感動了。）
- We arrived there **an hour earlier** than the others.
  （我們比其他人提早到一個小時。）
- I cannot say **for sure/certain**.
  （我不確定。）
- Bob is insolent **to a high degree**.
  （鮑伯非常高傲。）

ⓘ 方式副詞

　　方式副詞通常由副詞、片語、子句表示，多半放在句尾，也可以放在句首或句中。

- He looked at me **curiously**.
  （他好奇地看著我。）
- Dr Watson and I will spend the night **locked in your room**.
  （我和華生醫生將鎖在你的房間裡過夜。）
- I wonder why you won't do it **as I told you**.
  （我不明白你為什麼不願意依照我跟你說的去做。）

ⓙ 伴隨副詞

　　伴隨副詞多半由片語和獨立主格結構表示，一般放在句尾或句首。

- They all rushed up, **eager to help**.
  （他們都跑過來，希望能幫上忙。）
- I don't like to sit here **doing nothing**.
  （我不想坐在這裡什麼都不做。）
- **With the old man leading**, the two of them started toward the mountain.
  （在那位老人的引導下，他們兩個向山裡走去。）
- We all sat there **in silence**.
  （我們都默默地坐在那裡。）

ⓚ 比較副詞

比較副詞常在「比較級＋than...」與as... as...句型中出現。

注意
一下
同一個句子中如果有多
個副詞出現，一般方式
副詞在前面，然後依次
是地點、時間、原因、結果、
目的副詞等。

- The weather was worse **than I had expected**.
  （天氣比我預期的更糟。）
- She is not so/as outgoing **as her sister**.
  （她不如她姐姐外向。）

G
受詞補語

有些動詞除了需要一個受詞外，還需要一個受詞補語，句子意義才能完整。受詞和受詞補語構成複合受詞，它們在邏輯上有主述關係。含有受詞補語的句子變成被動句時，受詞補語便成了主詞補語。名詞、形容詞、副詞、介系詞片語、非述詞動詞等都可以作為受詞補語。

- He was appointed **manager of the company**.
  （他被任命為公司經理。）〔名詞〕
- We should keep our room **clean and tidy**.
  （我們應該保持房間的乾淨整潔。）〔形容詞〕
- He fell asleep, with the light **on**.
  （他開著燈就睡著了。）〔副詞〕
- When she woke up, she found herself **in a strange place**.
  （醒來後，她發現自己在一個陌生的地方。）〔介系詞片語〕
- Her mother doesn't allow her **to go out alone in the evening**.
  （她母親不准她晚上一個人出去。）〔不定詞〕
- We hear him **practise playing the guitar**.
  （我們聽見他練習彈吉他了。）〔不定詞〕

H
同位語

對句子中某一個部分作進一步的解釋與說明，與前面名詞在文法上處於同等地位的部分，叫作同位語。同位語常常放在被說明的詞後面。可以作為同位語的有名詞、代名詞、數詞和子句等。

- This is my new friend, **Yao Yao**.
  （這是我的新朋友，瑤瑤。）〔名詞〕
- We **each** have a cellphone now.
  （現在我們每個人都有手機了。）〔代名詞〕
- They **two** wanted to go with us, too.
  （他們兩個也想跟我們一起去。）〔數詞〕
- The news **that he died** shocked us.
  （他去世的消息讓我們很震驚。）〔子句〕

句子結構

英語中的句子依照結構，可以分成簡單句、並列句和複合句三種。

簡單句和簡單句的五種基本句型

只有一個主詞（或並列主詞）和一個述詞（或並列述詞）構成的句子叫作簡單句。英語中的簡單句主要有以下五種結構，其他各種句子基本上都是由這五種結構變換、縮減或擴充而成的。

❶「主詞＋述詞」型

　　「主詞＋述詞」(S＋V)句型中的動詞是不及物動詞。

- Things changed.（事情有了變化。）
- He and his brother went.
  （他和他哥哥去了。）
- They walked and laughed.
  （他們邊走邊笑。）
- Her father works in Nankang.
  （她父親在南港工作。）

> **巧學妙記**
>
> 英語句子若干，
> 五種句型相牽；
> 句型體現動詞，
> 係詞後接主詞補語；
> *vi.* 獨身無牽連，
> *vt.* 包括三類；
> 單受雙受常見，
> 還有複合受詞；
> 各種搭配記心裡。

❷「主詞＋述詞＋受詞」型

　　「主詞＋述詞＋受詞」(S＋V＋O)型中的動詞都是及物動詞，可以作為受詞的有名詞、代名詞、不定詞、動名詞等。

- She is reading a poem written by Xu Zhimo.（她正在讀一首徐志摩的詩。）
- I found a lovely bird in the tree.（我發現樹上有一隻可愛的小鳥。）
- He forgot to post the letter.（他忘了寄信。）

❸「主詞＋系動詞＋主詞補語」型

　　「主詞＋系動詞＋主詞補語」(S＋V＋P)型中的系動詞，除了be之外，還可以是seem, appear, remain, keep, stay及感官動詞等；作為主詞補語的可以是名詞、代名詞、形容詞、非述詞動動詞、介系詞片語等。

- The tall man is our new trainer.（那個高高的男生是我們的新教練。）
- The red car over there is mine.（那邊那一輛紅色的車是我的。）
- After he came in, he remained silent all the time.
  （自從進來的後面，他就一直保持沉默。）
- Your mother seems to have known everything.
  （你母親看起來好像已經知道所有的事了。）
- Your son and my daughter are of the same age.
  （你兒子和我女兒同年紀。）

❹「主詞＋述詞＋雙受詞」型

　　英語中有些動詞需要接雙受詞，在這種「主詞＋述詞＋間接受詞＋直接受詞」(S＋V＋Oi＋Od)句型中，間接受詞是指人的名詞或代名詞，表示動作給予的對象；直接受詞是指物的名詞或代名詞，表示動作的接受對象。

　　能接雙受詞的動詞及用法，詳見第8章《動詞》中的「及物動詞」部分。

- He gave his sister a piano.
  （他給他妹妹一架鋼琴。）
- She wrote him a long letter.
  （她寫了一封長信給他。）
- The worker told us a lot about his life in the past.
  （這位工人告訴我們很多他以前的事情。）
- Would you tell me where to get the ticket?
  （你能告訴我在哪裡取票嗎？）

❺「主詞＋述詞＋受詞＋受詞補語」型

　　「主詞＋述詞＋受詞＋受詞補語」(S＋V＋O＋C)也是英語句子中較為常見的句型。可作為受詞補語的有名詞、形容詞、副詞、介系詞片語、不定詞、分詞等。

　　跟不同形式作補語的動詞，詳見第8章《動詞》中「及物動詞」部分。

- He wants me to help him. （他想讓我幫他。）
- I found the question easy. （我發現這個問題很簡單。）
- I heard him singing in the hall. （我聽見他在大廳唱歌。）
- They made him their monitor. （他們讓他當班長。）

B

並列句

◀◀◀

　　含有兩個或多個相互並列的主述結構句子，叫作並列句。換句話說，就是由兩個或多個並列的簡單句構成的。並列句中的各個簡單句意義同樣重要，聯繫密切；它們彼此之間沒有從屬關係。其中的各個分句由連接詞、分號等連接。並列句可以分成聯合並列句、轉折並列句、選擇並列句和因果並列句。

❶ 聯合並列句

　　聯合並列句常由and, not only... but also..., either... or..., besides, moreover, furthermore等連接。

- Beethoven knocked at the door **and** it opened.
  （貝多芬敲一敲門，門開了。）
- Not only can it carry 7 passengers, **but also** can land anywhere.
  （它不但能容納 7 名乘客，還能在任何地方著陸。）
- The house is too small, **furthermore** it's too far from the office.
  （這間房子太小，而且離辦公室太遠。）

❷ 選擇並列句

選擇並列句常由or, either... or..., otherwise等連接。

- **Either** you leave this house or I'll call the police.
  （你要不離開這間房子，要不我就報警。）
- Seize the chance, **otherwise** you'll regret it.
  （抓住這個機會，否則你會後悔。）

❸ 轉折並列句

轉折並列句常由but, while, yet, however, still, whereas, nevertheless等連接。

- He has a lot of money, **but** he doesn't have many friends.
  （他有很多錢，但是沒有多少朋友。）
- People don't know him, **yet** many people got his help.
  （大家不認識他，但是很多人得到過他的幫助。）
- His first response was to say no; **however**, he changed his mind later.
  （他最初的反應是不同意，可是後來他改變了主意。）

❹ 因果並列句

因果並列句常由for, therefore, consequently等連接。

- We must start early, **for** it will take two hours to drive to the airport.
  （我們要早點出發，因為開車到機場要兩個小時。）
- He was down with the flu, **therefore** he couldn't come to the party.
  （他得了流感，因此沒能前來參加聚會。）
- I missed the train and **consequently** was late for work.
  （我沒趕上火車，結果上班遲到了。）

特別強調

- 在「祈使句＋and/or＋陳述句」結構中，當前後兩部分成承接關係時，用 and；前後意思為相反關係時，用 or。前面的祈使句可以轉換成由 if 引導的條件副詞子句，但必須將 and 或 or 去掉。
  - Hurry up, and we'll be there in time. (如果快一點，我們就能及時到達那裡。)
- 有些副詞在連接並列句時，也能具有連詞作用。如上面例句中出現的 furthermore, otherwise, however, therefore 等。

C

複合句

由一個主句和一個以上的子句構成的句子叫作複合句，主句為句子的主體，子句不能獨立，僅用作為主句中的一個組成部分，如主詞、受詞、主詞補語、同位語、限定詞、副詞等。

- Where the English evening will be held has not yet been announced.
（還沒宣佈英語晚會將在哪裡舉行。）

- We must never think (that) we are good in everything while others are good in nothing.
（我們絕不能認為自己什麼都好，別人什麼都不好。）

- She always thinks of how she can work well.
（她總是在想怎樣把工作做好。）

- The fact is that we have lost the game.
（事實上，我們已經輸了這場比賽。）

- The thought suddenly came to him that Mary had probably fallen ill.
（他突然想到瑪麗可能生病了。）

- Do you remember the teacher who taught us maths at middle school?
（你還記得在中學教我們數學的老師嗎？）

- We should sweep backward ideas from our minds just as we sweep our rooms.
（我們應該像打掃房屋一樣，經常掃除我們頭腦裡過時的想法。）

註：有關名詞性子句、副詞子句和限定詞子句的詳細內容，參見本書第15、16、17章。

3 句子種類

英語的句子依照使用目的和功能，分成陳述句、疑問句、祈使句和感嘆句四類。

A

陳述句

陳述句用來說明一個事實，或是表示說話人的看法、態度等，句尾用句號「.」，一般讀降調。陳述句有肯定和否定兩種形式，其一般句型結構為「主詞部分＋述詞部分＋其他組成部分」。

14

巧學妙記

陳述句很簡單，	肯定、否定記心中；
敘述事實記心間；	肯定最簡單，
句子末尾用句號「.」，	主詞站在 be 前面；
降調朗讀要記牢；	否定也不難，
它的句型有兩種，	not 站在 be 後面。

❶ 陳述句的肯定形式

陳述句肯定形式的基本結構有兩種，即「主詞＋述詞」和「主詞＋系動詞＋主詞補語」。它的句型結構一般是主詞在述詞前面，但是有些類型，如there, here引起的、述詞為come, go等的句子，常會用倒裝句。

- We all agree.
  （我們都同意。）
- That is very good.
  （那非常好。）
- Here comes the train!
  （火車來了！）

注意一下

have 在表示「有」的意思時，它的否定形式在後面加上 not，或先加助動詞再加上 not 都可以。

❷ 陳述句的否定形式

ⓐ 如果句子的述詞含有 be 動詞、助動詞或情態動詞等，它的否定句便在這些詞後面加上 not。

- He **is not** playing the guitar now.
  （他現在沒有在彈吉他。）
- He **has not** gone abroad.
  （他沒有出過國。）
- We **can't** get there before dark.
  （天黑之前我們到不了那裡。）

ⓑ 如果句子的述詞是實義動詞，它的否定句在述詞動詞前面加上助動詞，然後再加 not。

- We **don't have** English class today.
  （我們今天沒有英語課。）
- He **doesn't like** playing the violin.
  （他不喜歡拉小提琴。）
- She **didn't win** the game.
  （她沒有贏得比賽。）

ⓒ 其他否定詞，如 no, never, seldom, hardly, nobody 等，也可以構成否定式。

- There is **nothing** wrong with your computer.
  （你的電腦沒什麼問題。）
- We **seldom** go to the cinema.
  （我們很少去看電影。）
- He **hardly** knows how to spell his name.
  （他幾乎不知道該怎麼拼自己的名字。）

❸ 陳述句的主述一致

　　陳述句中的主詞與述詞，要在人稱與單複數上保持一致。

　　註：詳細內容參見第19章《主述一致》部分。

B

| 疑問句 |

　　用來提出問題讓對方回答的句子叫作疑問句，疑問句的句尾用問號（？）。常見的疑問句有一般疑問句、特殊疑問句、選擇疑問句、反意疑問句等幾種。

❶ 一般疑問句

　　對某一個情況的「是、否」提出質疑的句子，叫作一般疑問句。一般疑問句多用yes或no來回答，朗說的時候常用升調。

ⓐ 一般疑問句的結構

　　一般疑問句常用「Be＋主詞＋主詞補語？」和「助動詞/情態動詞＋主詞＋述詞？」兩種結構。

- Are you my new classmates?（你們是我的新同學嗎？）
- Do you often go to school by bike?（你經常騎自行車去上學嗎？）
- Had he left before you arrived?
  （你到達之前他已經離開了嗎？）
- Can you spell your name for me?
  （你能拼出你的名字給我看嗎？）

ⓑ 一般疑問句的回答

　　一般疑問句通常要求用yes或no來回答，但是如果為了表示請求、建議、邀請、抱歉、委婉拒絕、把握不大或只陳述事實等，也可以使用certainly, surely, of course, I think so, all right, certainly not, not at all, never, sorry, not yet, I'm afraid not 等來回答。

- —Would you like to come to my house?（你要來我家嗎？）
- —Yes, I'd love to.（是的，我想去。）
- —Can I see your driving license, please?（我可以看一下你的駕照嗎？）
- —OK.（好的。）
- —Can I help you?（你需要什麼？）
- —Thank you. I want some milk, please.（謝謝，我想要一些牛奶。）
- —Can you play football with me?（你能和我一起踢足球嗎？）
- —Sorry, I'm doing my homework.（抱歉，我正在做作業。）
- —Where's Luye? Do you know?（鹿野在哪裡？你知道嗎？）
- —Er, is it in Taitung?（嗯，是在台東嗎？）

ⓒ 一般疑問句的否定式

　　一般疑問句有時候也會用到否定形式，以表示驚異、責難或讚歎等情感，有時候還可以用在提出建議、邀請、看法等。在回答這種問句時要注意，如果回答是肯定的用yes，否定的用no，而且形式要一致。但是這裡的yes表示「不」，no表示「是」。

- Aren't you a Chinese? You speak Chinese so fluently.
  （你不是中國人？你的中文説得這麼流利。）〔表示驚異〕
- Can't you read yourself?
  （你自己不會讀嗎？）〔表示責難〕
- Isn't it a beautiful picture?
  （這不是一張漂亮的圖畫嗎？）〔表示讚歎〕
- —Doesn't he want to go with us?
  （難道他不想和我們一起去？）
- —Yes, he does./No, he doesn't.
  （不，他想。）/ 是的，他不想。

❷ 特殊疑問句

　　就句子的某一部分進行提問的疑問句，叫作特殊疑問句。特殊疑問句由一個疑問代名詞或疑問副詞引導，句尾用問號（？）讀的時候一般用降調。引導特殊疑問句的疑問代名詞在句子裡作為主詞或修飾主詞，句子用陳述句，其他形式的特殊疑問句用倒裝句。

- What are you doing there on earth?
  （你到底在那裡做什麼呢？）
- Where do I get off to get to the Bank of Taiwan?
  （要到台灣銀行我要在哪裡下車？）
- When can I get my ID card?
  （我什麼時候可以拿到我的身份證？）
- What is your father?
  （你父親是做什麼的？）
- Which subject is your favorite in school?
  （學校裡哪一個科目是你最喜歡的？）

❸ 選擇疑問句

　　選擇疑問句是說話者對問題提出兩個或兩個以上的答案，讓對方選擇其中一個。它的兩部分由or連接，說的時候前一部分用升調，後一部分用降調。用or所連接的兩個選項，組成部分必須相同。

ⓐ 一般疑問句型的選擇疑問句

這種句型的結構為「一般疑問句＋選項＋其他？」。

- Are you a doctor or a lawyer?
  （你是醫生還是律師？）

- Have you put the book in the box or on the shelf?
  （你把書放在箱子裡還是架子上？）

- Will you go swimming or hiking this weekend?
  （這個周末你們要去游泳還是爬山？）

- Do you want to have a short rest or shall we begin our work now?
  （你要先休息一下還是我們現在就開始工作？）

ⓑ 特殊疑問句型的選擇疑問句

這種句型的結構為「特殊疑問句＋選項？」。

- Where are you going, to the classroom or to the library?
  （你要去哪裡，教室還是圖書館？）

- Which dress do you like, the green one or the yellow one?
  （你喜歡哪一條裙子，綠色的還是黃色的？）

- What did you buy for your daughter yesterday, a toy or some candies?
  （你昨天買了什麼給你女兒，玩具還是糖果？）

ⓒ 選擇疑問句的回答

選擇疑問句的答句不能用yes或no，而是根據實際情況從選項中選擇一個回答。

- —Is she at home or (is she) at the office now?
  （她現在在家裡還是辦公室？）

- —She is at the office.
  （在辦公室。）

- —What will you do on National Day, stay home or go sightseeing?
  （國慶日你打算做什麼，待在家裡還是出去玩？）

- —Stay home. （待在家裡。）

> **特別強調**
>
> - 有時候一般疑問句後面加 or not 並不表示反問，而是表示不耐煩等情緒，
>   回答時可以用 yes 或 no。
>   - —Are you ready **or not**? （你到底準備好了沒?）
>   - —**Yes**, I am. （是的，準備好了。）

❹ 反意疑問句

在陳述句的後面，附加一個簡短問句，對陳述句所敘述的事情提出相反的疑問，這種疑問句叫作反意疑問句。

ⓐ 反意疑問句的形式

反意疑問句通常由兩個部分構成：前半段用陳述句形式，說的時候一般用降調，後半段是一個附著在前半段的簡短問句，說的時候一般用升調。陳述部分用肯定形式時，附加問句部分用否定，反之亦然。附加問句部分的動詞形式，由陳述部分的動詞形式決定。

- She reads a story for her son every evening, doesn't she?
  （她每天晚上都說故事給兒子聽，是嗎？）
- They haven't been told the truth, have they?
  （他們還沒被告知真相，是嗎？）
- The little child can't read, can he?
  （這個小孩還不認識字，是嗎？）

特別強調

- 在回答這類問句時，不管陳述句部分是肯定還是否定，事實如果是肯定的，回答用 yes，後面跟肯定的簡略句；事實如果是否定的，回答用 no，後面跟否定的簡略句，形式要一致。陳述部分是否定形式時，答語中的 yes 表示「不」，no 表示「是」。
  - —They haven't been told the truth, have they?
    （他們還沒被告知真相，是嗎?）
  - —Yes, they have./No, they haven't.
    （不, 已經告訴他們了。/ 是的, 還沒有。）

ⓑ 陳述部分主詞是名詞的反意疑問句

陳述部分的主詞是名詞時，附加問句的主詞用人稱代名詞來代替。

- Your parents had a long talk with you last night, didn't **they**?
  （昨天晚上你父母和你進行了一次長談，是嗎？）
- Hualien is a beautiful city, isn't **it**?
  （花蓮是一個美麗的城市，對吧？）

ⓒ 陳述部分主詞是表示人的不定代名詞的反意疑問句

如果陳述部分的主詞是不定代名詞no one, nobody, everyone, someone, everybody, somebody, none等時，其附加問句部分的主詞著重全部時可以用they，著重個體時可以用he。

- No one was there that day, was **he**/were **they**?
（那天沒有人在那裡，是嗎？）
- Everyone knows the answer, don't **they**/doesn't **he**?
（每一個人都知道答案，是嗎？）

ⓓ 陳述部分主詞是表示物的不定代名詞的反意疑問句

陳述部分的主詞是表示物的不定代名詞everything, anything, something, nothing時，附加問句的主詞用it。

- Everything that he says is true, isn't **it**?（他說的都是真的，是嗎？）
- Nothing could make him change his mind, could **it**?
（沒有什麼能讓他改變心意，是嗎？）

ⓔ 陳述部分主詞是 one 的反意疑問句

不定代名詞one作為陳述部分的主詞，附加問句部分的主詞在正式的場合用one，在非正式場合用you。

- One should be honest, shouldn't **one/you**?
（每個人應該誠實，對吧？）
- One should be ready to help others, shouldn't **one**?
（每個人都應該幫助別人，是嗎？）

ⓕ 陳述部分主詞是指示代名詞的反意疑問句

當陳述部分的主詞是指示代名詞時，後面附加問句的主詞要用相對應的人稱代名詞。即this或that後面用it, these或those後面用they。

- This is your car, isn't **it**?（這是你的車，對吧？）
- Those are grapes, aren't **they**?
（那些是葡萄，是嗎？）

ⓖ 陳述部分是 there be 結構的反意疑問句

以表示「存在」的there引導陳述部分時，後面的附加問句仍用there。

- There was a hospital here, wasn't **there**?
（這裡以前有一間醫院，是嗎？）
- There are two cakes on the plate, aren't **there**?
（盤子裡有兩塊蛋糕，是嗎？）

ⓗ 陳述部分是 I am 結構的反意疑問句

陳述部分的主述部分是I am結構時，附加問句用aren't I。

- I am older than you, **aren't I?**

（我比你大，是嗎？）

- I am the first one to call you, **aren't I?**

（我是第一個打電話給你的，是嗎？）

ⓘ 感嘆句後面的反意疑問句

反意疑問句在感嘆句的後面，動詞用否定句，代名詞與感嘆句中的名詞或代名詞一致。

- What delicious food (it is), **isn't it?**

（多美味的食物啊，是嗎？）

- How lovely the girl is, **isn't she?**

（多可愛的女孩啊，是嗎？）

ⓙ 含有情態動詞 must 的反意疑問句

情態動詞must在反意疑問句中的用法，要根據它在陳述部分中的意義決定。表示「必須」時，用mustn't構成；表示「需要」時用needn't構成；表示推測時，由must後的動詞決定。

- He must work hard at physics, **mustn't he?**

（他必須努力學習物理，是嗎？）

- You must update the information, **needn't you?**

（你需要更新這些資訊，是嗎？）

- They must be sleeping then, **weren't they?**

（他們那時候一定在睡覺，是嗎？）

- He must have come here yesterday, **didn't he?**

（他昨天一定來過這裡，是嗎？）

- You must have studied English for years, **haven't you?**

（你一定學了很多年英語，是嗎？）

ⓚ 含有情態動詞 used to 的反意疑問句

當陳述部分有情態動詞used to時，附加問句部分的述詞動詞可以用usedn't或didn't。

- He used to live in the country, **didn't/usedn't** he?

（他以前住在鄉下，是嗎？）

- They used to be good friends, **didn't/usedn't** they?

（他們以前是好朋友，對嗎？）

ⓛ 含有 had better 的反意疑問句

　　當陳述句部分含有had better時，附加問句部分用hadn't。

- We had better go to school at once, **hadn't** we?
（我們最好馬上去上學，好嗎？）
- You'd better go to see the doctor, **hadn't** you?
（你最好去看醫生，好嗎？）

ⓜ 含有 have/had to 的反意疑問句

　　陳述部分有have/had to時，其附加問句部分通常用do的相對應形式代替。

- We have to get there at eight tomorrow, **don't** we?
（明天 8 點我們必須到達那裡，是嗎？）
- You had to go to school on foot when you were a boy, **didn't** you?
（小的時候你必須走路去上學，對吧？）

ⓝ 含有表示否定意義的詞的反意疑問句

　　陳述部分帶有no, never, nothing, nowhere, rarely, hardly, seldom, few, little等否定或半否定詞時，附加問句一般用肯定式；如果陳述部分用了帶否定意義的詞，如dislike, useless, unfair等時，後面的附加問句還是用否定式。

- He is **never** late for school, **is** he?
（他上學從來不遲到，是嗎？）
- There is **nothing** wrong with you, **is** there?
（你沒問題，是嗎？）
- It is **unfair**, **isn't** it?
（這不公平，是吧？）

ⓞ 祈使句的反意疑問句

　　當陳述部分是祈使句時，附加問句一般用will you或won't you；以Let's開頭的祈使句，用shall we；以Let us/me開頭的祈使句用will you；陳述部分是否定的祈使句，will you或can you都可以。

- Look at the blackboard, **will/won't you**?
（看黑板，好嗎？）
- Let's go home, **shall we**?
（我們回家吧，好嗎？）
- Let me have a try again, **will you**?
（讓我再試一試，好嗎？）
- Don't make any noise, **will you**?
（不要製造噪音，好嗎？）

ⓟ 陳述部分含有否定轉移的反意疑問句

主詞是第一人稱，述詞動詞是think, suppose, believe, imagine, expect等，且時態是一般現在式的句子，如果受詞子句是否定形式，一般會將否定轉移到主句中來，這種句子的反意疑問句附加部分的主詞，應與子句一致，動詞用肯定形式。

- I don't think he will come, **will he**?
  （我認為他不會來，對嗎？）
- We don't believe that the news is true, **is it**?
  （我們認為那個消息不是真的，是吧？）

ⓠ 陳述部分含有並列句或子句的反意疑問句

陳述部分如果是並列句，附加問句與鄰近子句一致；如果是主從複合句，附加問句部分的主詞和動詞與主句一致。

- She works hard and she is the best one in her factory, **isn't she**?
  （她工作很努力，是她們工廠最好的員工，是嗎？）
- Tom is very clever and studies hard, **doesn't he**?
  （湯姆很聰明，學習也很認真，是嗎？）
- When the teacher speaks in class, we have to keep quiet, **don't we**?
  （老師上課時，我們要保持安靜，對不對？）

C

祈使句

祈使句是用來發出命令或指示，提出要求、建議、勸告等的句子。句尾用句號或感嘆號，說的時候一般用降調。

❶ 祈使句的基本結構

祈使句由「動詞原形（be或實義動詞）＋其他部分」構成，動詞沒有人稱和時態的變化。

- Catch the ball!
  （接球！）
- Go and ask the teacher.
  （去問老師。）
- Put the books in your bag.
  （把書放進書包裡。）
- Come and meet my family.
  （來見見我的家人。）

❷ 祈使句的否定形式

祈使句的否定形式，一般是在句首加don't，有時候也可以用never。

- **Don't** let the water run into the room.
  （不要讓水流進房間。）
- **Don't** go there, please.
  （請不要去那裡。）
- **Never** make the same mistake!
  （不要再犯同樣的錯誤了。）

❸ 祈使句的強調

有時候為了表示向誰提出請求或命令、加強語氣或表示情緒，也可以將祈使句的主詞表示出來，以達到強調作用。另外，祈使句的強調形式還可以在句首加上do。

- **Parents with children** go to the front, please.
  （帶孩子的家長請到前面。）
- **Mary**, go and sit there.
  （瑪麗，去那邊坐。）
- **You** be quiet!
  （你給我安靜一點！）
- **Do** come earlier next time!
  （下次一定要早來一會兒！）

D

感嘆句

◄◄◄

感嘆句是一種表示強烈感情的句型，用它可以表達出喜悅、憤怒、悲哀、驚奇、厭惡和讚賞等不同的情緒。一般以what或how帶出來，說的時候用降調，句尾用感嘆號。

❶ what 引導的感嘆句

what引導的感嘆句，它的中心詞為名詞，常見的結構為：
What＋a/an＋形容詞＋單數可數名詞＋（主詞＋述詞）！
What＋形容詞＋可數名詞複數＋其他！
What＋形容詞＋不可數名詞＋其他！

- What a big red apple it is! （一顆好大的紅蘋果啊！）
- What a good time they are having! （他們玩得多開心啊！）
- What beautiful flowers these are! （這些花多麼美麗啊！）
- What fine weather it is today! （今天的天氣多好啊！）

❷ how 引導的感嘆句

how引導的感嘆句，它的中心詞為形容詞和副詞，常見的結構為：

How＋形容詞/副詞＋主詞＋述詞！

How＋主詞＋述詞！

- How lovely the baby is!
  （這個小嬰兒多可愛啊！）
- How hard he works!
  （他工作多努力啊！）
- How time flies!
  （光陰似箭！）
- How he hated the cat before!
  （他以前多討厭貓啊！）

巧學妙記

what, how 如何選？
先把修飾詞中斷。
若有名詞用 what，
若無名詞用 how；
what, how 提句首，
其他緊跟莫落單；
主述一起放最好，
常常可以省略掉。

❸ 兩種感嘆句的轉換

「How＋形容詞＋(冠詞/代名詞所有代名詞)＋名詞＋述詞」形式的感嘆句，可以和「What＋(冠詞)＋名詞＋主詞＋述詞」形式的感嘆句相互轉換，而且意義不變。

- How beautiful our school is! =What a beautiful school ours is!
  （我們學校多麼美麗啊！）
- How careless the man is! =What a careless man he is!
  （他是多麼粗心的人啊！）
- What a cold day it is! =How cold the day is!
  （天氣真冷啊！）
- What delicious food it is! =How delicious the food is!
  （多麼好吃的食物啊！）

❹ 其他類型的感嘆句

有時候一些能夠表示上面所說的種種情緒的感嘆詞、陳述句、疑問句或祈使句等句尾，用感嘆號，也被視為一種感嘆句。

- They are so hardworking!
（他們真勤勞！）
- Am I happy to see you right here!
（真高興在這裡見到你！）
- Stop talking!
（不要說了！）
- Ouch, I can't move!
（噢！我不能動了！）
- Good idea! （好主意！）
- Great! （太棒了！）

E

There be 句型

There be結構是英語中一種較為常見的句型，表示「某地有某人/物」。該結構中there為虛詞，沒有實質意義；be後面的名詞(片語)為句子的真正主詞。使用時注意以下幾點：

❶ There be 表示一種存在關係，通常帶有一個地點副詞。句型中的主詞可以帶前置或後置限定詞，但是只能表示泛指的名詞（片語）。

- There is a **blackboard** in the classroom.
（教室裡有一塊黑板。）
- There are **five minutes** to go.
（還剩下 5 分鐘。）
- There are **two old women** waiting for you at the gate.
（有兩位老婦人在門口等你。）

❷ 該句型中有幾個並列主詞時，述詞動詞與最鄰近的主詞一致。

- There **was** only a notebook, a dictionary and two pens on the desk.
（桌上有一個筆記本，一本字典和兩枝筆。）

❸ 「There be ＋主詞＋不定詞」中，不定詞可以有主動和被動兩種形式，不過在口語中主動形式更為常見。

- There is nothing **to worry about**.
（沒有什麼好擔心的。）
- There is no time **to lose**.
（沒有時間可以浪費了。）
- There are many things **to be done** now.
（現在有很多事要做。）

❹ There be 句型中，be 動詞有各種時態變化形式，也可以在 be 前面加 seem to, happen to 等情態動詞。

- There **have been** fewer such traffic accidents in the past few years.
  （過去幾年類似的交通事故減少很多了。）
- When he got there, he found there **had been** no one waiting for him in the room.
  （他趕到時，發現房間裡沒有人等他。）
- Without air, there **would be** no living things.
  （沒有空氣就沒有生物。）
- There **is going to be** a storm tomorrow morning.
  （明天早上將會有暴風雨。）
- There **must be** someone who can help you.
  （一定有人能幫你。）
- There **happened to be** no people in the meeting room.
  （正好會議室裡沒有人。）
- There **doesn't seem to be** anything wrong with the radio.
  （收音機看起來沒問題。）

❺ There be 句型中的 be 也可以用其他詞代替，常見的有 exist, live, stand, come, go, run 等。

- Once there **lived** an old fisherman in a village by the sea.
  （從前，在海邊的一個小村子裡住著一個老漁翁。）
- In front of the village there **flows** a stream.
  （村子前面有一條小河。）
- There **stands** an old pine tree on the top of the hill.
  （山頂上矗立著一棵老松樹。）

❻ There be 句型變疑問句時，要把 there 看成語法上的主詞。

- **Is there** any hope of getting the job?
  （有希望錄取這份工作嗎？）
- There is nothing wrong with my watch, **is there**?
  （我的手錶沒問題，是嗎？）

考題演練

■（一）大學入試考古題：Choose the correct answer.（選擇正確的答案）

(1) He must be helping the old man to water the flowers, _____?

A. is he   B. isn't he   C. must he   D. mustn't he

(2) You and I could hardly work together, _____?

A. could you   B. couldn't I   C. couldn't we   D. could we

(3) _____ a certain doubt among the people as to the practical value of the project.

A. It has   B. They have   C. It remains   D. There remains

(4) It's the first time that he has been to Australia, _____?

A. isn't he   B. hasn't he   C. isn't it   D. hasn't it

(5) He had no idea of what he should say in answer to the question, _____?

A. did he   B. should he   C. didn't he   D. shouldn't he

(6) Please do me a favor—_____my friend Mr Smith to Youth Theater at 7:30 tonight.

A. to invite   B. inviting   C. invite   D. invited

■（二）模擬試題：Choose the correct answer.（選擇正確的答案）

(1) I didn't remember _____ the girl before.

A. where I had seen   B. where I have seen

C. where had I seen   D. where have I seen

(2) _____ friendly _____ to everyone!

A. How; is she   B. What; is she   C. How; she is   D. What; she is

(3) —You can't finish the book in less than an hour?

—_____.

A. Yes, I'm sure I can   B. No, hardly

C. Sorry, I can't   D. I don't think I can

(4) Lily, help me put up the picture on the wall, _____?

    A. will you   **B.** don't you   **C.** are you   **D.** didn't you

(5) Johnson knows much about the movie. He must have seen it last week, _____?

    A. doesn't he   **B.** hasn't he   **C.** didn't I   **D.** didn't he

(6) Listen! His family must be quarrelling, _____?

    A. mustn't it   **B.** isn't it   **C.** aren't they   **D.** needn't they

(7) To get as much firsthand information as possible, inspectors will hold workshops and distribute questionnaires, _____?

    A. isn't it   **B.** won't it   **C.** aren't they   **D.** won't they

(8) —Our English teacher can't have come back from her further study abroad, _____?

    —I'm afraid not. Then Mr Wang will go on taking her place to teach us.

    A. can't she   **B.** can she   **C.** has she   **D.** hasn't she

(9) I don't think he could have done such a stupid thing last night, _____?

    A. did he   **B.** could he   **C.** do I   **D.** hasn't he

(10) John and Mary, _____ sure to come to our party this evening.

    A. is   **B.** who are   **C.** be   **D.** are

答案・解說①

▶ (1) B (2) D (3) D (4) C (5) A (6) C

(1) 解釋：他一定是在幫那個老人澆花，是嗎？陳述部分有表示推測的 must，反意疑問句附加部分的動詞與 must 後面的動詞形式一致。根據本題的 be helping 判斷用 isn't he。

(2) 解釋：你和我幾乎沒有辦法一起工作，是嗎？反意疑問句陳述部分的主詞是 you and I，附加問句部分主詞用 we；陳述部分有否定副詞 hardly，附加問句部分用肯定形式，所以答案選 D。

(3) 解釋：人們對這個項目的實際價值還存有某種懷疑。there remains 是 there is 的變形，表示存在。

(4) 解釋：這是他第一次去澳洲，是嗎？主從複合句的反意疑問句，附加疑問部分與主句一致，因此用 isn't it。

(5) 解釋：他不知道應該如何回答這個問題，是不是？陳述句是含有受詞子句的主從複合句，且主句表示否定含義，反意疑問句應與主句保持一致，用肯定形式，所以 A 選項正確。

(6) 解釋：請幫我一個忙——邀請我的朋友史密斯先生今晚 7:30 到青年劇院去。破折號後面的句子是對前面句子的具體說明，因此用 invite，構成祈使句。

答案・解說②

▶ (1) A (2) C (3) A (4) A (5) D (6) C (7) D (8) C (9) A (10) C

(1) 解釋：我不記得在哪裡見過這個女孩了。受詞子句中要用陳述語序，排除 C、D；see 發生在主句述詞動詞 remebmber 之前，所以用過去完成式。

(2) 解釋：她對大家多麼友善啊！感歎句的中心詞為形容詞 friendly，所以要用 how 引導；how 引導感歎句時的構成為：how＋形容詞／副詞＋主詞＋述詞（其他），所以答案選 C。

(3) 解釋：「1 小時之內你無法完成這本書嗎？」「不，我肯定能完成。」根據語意判斷，回答需用 Yes 或 No 開頭，且 yes 譯為「不」，no 譯為「是」。A 選項為疑問句的肯定回答，符合解釋。B 選項句型不完整，其完整形式應該是：No, I can hardly finish it。

(4) 解釋：莉莉，幫我把這張畫掛到牆上好嗎？陳述部分是祈使句時（以 Let's 開頭的除外），附加問句應該用 will you。

(5) 解釋：強生對這部電影很熟悉，他上個星期肯定看過，不是嗎？陳述部分有表示推測的 must have seen，而且有明確的過去式時間副詞 last week，所以附加問句用 didn't he。

(6)　解釋：你聽！他們一家人一定正在吵架，是不是？當陳述部分含有表示推測意義的 must 時，附加問句部分的動詞，取決於 must 後面實義動詞的時態形式，由於 his family 指家人，因此用 be 的複數形式，C 選項是正確的。

(7)　解釋：為了盡可能得到多一點的一手資料，巡視員將召開研討會並且分發調查問卷，是嗎？句子的主詞是 inspectors，附加問句用 they；陳述部分的述詞動詞有表示將來的 will，附加疑問部分應該用 won't。

(8)　解釋：「我們英語老師出國深造不可能回來，不是嗎？」「恐怕不會了，王老師會繼續代她上課。」句子有表示推測的情態動詞時，反意疑問句附加部分與情態動詞後的動詞形式一致，且陳述部分為否定句，附加部分用肯定形式，所以答案選 C。

(9)　解釋：我認為他昨天晚上不會做這件傻事的，會嗎？陳述部分為 I don't think that...，其反意疑問句的附加部分要根據受詞子句確定且用肯定式；由時間副詞 last night 判斷，couldn't have done 是對過去情況的推測，因此用 did he。

(10)　解釋：約翰和瑪麗，今天晚上一定要來我們的聚會哦！本句是祈使句，John and Mary 是呼語，因此用動詞原形。

名詞性子句

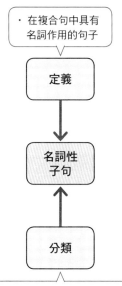

・在複合句中具有
名詞作用的句子

定義

名詞性
子句

分類

・主詞子句（在句子中作為主詞的子句）如：What
you said yesterday is right.
・受詞子句（在句子中作為受詞的子句）如：
Nobody knew whether he come pass the exam.
・主詞補語子句（在句子中作為主詞補語的子句）
如：The problem is when we can get a pay rise.
・同位語子句（用來具體說明某一個名詞的實際
內容，或是對該名詞作進一步解釋的子句）如：
There was little hope that she would survive.

在複合句中具有名詞作用的句子，叫作名詞性子句。名詞性子句的功能相當於名詞 (片語)，在複合句中可作為主詞、受詞、主詞補語、同位語。根據它在句子裡的功能，名詞性子句可以分成主詞子句、受詞子句、主詞補語子句、同位語子句。

1 主詞子句

A

主詞子句的引導詞

在複合句中作為主詞的子句，叫作主詞子句。主詞子句的引導詞有從屬連接詞that, whether, if；連接代名詞what, who, which, whose, whatever, whoever；連接副詞when, where, why, how等。

- **That Andy Lau is a famous singer** is known to us all.
  （眾所周知，劉德華是一位著名的歌手。）
- **Whether she will join us** doesn't matter too much.
  （她是否加入我們並不重要。）
- **Who will be our new headteacher** hasn't been decided yet.
  （還沒決定誰是我們的新校長。）
- **Whatever was said here** must be kept secret.
  （在這裡所說的話一定要保密。）
- **When he will go to America** is not yet fixed.
  （他什麼時候要去美國這件事還不確定。）
- **How he became rich overnight** is still a puzzle.
  （他如何一夜變富仍然是個謎。）

B 主詞子句的形式

❶ 「主詞子句＋述詞＋其他組成部分」型

- **That she will come to our party** is certain.
  （她來參加我們的聚會是一定的。）
- **Where he has moved** is not known to us.
  （我們不知道他搬去什麼地方。）
- **Whoever leaves last** should close all the windows.
  （最晚離開的人應該把所有的窗戶都關起來。）

❷ 「It + be ＋形容詞 / 名詞 / 過去分詞＋主詞子句」型

- **It is quite clear that** the ear of the elephant is like a huge fan.
  （很顯然地，大象的耳朵像一把大扇子。）
- **It is a pity that** you missed such a good lecture.
  （你錯過了一場這麼精彩的報告，真是可惜。）
- **It is reported that** many people still cannot get enough food in that poor area.
  （據報導，在那個貧窮的地區仍然有很多人沒有足夠的食物。）
- **It is still a problem how** we can get enough money.
  （我們如何籌到足夠的錢，仍然是個問題。）

❸ 「It + seems(ed)/happens(ed) 等 + that」型

- **It seems that** he hasn't known anything about that.
  （看起來他好像對那件事還一無所知。）
- **It happened that** he went by that store.
  （他正好經過那家商店。）

特別強調

- 主詞子句可以直接放在句首，也可以用形式主詞 it 代替，而將主詞子句放在句尾。一般 that 引導的主詞子句多半用 it 作為形式主詞；帶有主詞子句的句子是疑問式時，則必須用 it 作形式主詞。但是 what, whoever, whatever 引導的名詞性子句，通常不會用 it 作形式主詞。
  - It is known to us all that light travels in straight lines.
    （眾所周知，光以直線傳遞。）
  - Has it been announced when the new manager will take his office?
    （新的經理什麼時候上任已經宣佈了嗎？）

2 受詞子句

在複合句中作為受詞的子句，叫作受詞子句。受詞子句分成動詞的受詞子句，和介系詞的受詞子句，其引導詞有連接詞 that，whether，if；連接代名詞 what，who，which，whom，whose，whoever，whatever；連接副詞 when，where，why，how 及 how 所形成的片語等。

A

> | 動詞的受詞子句 |

動詞的受詞子句一般緊跟在及物動詞後面，但是也可以用it作為形式受詞，把受詞子句放在句尾。一般受詞後面有補語時，常用it作為形式受詞。

- Tell your son **that watching TV too much is bad for his eyes**.
  （告訴你兒子，電視看太多對他的眼睛不好。）
- You can take **whatever you think is useful**.
  （你可以拿走任何你認為有用的東西。）
- He didn't tell me **when he would come back**.
  （他沒有告訴我什麼時候回來。）
- I think **it** necessary **that you should pay more attention to your pronunciation**.
  （我認為你很有必要多注意發音。）
- After 5 days, we all think **it** highly probable **that he is dead**.
  （經過了五天，我們都認為他極有可能已經死了。）

> **巧學妙記**
> that 引導陳述句，
> that 可以省略掉；
> 一般問句表「是否」，
> if/whether 來引導；
> 特殊問句作受從，
> 陳述語序最為妙。

B

> | 介系詞的受詞子句 |

除了在except，but，in後面外，that引導的子句通常不會直接作為介系詞的受詞，如果有需要，多半用it作為形式受詞，然後再接子句。

- I worried about **whether I hurt his feelings**.
  （我擔心是不是傷了他的感受。）
- I can't agree with **what you said**.
  （我不同意你所說的。）
- He goes to school on foot every day except **when it rains**.
  （除了下雨天，他每天都走路上學。）
- I know nothing about my new neighbour except **that he is a teacher**.
  （我只知道我的新鄰居是一位老師。）
- You may depend on it **that I shall always help you**.
  （你要相信我會一直幫你的。）

主詞補語子句

複合句中在系動詞後面作為主詞補語的子句，叫作主詞補語子句。主詞補語子句和主詞指同一樣事物，對主詞進行補充說明，使主詞更加具體化。主詞補語子句的引導詞有連接詞 that，whether，as if；連接代名詞 what，who，which，whom，whose，whatever，whoever；連接副詞 when，where，why，how 等。

- The trouble is **that we are short of funds**.
  （困難的是我們缺乏資金。）
- That's **why I want you to work here**.
  （那就是我要你在這裡工作的原因。）
- What the police want to know is **when you entered the room**.
  （警察想知道的是你什麼時候進房間的。）
- It looks **as if she has cried**.
  （她看起來好像哭過。）

同位語子句

在複合句中作同位語的子句叫作同位語子句。一般由 that，whether，who，what，when，where 等引導。

A

可以跟同位語子句的常見名詞
◀◀◀

同位語子句常放在 belief, doubt, fact, hope, idea, information, news, order, possibility, promise, question, suggestion, truth, thought 等表示抽象意義的名詞後面，補充說明該名詞的細節。

- There is no doubt **that he can win the first prize**.
  （他能得到第一名是毫無疑問的。）
- He received the order **that he should come back by the noon**.
  （他收到命令中午前要回來。）
- He didn't answer the question **where we should put the piano**.
  （他沒有回答我們應該把鋼琴放在哪裡的問題。）
- The thought **that I may lose my way** makes me feel worried.
  （我有可能迷路這個想法讓我感到很緊張。）

15

> 同位語子句與限定
> 詞子句的區別
> ◀◀◀

❶ 從被修飾詞上區別

　　同位語子句前的名詞只能是idea, fact, news, hope等具有延伸意義的名詞；而限定詞子句前面的名詞，可以是名詞、代名詞、主句的一部分或整個主句。

- The **possibility** that the majority of the labour force will work at home is often discussed.
  （大家經常討論，大多數勞工在家工作的可能性。）〔同位語子句〕
- We are not looking into the **question** whether he is worth trusting.
  （我們正在調查的問題，不是他是不是值得信賴的問題。）〔同位語子句〕
- **Our team won the game**, which made us very happy.
  （我們隊贏了這場比賽，這讓我們很高興。）〔限定詞子句〕
- The **doctor** whom you are looking for is in the room.
  （你要找的那位醫生在房間裡。）〔限定詞子句〕
- His mother did **all** she could to help him with his studies.
  （他媽媽盡她最大的努力幫助他學習。）〔限定詞子句〕

❷ 從性質上區別

　　限定詞子句是子句對它的先行詞進行修飾，屬於形容詞性質；同位語子句是子句對前面抽象名詞的進一步說明和解釋，屬於名詞性質。

- The news **that our team has won the game** is true.
  （我們隊贏了那場比賽的消息是真的。）〔同位語子句〕
- The news **that he told me yesterday** was true.
  （昨天他告訴我的那個消息是真的。）〔限定詞子句〕
- I made a promise **that if anyone set me free I would make him very rich**. （我承諾過，如果誰讓我得到自由，我就讓他非常富有。）〔同位語子句〕
- The mother made a promise **that pleased all her children**.
  （媽媽做出一個讓她孩子們感到高興的承諾。）〔限定詞子句〕

❸ 從引導詞上區別

　　某些引導詞如how, whether, what等，可以引導同位語子句，但是不能引導限定詞子句；而which能引導限定詞子句，卻不能單獨使用引導同位語子句。

- That question **whether** we need it has not been considered.
  （我們是否需要它的這個問題還沒考慮。）〔同位語子句〕
- I have no idea **what** has happened to him.
  （我不知道他發生了什麼事。）〔同位語子句〕

- He showed me his new cellphone **which** he bought yesterday.
  （他給我看他昨天新買的手機。）〔限定詞子句〕

❹ 從引導詞在句子中的組成部分區別

　　that在限定詞子句中必須作為成分，指物品時，有時可以用which代替，作為受詞時可以省略；而引導同位語子句時，則只能作為連接作用，不作任何組成部分，不能省略也不能用which代替。引導詞when, where, why雖在兩種子句中都作為組成部分，但是引導限定詞子句，前面的名詞應分別表示時間、地點、原因；在同位語子句中則不同。

- We received an order **that** we should send a few people to help the other groups.
  （我們收到指令要派幾個人去支援其他小組。）〔同位語子句〕
- The order **that** we received was that we should send a few people to help the other groups.
  （我們收到的命令是派幾個人去支援別其他小組。）〔限定詞子句〕
- I have no idea **where** he has gone.
  （我不知道他去哪裡了。）〔同位語子句〕
- Last week I went to the small village **where** he was born.
  （上個星期我去了他出生的那個小村子。）〔限定詞子句〕

5 名詞性子句應注意事項

A

順序問題
◀◀◀

　　名詞性子句在句子裡除了引導詞在子句句首外，其他部分應保持陳述句順序，不能受when, where, why, how等的影響而使用疑問句的倒裝順序。

- He wanted to know what the manager had said at the meeting.
  （他想知道經理在會議上說了些什麼。）
- Would you tell me how I can improve my sleeping situation?
  （你能告訴我怎麼樣才能改善我的睡眠狀況嗎？）

B

受詞子句中述詞動詞的時態，常常受到主句述詞動詞的影響，因而在使用時要注意主句、子句兩部分的時態保持一致。

❶ 主句的述詞動詞是一般現在式或一般未來式時

如果主句的述詞動詞是一般現在式或一般未來式，其受詞子句的時態可以根據實際情況，使用任何適當的時態。

- She says (that) she **works** from Monday to Friday.
  （她說她星期一到星期五上班。）
- I wonder if he **will meet** me at the airport.
  （我不知道他會不會來機場接我。）
- She says (that) she **has never been** to Hehuan Mountain.
  （她說她從來沒去過合歡山。）

❷ 主句的述詞動詞是一般過去式時

如果主句的述詞動詞是一般過去式，其受詞子句的時態通常也要用過去式。

- He said there **were** no classes yesterday afternoon.
  （他說昨天下午沒課。）
- She said that she **would fly** to Japan in a week.
  （她說她一周後要飛去日本。）
- He explained (that) they **were having** a meeting at that time.
  （他解釋說那個時候他們正在開會。）

❸ 主句是過去式，子句時態與之不一致的情況

ⓐ 當受詞子句是表達客觀真理和規律的句子時，其時態仍用一般現在式。

- The teacher told us (that) nothing **is** difficult if we put our hearts into it.
  （老師告訴我們，世間無難事，只怕有心人。）
- She said (that) her father **is** twenty-eight years older than her.
  （她說她父親比她大二十八歲。）

ⓑ 受詞子句述詞動詞的動作，發生在主句之前，但有明確表示過去時間的副詞時，受詞子句仍用一般過去式。

- He said that he **was born** in Taichung in 1985.
  （他說他是 1985 年在台中出生的。）

ⓒ 受詞子句含有 since, when, while 引導表示過去時間的副詞子句，且子句的動作發生在主句的前面時，受詞子句用過去完成式。

- The teacher told us that he **had taught** English since he came to this school.
  （老師告訴我們，他來這所學校後就一直教英語。）

巧學
妙記

主句述詞過去時，
主子時態要一致；
受子表達是真理，
一般現在代過去；
主句述詞現在時，
受子時態依情定。

- Mr Smith explained to the workers that John **had told** him all about his past when he asked for a job in his factory.
  （史密斯先生向工人們解釋，說約翰來他的工廠找工作時，已經把自己的過去全部告訴他了。）

C

**引導受詞子句的
that 省略問題**
◄◄◄

that引導受詞子句時，通常可以省略，引導主詞、主詞補語、同位語子句時一般不省略。但下列情況下，引導受詞子句的that一般也不省略：

❶ that 子句被片語等與述詞分隔開來時。

- They told us once again **that** this would never happen.
  （他們再次告訴我們，這種事情永遠不會發生。）

❷ that 子句緊接在間接受詞的後面時。

- The teacher advised us **that** we should pay enough attention to reading and writing. （老師建議我們多注意閱讀和寫作。）

❸ 有多個 that 引導的子句時，只有第一個 that 可省略。

- He said **(that)** he had finished reading this novel and **that** he would borrow another one. （他說他已經讀完了這本小說，想要再借另一本。）

❹ that 引導的名詞性子句與另一名詞性子句作為並列受詞時。

- Everyone could see what was happening and **that** Tom was really shocked. （每個人都明白所發生的事情，也都知道湯姆很震驚。）

D

**受詞子句中的否
定轉移問題**
◄◄◄

當主句主詞為第一人稱單數，述詞動詞是think, believe, imagine, suppose, expect, guess等，且為一般現在式時，子句的否定一般要轉移到主句上來。

- I **don't** think that he is right. （我認為他不對。）
- I **don't** expect that he is at home. （我認為他不在家。）
- I **don't** believe that he is telling a lie. （我相信他沒說謊。）

15

- 如果子句中的否定詞不是 not，而是 never, hardly, little, few 等詞時，則不適用這個規則。
  - I think he will never come again.（√）
  - I never think he will come again.（×）

E

> 幾組引導詞的區別

❶ 引導詞 what 與 that 的用法區別

引導名詞性子句時，what在子句中要充當句子組成部分，that只有連接作用。

- **What** surprised me most was that he could speak Chinese so fluently.
  （最讓我驚訝的是他中文說得這麼流利。）
- **That** she finished writing the composition in such a short time surprised us all.
  （她在這麼短的時間內寫完作文，讓我們大家都感到驚訝。）

❷ whether 和 if 的區別

ⓐ 在引導主詞子句、主詞補語子句、同位語子句時，一般用 whether 而不用 if。

- **Whether** it is true remains a question.
  （那是不是真的還是個問題。）
- The problem is **whether** you can get in touch with them.
  （問題是你是不是能聯絡上他們。）
- We have a doubt **whether** it is true.
  （我們懷疑那是不是真的。）

ⓑ 在主詞子句中，用 it 作為形式主詞時，whether 和 if 都可以使用，否則只能用 whether。

- It hasn't been decided yet **whether/if** we shall hold a meeting.
- **Whether** we shall hold a meeting hasn't been decided yet.
  （我們還沒決定是否要開會。）

ⓒ 雖引導受詞子句，但是為了強調受詞部分，也可以把子句放在句首，此時只用 whether 而不用 if。

- **Whether** he will come I am not sure.（他要不要來我不確定。）

ⓓ 子句作為介系詞受詞時，只用 whether 而不用 if。

- It depends on **whether** it will be fine.
  （那得看是不是晴天。）
- I'm not interested in **whether** they'll go or not.
  （我不關心他們要不要去。）

ⓔ 作為 discuss 等動詞的受詞時，用 whether 而不用 if。

- We discussed **whether** we should use the money to buy a new house.
  （我們討論是不是該用這筆錢買一間新房子。）

ⓕ 與 or not 直接連用時，用 whether 不用 if。

- I don't know **whether** or not he arrives.
  （我不知道他是否已經到了。）
- I don't care **whether** or not your car breaks down.
  （我不管你的車是不是壞了。）

ⓖ 與不定詞連用時，用 whether 而不用 if。

- I didn't know **whether** to laugh or to cry.
  （我不知道該哭還是該笑。）
- She hasn't decided **whether** to go or not.
  （她還沒決定要不要去。）
- He was wondering **whether** to go home or stay at the office.
  （他在考慮要回家還是待在辦公室。）

ⓗ 句子中已有 if 引導的條件句，如果再有表示「是否」的受詞子句，用 whether 而不用 if。

- He asked me **whether** I'd move to New York if I got the job.
  （他問我如果我得到那份工作，是否會搬到紐約住。）

ⓘ 有時用 if 容易產生誤解，所以用 whether。

- Please let me know **if** you need help.
  （如果你需要幫助請告訴我。）〔或：請告訴我你是否需要幫助。〕
- Please let me know **whether** you need help.
  （請告訴我你是否需要幫助。）

ⓙ 子句為否定結構時，一般用 if 而不用 whether。

- I don't know **if** it won't rain tomorrow.
  （我不知道明天是不是不下雨。）

❸ what, who 等與 whatever, whoever 等的區別

　　what、who等是指具體的人或物，有特定的範圍；whatever, whoever等是表示任何一個人或事物，無範圍可言，語氣比前者強烈得多。

- I don't know **who** can share both my joys and sorrows.
  （我不知道誰能與我同甘共苦。）
- I'll make friends with **whoever** can share both my joys and sorrows.
  （我要跟能和我同甘共苦的人交朋友。）

F

doubt, I'm sure 後
的引導詞
◂◂◂

　　doubt用在肯定句時，後面的名詞性子句常用whether或if引導；用在否定句或疑問句時，後面的名詞性子句常用that引導。be sure用在肯定句時，後面的子句常用that引導；用在否定句或疑問句時，後面的子句常用whether或if引導。

- I doubt **if/whether** he will come soon.
  （我懷疑他是否很快就到。）
- I don't doubt **that** he will come soon.
  （他很快就會來，我毫不懷疑。）
- I'm not sure **whether** he can help me.
  （我不確定他是否會幫我。）

考題演練

(1) It never occurred to me _____ you could succeed in persuading him to change his mind.

   A. which　　　B. what　　　C. that　　　D. if

(2) Cindy shut the door heavily and burst into tears. No one in the office knew _____ she was so angry.

   A. where　　　B. whether　　　C. that　　　D. why

(3) I want to be liked and loved for _____ I am inside.

   A. who　　　B. where　　　C. what　　　D. how

(4) Part of the reason Charles Dickens loved his own novel, David Copperfield, was _____ it was rather closely modeled on his own life.

   A. what　　　B. that　　　C. why　　　D. whether

(5) _____ some people regard as a drawback is seen as a plus by many others.

   A. Whether　　　B. What　　　C. That　　　D. How

(6) How much one enjoys himself travelling depends largely on _____ he goes with, whether his friends or relatives.

   A. what　　　B. who　　　C. how　　　D. why

(7) We haven't discussed yet _____ we are going to place our new furniture.

   A. that　　　B. which　　　C. what　　　D. where

(8) —It's no use having ideas only.

   —Don't worry. Peter can show you _____ to turn an idea into an act.

   A. how　　　B. who　　　C. what　　　D. where

(9) —I prefer shutting myself in and listening to music all day on Sundays.

   —That's _____ I don't agree. You should have a more active life.

   A. where　　　B. how　　　C. when　　　D. what

(10)　It is uncertain _____ side effect the medicine will bring about, although about two thousand patients have taken it.

　　A. that　　　　B. what　　　　C. how　　　　D. whether

(1)　_____ is known to us is that time is limited and precious.

　　A. What　　　　B. That　　　　C. It　　　　D. As

(2)　I read about his story in some book, does it matter _____ it was?

　　A. where　　　　B. what　　　　C. how　　　　D. which

(3)　In terms of English learning, you focus more on vocabulary than on reading comprehension and I think that's _____ you are mistaken.

　　A. what　　　　B. when　　　　C. where　　　　D. how

(4)　It has been proved _____ taking exercise regularly does good to one's health.

　　A. whether　　　　B. when　　　　C. what　　　　D. that

(5)　The question is _____ it is worth visiting.

　　A. if　　　　B. as if　　　　C. whether　　　　D. how

(6)　After five hours' drive, they reached _____ they thought was the place they had been dreaming of.

　　A. where　　　　B. what　　　　C. which　　　　D. that

(7)　The question has been raised at the meeting _____ central banks should signal future moves in interest rates, and if so how clearly and how far in advance.

　　A. if　　　　B. whether　　　　C. what　　　　D. which

(8)　Mother made a promise _____ I passed the college entrance examination she would buy me a mobile phone.

　　A. that　　　　B. if that　　　　C. that if　　　　D. that whether

(9)　I wonder _____ he asked such a silly question in public.

　　A. how　　　　B. what　　　　C. that　　　　D. why

(10) Sometimes we are asked _____ the likely result of an action will be.

A. that we think
B. what do we think
C. what we think
D. that what we think

(11) I remember _____ the factory owned a small workshop and two machines.

A. when   B. how   C. whether   D. what

(12) Many newspapers printed the governor's statement _____ he would support a tax cut.

A. whether   B. what   C. which   D. that

(13) —Tell me something about your adventure in the forest, please.

—We lost our way in the forest and _____ matters worse was _____ night began to fall.

A. what; that   B. it; that   C. it; because   D. what; because

(14) —Hi, Peter. You seem to have gained a lot of weight.

—Well, good food, not enough exercise. That's _____ I got fat.

A. how   B. when   C. what   D. whether

(15) —I'm told that tomorrow is Joan's wedding anniversary.

—Have you got any idea _____ the party is to be held?

A. what   B. where   C. that   D. which

▶ (1) C (2) D (3) C (4) B (5) B (6) B (7) D (8) A (9) A (10) B

(1) 解釋：我從來都沒想過你能成功說服他改變主意。本題中 it 是形式主詞，選項引導的子句是真正的主詞，子句中不缺少句子成分，因此用 that 引導。which 表示一定範圍中的「哪一個」；what 在子句中作成分；if 在主詞子句中不作成分，但意思是「是否」。

(2) 解釋：辛蒂用力地關上門，並且大哭了起來。辦公室裡沒有人知道她為什麼這麼生氣。why 表示原因，在此引導 knew 的受詞子句。where 表示地點；whether 意思是「是否」，that 沒有實際意義，二者都不在名詞子句中作成分。

(3) 解釋：我想因為自己的真實得到別人的喜愛。介系詞 for 後面是受詞子句，且子句缺少主詞補語，因此用 what 引導。who 指人；where 作地點副詞；how 作方式副詞。

(4) 解釋：查爾斯·狄更斯喜歡自己的小說《塊肉餘生錄》，部分原因是這與他的實際生活非常接近。was 後是主詞補語子句，子句不缺少任何成分，因此用 that 引導。What、why 均要在子句中作成分；whether 雖不作成分，但意思是「是否」。

(5) 解釋：被某些人當作不利條件的東西，可能會被另外一些人當成優勢。主詞子句動詞 regard 缺少受詞，因此用 what 引導。

(6) 解釋：一個人在旅遊中玩得有多高興，取決於他跟誰一起旅遊，無論是朋友還是親屬。選項引導 on 的受詞子句，子句動詞 goes 後面缺少受詞，由後面的提示可知，應該選擇指人的連接代名詞 who。

(7) 解釋：我們還沒討論應該把新的傢俱放在哪裡。受詞子句中不缺少主詞或受詞，故應該用表示地點的連接副詞 where 引導，where 在子句中作地點副詞。

(8) 解釋：「光有想法是沒有用的。」「別擔心，彼得會告訴你如何把想法變成行動。」show 接雙受詞，其直接受詞是一個子句，子句中缺少副詞，根據題意，應該用表示方式的 how。

(9) 解釋：「星期天我喜歡整天關在家裡聽音樂。」「這就是我不同意你的地方。你應該擁有更加積極的生活。」主詞補語子句缺少副詞，且表示「不同意他人觀點的地方」，因此用 where 引導。agree 是不及物動詞，後面不跟受詞，所以不用 what 引導，如果 agree 後面加介系詞 to，則應該選 what。

(10) 解釋：儘管已經有 2000 位病人服用過這種藥，但是它會帶來什麼樣的副作用還不清楚。本題中 it 是形式主詞，uncertain 後面的子句是真正主詞，what 在主詞子句中作限定詞修飾 side effect，意思是「什麼樣的……」。

答案・解說 ①

■ (1) A (2) D (3) C (4) D (5) C (6) B (7) B (8) C (9) D (10) C (11) A (12) D (13) A (14) A (15) B

(1) 解釋：眾所周知，時間是有限而且非常珍貴的。引導主詞子句並在子句中作主詞，所以用 what。that 在子句中不作成分；it 和 as 不能引導主詞子句。

(2) 解釋：我在某本書裡讀過他的故事，是哪本書重要嗎？由解釋前一句 I read about his story in some book 的提示，可知這裡指一定範圍內的「哪一個」，因此用 which 引導主詞子句。

(3) 解釋：就英語學習來說，你總是以詞彙為中心，而忽略了閱讀理解，我認為那正是你錯誤的地方。where 引導主詞補語子句，並在子句中作地點副詞。

(4) 解釋：已經證實有規律的鍛鍊有益身體健康。it 是形式主詞，真正的主詞是後面的子句且子句句型、意義完整，所以用 that 引導。whether「是否」；when 在子句中常作時間副詞；what 在子句中作主詞、受詞或主詞補語等成分。

(5) 解釋：問題是值不值得參觀。引導主詞補語子句時用 whether「是否」不用 if。as if「正如，好像」；how 表示方式。

(6) 解釋：5 個小時的車程後，他們到了他們認為的夢想之地。what 引導的子句作 reach 的受詞，並在子句中作主詞，they thought 是插入語，they had been dreaming of 修飾 the place。

(7) 解釋：在會議上提出了這樣的問題：央行是否應該為利率的未來動作發出訊息，如果是這樣的話應該有多清楚和深遠。whether「是否」，引導 question 的同位語子句，在子句中不作任何成分。if 不引導同位語子句；what 引導名詞子句時在子句中作成分；which「哪一個」，在子句中要作成分。

(8) 解釋：媽媽承諾如果我通過大學入學考試，就買一支手機給我。名詞 promise 後是同位語子句，子句不缺少成分，用 that 引導，且同位語子句中又有一個 if 引導的條件副詞子句。whether 不能引導條件副詞子句。

(9) 解釋：我想知道為什麼他在大庭廣眾之下問這種蠢問題。引導 wonder 的受詞子句，並在子句中作原因副詞，因此用 why。how 表示方式；what 不在子句中作副詞；that 引導名詞性子句時不在子句中作任何成分。

(10) 解釋：有時候我們都會自問，某個行為的結果可能會是什麼樣子。we think 是插入語，what「什麼」，引導的子句作 ask 的受詞，且在子句中作主詞補語。that 引導名詞性子句時不在子句中作成分。

(11) 解釋：我還記得這個工廠只有一個小的車台和兩台機器的那段時期。when 引導受詞子句，並在子句中作時間副詞。how 表示方式；whether, what 不作副詞。

(12) 解釋：很多報紙都刊登了州長支持減稅的立場。that 引導的同位語子句解釋說明 statement 的內容，而且不在子句中作成分。

(13) 解釋：「請告訴我一些有關你的森林冒險故事吧！」「我們在森林裡迷路了，更糟的是夜晚開始降臨。」第一個空格引導主詞子句，且子句缺少主詞，用 what 引導；第二個空格後的子句句意、句型均完整，因此用 that 引導。

(14) 解釋：「嗨，彼得，你好像胖了很多。」「是啊！吃得不錯，缺乏足夠的運動，我就是這樣變胖的。」引導主詞補語子句，並在子句中作方式副詞，因此用 how。when 常在子句中作時間副詞；what 引導名詞性子句時要在子句中作主詞、受詞、主詞補語；whether「是否」，不合解釋。

(15) 解釋：「有人告訴我明天是瓊的結婚紀念日。」「你知道派對在哪裡舉行嗎？」選項引導的同位語子句解釋說明 idea 的具體內容，並在子句中作地點副詞，因此用 where。A、C、D 選項引導名詞性子句時，都不在句中作副詞。

副詞子句

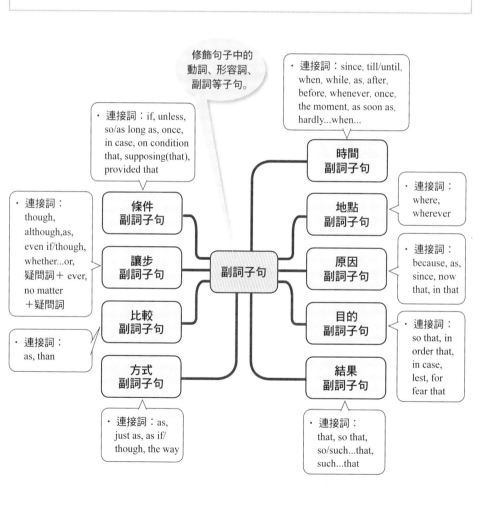

修飾句子中的動詞、形容詞、副詞等子句。

・連接詞：since, till/until, when, while, as, after, before, whenever, once, the moment, as soon as, hardly...when...

・連接詞：if, unless, so/as long as, once, in case, on condition that, supposing(that), provided that

・連接詞：where, wherever

・連接詞：though, although, as, even if/though, whether...or, 疑問詞＋ever, no matter ＋疑問詞

・連接詞：because, as, since, now that, in that

・連接詞：as, than

・連接詞：so that, in order that, in case, lest, for fear that

・連接詞：as, just as, as if/though, the way

・連接詞：that, so that, so/such...that, such...that

時間副詞子句

地點副詞子句

原因副詞子句

目的副詞子句

結果副詞子句

條件副詞子句

讓步副詞子句

比較副詞子句

方式副詞子句

副詞子句

修飾句中的動詞、形容詞、副詞等子句，叫作副詞子句，由於功能與副詞接近，所以又稱為副詞性子句。一般分成時間副詞子句、地點副詞子句、原因副詞子句、目的副詞子句、結果副詞子句、條件副詞子句、讓步副詞子句、比較副詞子句、方式副詞子句。

1 時間副詞子句

A

時間副詞子句的引導詞

引導時間副詞子句的從屬連接詞有很多，常用的有：

- □ since （自從）
- □ until （直到）
- □ ever since （自從）
- □ every time （每次）
- □ after （在……之後）
- □ once （一……就）

- □ while （當……時候）
- □ before （在……之前）
- □ next time （下次）
- □ instantly （一……就）
- □ when （當……時候）
- □ by the time （到……時候）

- □ directly （一……就）
- □ as （當……時候，隨著）
- □ the moment （一……就）
- □ as soon as （一……就）
- □ immediately （一……就）
- □ whenever （不管什麼時候）

- I feel very happy **when** you come to see me. （你們來看我時，我感到很高興。）
- **Every time** I see him, he is working hard. （每次我見到他，他都在努力工作。）
- **As soon as** he heard the news, he jumped with joy.
  （一聽到這個消息，他就高興得跳了起來。）
- I'll give you an answer **immediately** I've finished reading your file.
  （我一看完你的資料就立即回覆你。）

B

when, while, as
的區別
◀◀◀

❶ when 所引導的子句，動詞既可以是延續性的，也可以是終止性的，常可代替 while
與 as。while 引導的子句中，動詞只能用延續性的。

- **When the fire broke out**, all the students were sleeping soundly.
  （當火災發生時，所有的學生都在熟睡。）
- The telephone rang **while I was taking a bath**.
  （我在洗澡時電話響了。）

❷ 當兩個表示時間延續的動作同時發生，而又具有比對涵意時用 while，而且主子句的
時態通常是相同的。

- Father was preparing a report **while I was playing PC games**.
  （我在玩電腦遊戲時，爸爸在準備一個報告。）
- **While I was playing the harp**, my sister was doing her homework.
  （我在彈豎琴時，姐姐在做功課。）

❸ as 可表示兩個發展變化的情況，表示「隨著」的意思；還可以表示兩個同時發生的
動作，表示「一邊……一邊……」、「正當……」。

- **As he talked on**, he got more and more excited.
  （他越說越激動。）
- **As you grow older**, you'll know better and better about yourself.
  （隨著年齡增長，你對自己會越來越瞭解。）
- **As he was reading**, he was shaking his head, which surely slowed
  down his reading speed.
  （他一邊讀書一邊搖著頭，這當然降低了他的閱讀速度。）
- They talked **as they walked along the river**.
  （他們沿著河一邊走一邊說話。）
- My cap was blown away **as I sat down**.
  （當我坐下時，帽子被吹走了。）

Extension 【延伸學習】

在時間副詞子句中，用一般現在式表示一般未來式，用一般過去式表示過去未來
式。

- **When you get there**, ring me up. （到了那裡打個電話給我。）
- He said he wouldn't leave **until she came back**.
  （他說在她回來之前他不會離開。）

16

until/till 的用法

until與till同義，口語中多用till。until可以用在句首，而till一般不會用在句首。

❶ until/till 指的是某一持續性行為，持續到某一時間點。
- I didn't know anything about it **until you told me**.
（直到你告訴我，我才知道關於這件事的情況。）

❷ 述詞動詞是終止性動詞時，句子須用否定形式。
- He didn't go to bed **until/till he finished his homework**.
（直到做完作業他才去睡覺。）

❸ not until 引導的副詞子句放在句首時，主句應用部分倒裝。
- **Not until** my tea became cool **did I have** time to drink it.
（茶涼了，我才有空去喝。）

D

since 的用法

❶ since 表示自從某一時間點以來，子句常用一般過去式，主句常用完成時態或完成進行時態。
- Great changes have taken place **since you left this city**.
（自從你離開後，這座城市發生了巨大的變化。）
- They have been living very happily **ever since they got married**.
（他們自從結婚以來，一直過著幸福的生活。）

❷ since引導的子句中，動詞如果是持續性的，計時的起點應從該動作或狀態結束算起；如果是短暫性的，則計時的起點從該動作開始算起。
- He has gone fishing frequently **since he was ill**.
（自從病好以後，他經常去釣魚。）
- I haven't seen him **since he left Tainan**.
（自從他離開台南之後，我就再沒見過他了。）

E

before 的用法

before意思是「在……之前」，但是在不同的語境中，有時候也表示「還沒來得及……就……」、「……之後才……」等。

- I must finish this letter **before I go home**.
  （我必須在回家之前寫完這封信。）
- All the birds flew away **before I started to fire**.
  （我還沒來得及開槍，鳥就全部飛走了。）
- I hadn't walked far **before I lost my way**.
  （我沒走多遠就迷路了。）

2 地點副詞子句

A

地點副詞子句的
引導詞

在句中作為地點副詞的子句，稱為地點副詞子句，地點副詞子句可以放在句首、句中或句尾。地點副詞子句常用引導詞的有where, wherever等。

- We live **where the road crosses the river**.
  （我們住在河流與街道交叉的地方。）
- Make marks **where you have questions**.
  （在有問題的地方標記起來。）
- You can go **anywhere you like**.
  （你可以去你想去的任何地方。）

B

地點副詞子句與限
定詞子句的轉化

地點副詞子句一般可以轉化為限定詞子句，通常是where變成to/in/from the place(s) where; wherever變成to/in/from any place that。

上面帶有地點副詞子句的句子，可以改為下面帶有限定詞子句的句子，意義不變：

- We live **in a place where the road crosses the river**.
- Make marks **in places where you have questions**.
- You can go **to any place that you like**.

16

3 原因副詞子句

A

原因副詞子句的
引導詞

在句子裡作為原因副詞的子句，稱為原因副詞子句。原因副詞子句可以放在句首，也可以放在句尾。引導原因副詞子句的常用詞有because, as, since, now that等。

- We can't go to Julia's party **because we're going away that weekend**.
  （我們不能去參加茱麗亞的派對了，因為那個週末我們有事外出。）
- **As it was getting late**, I decided to book into a hotel.
  （因為已經很晚了，我決定去住旅館。）
- **Now (that) you understand**, I don't need to explain again.
  （既然你明白了，我沒有必要再解釋一遍。）

B

because, as,
since 的區別

❶ because 語氣最強，用來回答 why 開頭的問題，可以表示已知或未知的事實。它所引導的子句通常放在主句的後面，強調時才放在主句的前面。

- He was punished only **because he broke the law**.
  （他就是因為違法才受到懲罰的。）
- It was **because I wanted to see my uncle** that I went to town yesterday.
  （昨天我因為想去看叔叔才進城的。）

❷ as 語氣最弱，比較口語化，所表達的原因比較明顯或是已知的事實，as 子句多半放在主句的前面。

- **As he was in a hurry**, he left this bag home.
  （由於太匆忙了，他把包包丟在家裡。）
- **As it was a public holiday**, all the shops were shut.
  （由於這是國家假日，所有的商店都關門了。）

❸ since 的語氣也較弱，通常表示對方已知的事實，表示「既然」的意思。

- **Since everyone makes mistakes**, you shouldn't always criticize him.
  （既然每個人都會犯錯，你不應該老是批評他。）
- **Since she can't answer this question**, it's better to ask someone else.
  （既然她不會回答這個問題，你最好還是另外找別人。）

特別強調

- for 也可以作為連接詞表示原因，但它是並列連接詞，用來連接並列句，具有附加說明的作用，它連接的子句不能放在句首。

  - We should be more careful, **for** it is already dark.

    （天色已經晚了，我們應該更小心一點。）

- 一個句子中不能同時出現 because 和 so。

  - **Because** it was raining heavily, **so** we had to stay home. (×)

 目的副詞子句

A

目的副詞子句的引導詞

在句子裡作為目的副詞的子句，稱為目的副詞子句。目的副詞子句可以放在句首、句中或句尾。常用來引導目的副詞子句的詞有 so, so that, in order that, for fear（that）, in case 等。

- I hurried through my work **in order that I could be in time for wonderful TV programmes**.

  （我匆匆地忙完工作，以便趕上精彩的電視節目。）

- Speak louder **so (that) the people in the hall can all hear you**.

  （大聲一點，以便大廳裡的人都能聽到。）

- We all seemed afraid to say what was in our minds, **for fear it might start trouble**.（我們似乎都不敢說出心裡所想的，害怕引起麻煩。）

- I stayed all day at home **in case you called**.

  （我在家待了一整天，怕你打電話來。）〔沒接到你電話〕

特別強調

- 目的副詞子句中，常常含有情態動詞 may, might, will, would, shall, should, can, could 等。

  - She spoke very slowly in order that we **could** follow her.

    （她講話很慢，以便我們大家都能聽懂。）

  - Take this medicine so that you **can** recover soon.

    （為了盡快康復，請你服用此藥。）

目的副詞子句與
片語的轉換

◀◀◀

當主句和子句的主詞一致時，目的副詞子句可以用不定詞片語替換；主詞不一致時，如果互換，就需要用for帶出不定詞的邏輯主詞。

- We'll sit in the front of the hall **so that we can hear more clearly**.
  =We'll sit in the front of the hall **so as to/in order to hear more clearly**.
  （我們坐在大廳前面，以便聽得更清楚。）
- My mother gets up early every morning to cook breakfast **so that I can go to school on time**.
  =My mother gets up early every morning to cook breakfast **so as for me/ in order for me to go to school on time**.
  （為了能讓我準時到校，媽媽每天早上都早起做早餐。）

5 結果副詞子句

A

結果副詞子句的
引導詞

◀◀◀

在句子中作為結果副詞的子句，稱為結果副詞子句。結果副詞子句一般放在句尾。常用來引導結果副詞的引導詞或片語有that, so, so that, so/such... that... 等。

B

so that 的用法

◀◀◀

so that既可引導目的副詞子句也可引導結果副詞子句。引導目的副詞子句時，子句中往往含有情態動詞，而引導結果副詞子句時，類似的情態動詞則很少出現。引導這兩種副詞子句時，其中的that有時候可以省略。

- We arrived early in the morning, **so (that) we caught the first train**.
  （我們早上很早抵達，所以趕上了第一班火車。）
- We moved to the country **so (that) we were away from the noisy and dull city**.
  （我們搬到了鄉下，從此遠離喧鬧、無聊的城市。）

C

> so... that... 的用法
> ◀◀◀

❶ so ＋形容詞 / 副詞（＋ that）...

- The book was **so boring (that)** I gave up reading it half way.
  （這本書真無聊，我讀到一半就放棄了。）
- Things are changing **so fast (that)** we can't keep pace with them.
  （事物發展迅速，我們無法與之保持同步。）

❷ so many/few/much/little（＋相應形式的名詞）＋ that...

- He got **so little money that** his family had to live on welfare money.
  （他的薪資很少，以至於他的家人不得不靠救濟金過活。）
- He made **so many mistakes that** he failed the exam once again.
  （他出了這麼多錯，以至於考試又不及格。）

❸ so ＋形容詞＋ a/an ＋單數可數名詞＋ that...

- It was **so cold a day** yesterday **that** I caught a cold.
  （昨天那麼冷，以至於我感冒了。）
- It was **so good an exhibition that** I went to see it several times.
  （展覽會那麼棒，以至於我去看了好幾次。）

D

> such... that... 的用法
> ◀◀◀

❶ such ＋ a/an ＋形容詞＋可數名詞單數（＋ that)...

- It was **such a terrible day (that)** none of us would find an excuse for going out to play. （今天天氣太糟了，我們沒有任何理由出去玩了。）
- Miss Rich is **such a nice teacher (that)** all of her students love and respect her. （瑞琪小姐是位如此優秀的老師，所有學生都很喜歡並尊敬她。）

❷ such ＋形容詞＋可數名詞複數（＋ that)...

- They are **such good children (that)** we all love them.
  （這些孩子都很棒，我們都很喜歡他們。）
- These are **such interesting stories (that)** children all like to read them.
  （這些故事都很有趣，以至於孩子們都喜歡讀。）

❸ such ＋形容詞＋不可數名詞（＋ that)...

- This was **such fine music (that)** it was worth listening to twice.
  （這音樂太美妙了，值得聽兩遍。）
- You put forward **such practical advice (that)** we're supposed to win.
  （你提出了如此實用的建議，所以我們一定能贏。）

6 條件副詞子句

A

| 條件副詞子句的
引導詞 |

在句子中作條件副詞的子句稱為條件副詞子句。條件副詞子句可放在句首，也可放在句尾，有時還可放在主詞和述詞之間。常用的引導詞有if, unless, as/so long as, once, in case, on condition that, supposing (that), providing (that), provided (that), given (that)等。

- **If it snows tomorrow**, we will build a snowman.（如果明天下雪，我們就堆雪人。）
- You'll be late again **unless you hurry**.（如果不快一點，你就又要遲到了。）
- **As/So long as you promise to come(=Only if you promise to come)**, I'll wait for you until you come.（只要你答應要來，我就會一直等到你來。）
- **Providing/Supposing/Given/Provided (that) you promise not to tell anyone else**, I'll explain the secret.
  （只要你保證不告訴任何人，我就把這個祕密告訴你。）
- I will do it **on condition that you help me**.
  （只要你肯幫助我，我就願意做這件事。）

B

| 條件副詞子句的
時態 |

當主句是未來時態時，條件副詞子句通常用一般現在式或一般過去式代替未來式。

❶ - Your teacher will be unhappy if you **come** to school late.
  （你上學遲到的話，你們老師會不高興。）
- Father told me that **if I worked hard** he would buy me a special gift.
  （爸爸告訴我如果我努力，他會買一個神祕禮物給我。）

360

7 讓步副詞子句

> 讓步副詞子句的
> 引導詞
> ◄◄◄

在句子中作讓步副詞的子句稱為讓步副詞子句。讓步副詞子句可放在句首, 句中, 句尾。常用的引導詞有though, although, even though, even if, as, 疑問詞＋ever等。

B

> though/although 的
> 用法
> ◄◄◄

二者大致相同, though不如although正式, 兩者通常互換使用。though/although引導讓步副詞子句時, 後面的主句不能再用but, 但是可以用yet或still, 更加強調對比性, 在as though, even though中, though通常不可以用although代替。

- **Although/Though she works very hard**, **(yet)** she makes very slow progress. （儘管她盡力了, 但還是進步不快。）
- **Though** I've a bit of headache, it's nothing much.
  （我有一點頭痛, 不過並不嚴重。）

特別強調

- though 可作為副詞, 通常放在句尾, 意思是「可是, 然而, 不過」, although 則沒有這種用法。
  - We are classmates of high school. We haven't seen each other for years, **though**.
    （我們是高中同學 , 可是我們很多年沒見面了。）

C

> even though/even
> if 的用法
> ◄◄◄

這兩個片語表示語氣更強的讓步, 表示「再退一步說, 即使」。

16

- **Even though/Even if the learning is slow and painful**, the result is wonderful.
  （學習儘管是緩慢而艱苦的, 可是結果是美好的。）
- **Even though/Even if you say so**, I do not believe it.
  （即使你這麼說, 我也不相信。）

as 的用法

　　as表示「讓步」時，子句中的主詞補語、副詞或述詞中的實義動詞必須提前至句首。如果主詞補語是帶有冠詞的名詞，冠詞需要省去，though也有這種用法。

- **Pop star as/though she is**, she still needs to improve.
  （儘管已經成了流行歌手，她仍然需要努力。）
- **Fail as/though I did**, I would never give up.
  （儘管我失敗了，但是我永不放棄。）

E

wh-ever 類的用法

　　在引導讓步副詞子句時，wh-ever這類的詞可以換成「no matter＋對應的疑問詞」。

- **Whenever I'm unhappy**, it is my friend who cheers me up.
  =**No matter when I'm unhappy**, it is my friend who cheers me up.
  （不管什麼時候我不高興，我的朋友總是給我鼓勵。）
- I'll wait for you **however late it is**. =I'll wait for you **no matter how late it is**.
  （不管多晚我都會等你。）

比較副詞子句

在句子中作為比較副詞的子句，稱為比較副詞子句。比較副詞子句一般放在句尾。比較副詞子句常用 as，than 等連接詞引導。

- There are as many people in our town **as (there are) in your town**.
  （我們鎮的人口和你們鎮的人口一樣多。）
- His handwriting is not as good **as yours (is)**.
  （他的書法不如你的好。）
- He doesn't speak English as well **as you do**.
  （他英語說得不如你好。）
- He was more successful **than we had expected**.
  （他比我們想像的要成功。）
- He comes to the club less often **than he used to this month**.
  （這個月他到俱樂部的次數不如之前頻繁。）

9 方式副詞子句

A

| 方式副詞子句的
引導詞 | 在句子中作為方式副詞的子句，稱為方式副詞子句。方式副詞子句一般放在句尾，有時也會放在句中。常用的連接詞為 as, as if, as though等。 |

- Will you please do the experiment **as I am doing**?
  （請按照我的方法做這個實驗好嗎？）
- Leave the children **as they are**.
  （讓孩子們適性發展。）
- They stared at me **as if I were crazy**.
  （他們盯著我看，好像我瘋了。）

B

| as if，as though
的用法 |

❶ 這兩個連接詞引導的方式副詞子句，所表示的情況是事實或具有很大的可能性時，通常用陳述語氣。

- He closed his eyes **as if he wanted to sleep**.
  （他閉上了眼睛，好像想睡覺。）
- He is a happy-go-lucky man **as if he has no worries and cares in the world**.
  （他是一個隨遇而安的人，好像這個世界上沒什麼可以讓他憂慮的。）

❷ 方式副詞子句所表示的情況如果不是事實，而是主觀的想像或誇大性的比喻時，通常用虛擬語氣。與現在事實不符用一般過去式，與過去事實不符用過去完成式。

- They completely ignore there facts **as if they never exist**.
  （他完全忽略了這些事實，好像它們不存在似的。）
- She looked a bit strange, **as if she knew something**.
  （她看起來有點怪，好像她知道什麼事。）

16

副詞子句的省略

在副詞子句中，為了使語言更加簡潔、生動，經常運用省略形式。

在表示時間、條件、讓步、比較、方式等的副詞子句中，如果述詞中含有 be 動詞，主詞又和主句的主詞一致，或者主詞是 it 的時候，可以將主詞和 be 動詞一起省略。

- **While (I was) at college**, I began to know him, a strange but able student.（我從上大學時就認識他了，一個奇怪但有能力的學生。）
- **Whenever (it is) possible**, you should come and help.
  （不論什麼時候，只要可以你就來幫忙。）
- **As (he was) a child**, he became interested in art.
  （當他還是小孩時，他就對藝術感興趣。）
- **Unless (you are) here**, you can't find this kind of plants.
  （除非在這裡，你在其他地方找不到這種植物。）
- She has finished the work earlier **than (it has been) expected**.
  （她比預期提前完成了這項任務。）
- The boy is running impatiently here and there **as if (he is) searching for something**.（那個男孩煩躁地到處跑，好像在找什麼東西。）
- The football player is rolling on the ground **as if (he is) hurt badly in the leg**.（那個足球員在操場上打滾，好像他的腿傷得很厲害。）

特別強調

- as 在引導時間副詞子句時，後面不能運用省略形式，此時用 when, while 替代。
  - **When/While** living in London, I picked up English.
    （住在倫敦時，我學了英語。）

- if necessary, if possible, if true, if so, if not, if any, unless, once, as long as 等詞或片語也運用了省略形式。這種省略式的副詞運用頻繁，有的已經成了習慣表達法，因而對完整的副詞子句用的越來越少。
  - **If (it is) necessary,** you can refer to the dictionary.
    （如果有必要的話，你可以參考字典。）
  - **If (it is) possible,** I'll come to help.（如果可能的話，我會去幫忙。）
  - The weather will turn out fine tomorrow. **If (it is) so,** the sports meet will take place as planned.（明天天氣會轉好，如果這樣，運動會就會如期進行。）
  - There are few people nowadays, **if (there are) any**, who remember him.
    （現在很少有人能想起他。）

考題演練

■ （一）大學入試考古題：Choose the correct answer.（選擇正確的答案）

(1) The girl had hardly rung the bell _____ the door was opened suddenly, and her friend rushed out to greet her.
A. before　　　B. until　　　C. as　　　D. since

(2) Tim is in good shape physically _____ he doesn't get much exercise.
A. if　　　B. even though　　C. unless　　D. as long as

(3) _____ they decide which college to go to, students should research the admission procedures.
A. As　　　B. While　　　C. Until　　　D. Once

(4) Because of the heavy traffic, it was already time for lunch break _____ she got to her office.
A. since　　　B. that　　　C. when　　　D. until

(5) Mary made coffee _____ her guests were finishing their meal.
A. so that　　B. although　　C. while　　D. as if

(6) The little boy won't go to sleep _____ his mother tells him a story.
A. or　　　B. unless　　　C. but　　　D. whether

(7) —Our holiday cost a lot of money.
　—Did it? Well, that doesn't matter _____ you enjoyed yourselves.
A. as long as　　B. unless　　C. as soon as　　D. though

(8) The old man asked Lucy to move to another chair _____ he wanted to sit next to his wife.
A. although　　B. unless　　C. because　　D. if

(9) —How about camping this weekend, just for a change?
　—OK, _____ you want.
A. whichever　　B. however　　C. whatever　　D. whoever

(10) _____ you may have, you should gather your courage to face the challenge.

A. However a serious problem   **B.** What a serious problem

C. However serious a problem   **D.** What serious a problem

◗ （二）模擬試題：Choose the correct answer.（選擇正確的答案）

(1) The earth goes around the sun _____ the moon goes around the earth.

     A. so that   **B.** just like   **C.** as how   **D.** just as

(2) _____ rich one may be, there is always something one wants.

     A. Whatever   **B.** Whenever   **C.** However   **D.** Wherever

(3) Please let me know _____ you have any more information.

     A. the moment   **B.** unless   **C.** as far as   **D.** until

(4) _____ you have mentioned it, I'll remember to look after your dog when you go traveling.

     A. Before   **B.** If   **C.** Now that   **D.** Until

(5) _____ you want me to fire you, I suggest you stop wearing sports clothes at office.

     A. If   **B.** Since   **C.** Unless   **D.** Until

(6) Do what you think is right, _____ they say.

     A. however   **B.** whatever   **C.** whichever   **D.** what

(7) Helen listened carefully _____ she might discover exactly what she needed.

     A. in that   **B.** in order that   **C.** in case   **D.** even though

(8) Childhood is a wonderful time, with many joys and few responsibilities, _____ life can be harder for African children.

     A. because   **B.** while   **C.** although   **D.** if

答案・解說 ①

▶ (1) A (2) B (3) D (4) C (5) C (6) B (7) A (8) C (9) C (10) C

(1) 解釋：那個女孩剛剛想按門鈴時，門就突然開了。她的朋友衝出來跟她問好。
hardly...when/before「剛……就……」，是固定用法。until「直到……」；as「當……時候」；since「自從」。

(2) 解釋：即使沒做太多運動，提姆還是保持良好的身材。even though「即使」，表示讓步。if「如果」；unless「如果不，除非」；as long as「只要」。

(3) 解釋：一旦決定要讀哪一所大學，學生們就應該去瞭解入學的流程。once「一旦」。as「當……時候」；while「當……時候；然而」；until「直到……」。

(4) 解釋：因為交通擁擠，她到達辦公室時已經是午餐時間了。根據解釋，子句缺少時間副詞，且表示「在……時」的意思，因此用 when 引導。

(5) 解釋：客人們快吃完飯時，瑪麗煮了咖啡。while 這裡引導時間副詞子句，意思是「當……時候」，相當於 when。so that「為了；以致」；although「雖然」；as if「好像」。

(6) 解釋：這個小男孩不想去睡覺，除非媽媽講一個故事給他聽。unless 引導條件副詞子句，意思是「除非」。or「或者」；but「但是」；whether「是否」。

(7) 解釋：「我們的假期花了很多錢。」「是嗎？不過，只要你們高興，多花一點錢沒關係。」as long as「只要」，引導條件副詞子句。unless「除非」；as soon as「一……就」；though「儘管」。

(8) 解釋：那位老人請露西移到另外一張椅子上，因為他想跟他太太坐在一起。根據解釋可知，「想跟他太太坐在一起」是「露西換座位」的原因，因此用 because 引導原因副詞子句。although「儘管」；unless「除非」與 if「如果」均引導條件副詞子句。

(9) 解釋：「這個週末去露營如何？改變一下。」「好吧，你想怎樣就怎樣。」讓步副詞子句中的動詞 want 缺少受詞，因此用 whatever 引導。whichever「無論哪一個」，一般作限定詞；however「無論怎樣」，作副詞；whoever「無論誰」，指人。

(10) 解釋：不管遇到多麼棘手的問題，你都應該要鼓足勇氣去面對挑戰。however 為疑問副詞，意思是「無論如何，不管怎樣」，用來引導讓步副詞子句，後面接形容詞或副詞。however serious a problem 相當於 no matter how serious a problem。what 不能引導讓步副詞子句。

■ (1) **D** (2) **C** (3) **A** (4) **C** (5) **C** (6) **B** (7) **B** (8) **C**

(1) 解釋：地球圍著太陽轉就像月亮圍著地球轉一樣。just as「正如，好像」，引導方式副詞子句。so that「為了；以致」；just like, as how 不能引導方式副詞子句。

(2) 解釋：不管一個人多麼富有，總有他想要得到的東西。however「無論怎樣」，引導讓步副詞子句，後接形容詞或副詞。

(3) 解釋：你一有更多消息就馬上通知我。the moment「一⋯⋯就⋯⋯」，是名詞片語引導時間副詞子句。unless「除非」，表示條件；as far as「就⋯⋯而言」；until「直到」。

(4) 解釋：既然你提到了，我會記得你去旅遊的時候幫你照顧狗的。now that「既然」，引導原因副詞子句。before「在⋯⋯之前」，引導時間副詞子句；if「如果」，引導條件副詞子句；until「直到」，引導時間副詞子句。

(5) 解釋：如果你不想讓我解雇你，我建議你不要在辦公室裡穿運動服。unless「如果不，除非」，表示條件。

(6) 解釋：無論他們說什麼，做你認為對的事。whatever「無論什麼」，引導讓步副詞子句。however「無論怎麼樣」；whichever「無論哪個」；what「什麼」，不引導讓步副詞子句。

(7) 解釋：海倫聽得很仔細，以便發現自己需要的東西。in order that「以便」，引導目的副詞子句。in that「因為」；in case「以防」；even though「即使」。

(8) 解釋：童年是非常精彩的時期，有很多樂趣，沒什麼責任，儘管非洲孩子的生活可能比較艱困。although「儘管」，引導讓步副詞子句。

限定詞子句

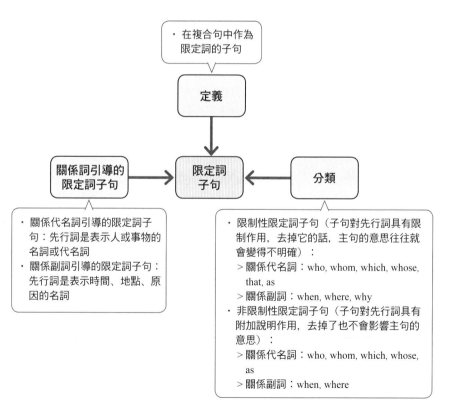

在複合句中作為限定詞，修飾名詞或代名詞的子句，稱為限定詞子句。限定詞子句在句子裡的作用相當於形容詞，因此又稱為形容詞性子句。

限定詞子句的先行詞和關係詞

被限定詞子句修飾的名詞或代名詞叫作先行詞，連接被修飾詞與子句的詞叫作關係詞。關係詞分成關係代名詞和關係副詞，除了起連接作用之外還要在子句中作主詞、受詞、主詞補語、副詞等組成部分。限定詞子句的關係詞、其指代的對象及其在子句中的作用見下表：

關 係 詞	指定代表對象	在子句中的詞性
who	人	主詞、受詞
whom	人	受詞
that	人或物	主詞、受詞、主詞補語
which	物	主詞、受詞
as	人或物	主詞、受詞
whose	人或物	限定詞
when	時間	副詞
where	地點	副詞
why	原因	副詞

2 關係代名詞的用法

常用的關係代名詞有 who, whom, whose, that, which, as 等，這些關係代名詞在限定詞子句中，作為主詞、受詞、主詞補語、限定詞等。關係代名詞主要有三個作用：代替先行詞；在限定詞子句中作為組成部分；連接先行詞與限定詞子句。

- Those shall be punished. + Those break the law.
  =**Those who** break the law shall be punished.
  （觸犯法律的人將會受到懲罰。）〔who 是關係代名詞，代替先行詞 those，在子句中作為主詞，同時把先行詞 those 與限定詞子句連接起來。〕

A

who/whom 的用法

二者都是指人。who在限定詞子句中作為主詞，whom在限定詞子句中作為受詞。但是在現代英語中，who可以代替whom在句子裡作為受詞。

- D.H.Lawrence, **who** was most famous for his novel *Lady Chatterley's Lover*, produced a mass of poems during his lifetime.
  （D.H. 勞倫斯以小說《查泰萊夫人的情人》最為著名，他一生創作了大量的詩歌作品。）〔who 在子句中作為主詞〕

**注意
一下**

直接跟在介係詞後面作為受詞時，只能用 whom 而不能用 who；在非限制性限定詞子句中，whom 不可以用 who 代替。

- Dickson is an able worker **who/whom** we all value highly.
  （迪克生是一位能幹的工人，我們對他的評價很高。）〔who/whom 在子句中作為受詞〕
- He introduced me to his children, one of **whom** offered to go with me as a guide.
  （他把我介紹給他的孩子們，其中一個孩子主動過來當我的嚮導。）〔whom 作介係詞的受詞〕

B

whose 的用法

whose一般指人，但有時候也會指物，在限定詞子句中作為限定詞，修飾子句中的某一個詞。

17

- You're the only one **whose advice** he might listen to.
  （只有你的建議他可能會聽。）
- I'd like a room **whose window** looks out over the sea.
  （我想要一個窗戶面海的房間。）

which 的用法

which一般指物，在限定詞子句中作為主詞、受詞，偶爾作為限定詞。

- The river **which runs** through the centre of the city brings us lots of pleasure.

（穿過市中心的那條河，帶給我們很多歡樂。）〔which 在子句中作為主詞〕

- That's exactly the topic **which** I'm going to pick up on.

（那正是我要深入討論的話題。）〔which 在子句中作為 pick up on 的受詞〕

- They stayed with me for three weeks **during which time** they drank all the wine I had.

（他們和我一起待了三個禮拜，這段期間他們喝光了我所有的酒。）〔which 在子句中作為限定詞修飾 time〕

D

that 的用法

that指人或物，在子句中可作為主詞、受詞或主詞補語。作受詞或主詞補語時可省略；作介系詞受詞時，介系詞不可以放到that的前面。

- It is the most important task **that** should be finished soon.

（這是必須馬上完成最重要的任務。）〔that 在子句中作為主詞〕

- The picture **(that)** we are studying was drawn by a fifteen-year-old student.

（我們正在研究的這幅畫，是一個十五歲的學生畫的。）〔that 在子句中作為受詞〕

E

as 的用法

as引導限定詞子句時，常出現於the same...as..., such... as..., as... as..., so... as...句型及非限制性限定詞子句中。as引導的限定詞子句常用省略形式，在子句中既可指人、指物，也可以指整個句子。

❶ as 在子句中可作為主詞、受詞、主詞補語等
- The explorer took only such men and things **as** he really needed into the jungle.

（探險者進入叢林時，只帶了一些他確實需要的人員和物品。）〔as 作為 needed 的受詞〕

- Such people **as** have made great contributions to the world should be greatly respected.

（那些對世界做出巨大貢獻的人，應該受到極大的尊重。）〔as在子句中作為主詞〕

❷ as 引導的子句可以放在句首、句中或句尾

- **As everybody knows**, Shakespeare is a famous writer.

（每一個人都知道，莎士比亞是一位著名的作家。）

- I'm very interested in, **as you know**, classical music.

（我對古典音樂很感興趣，這一點你是知道的。）

- David Herbert Lawrence was a famous British poet, **as is well known**.

（眾所周知，大衛・赫伯特・勞倫斯是英國的著名詩人。）

F

> 關係代名詞的省略

引導限制性限定詞子句的關係代名詞，在某些特定的情況下可以省略，但是在非限制性限定詞子句中，關係代名詞不可以省略。在限制性限定詞子句中，能夠省略關係代名詞的情況主要有：

❶ 當關係代名詞在子句中作為動詞的受詞時，關係代名詞可以省略。

- I have been to the city twice **(that/which)** you just visited.

（你剛參觀完的那座城市，我去過兩次。）

- I hope the advice **(that/which)** I put forward will be of some help.

（我希望我提的建議能有些幫助。）

❷ 關係代名詞在子句中作為主詞補語時，可以省略。

- After a score of years, Johnson is not the naughty boy **(who/that)** he used to be.

（二十年後，強生不再是當年那個淘氣的男孩子了。）

- Our city has taken on great changes.It is not the one **(that)** it seemed years ago.

（我們的城市發生了很大的變化，已不再是多年前的那個城市了。）

❸ 關係代名詞在子句中作為介系詞的受詞，而且介系詞在子句句尾時可以省略。

- Generation gap is a problem **(which/that)** people are interested in.

（代溝是人們感興趣的話題。）

- This is the car key **(which/that)** you've been looking for.

（這就是你一直在找的汽車鑰匙。）

❹ 主句以 there be 開頭時，很多時候關係代名詞可以省略，即使關係代名詞在子句中作為主詞。

- There is a mistake in your composition **(which)** wants correcting.
（你的作文裡有一處錯誤需要修正。）

- There are several elective courses **(which/that)** can be pretty interesting. （有幾門選修課程非常有趣。）

3 關係副詞的用法

A

| where 的用法 |

where代表特定地點，在限定詞子句中作為地點副詞。可以由in which, on which, at which, to which等結構代替。

- Potatoes can be grown in places **where (=in which)** it is too cold to grow rice.
（在有些太冷不能種植水稻的地方，可以種馬鈴薯。）

- You can leave all the documents in my office, **where (=in which)** my secretary will pick them up.
（你可以把所有文件放在我的辦公室，我的祕書會將這些文件取走。）

B

| when 的用法 |

when代表特定時間，在限定詞子句中作為時間副詞。此時常可用on which, in which, at which, during which等代替。

- I shall never forget the days **when(=during which)** we worked on the farm. （我永遠也不會忘記我們在農場工作的那段日子。）

- The war burst out in December **when(=in which)** people were expecting Christmas.
（戰爭爆發於十二月，那時人們正期待著耶誕節的到來。）

C

| why 的用法 |

why在限制性限定詞子句中作為原因副詞，可以用for which代替。先行詞通常為reason，why不可以引導非限制性限定詞子句。

- There is no good reason **why(=for which)** so many people pick up the bad habit of smoking. （這麼多人染上抽煙的惡習，對此並沒有什麼合理的原因。）

用法辨異
比較下面兩個句子：

- I don't want to hear any reason **(that/which)** you might give.
  （我不想聽你提出的任何理由。）〔關係代名詞 that/which 在子句中作為受詞〕
- This is the reason **(why)** he refused our offer.
  （這就是他拒絕我們援助的理由。）〔關係副詞 why 在子句中作為副詞〕

D

| that 的用法 |

在表示方式、時間、地點和原因的先行詞後面，常用that來代替in which, when, where或why，習慣上that常被省略。that的這種用法又稱為關係副詞的用法。

❶ 表示方式時，that(=in which) 主要修飾 way 常省略，此時不能用 how 引導限定詞子句。
  - Can you work out a way **(that/in which)** we can solve this problem?
    （你能找出解決這個問題的方法嗎？）
  - There are many ways **(that/in which)** one learns a foreign language.
    （學習外語有很多種方法。）

❷ 表示地點時，that=where= 介系詞＋ which，主要修飾先行詞 place，也可以省略。
  - I have never been to the places **(that/where/in which)** the Indians live.
    （我從沒去過那些印第安人居住的地方。）
  - We didn't find any place **(that/where/in which)** we could fix up our tents. （我們沒有找到任何可以搭帳篷的地方。）

❸ 表示時間時，that=when= 介系詞＋ which，主要修飾 day, time，也可以省略掉。
  - I still remember the days **(that/when/on which)** I helped my father on the farm. （我仍然記得在農場上幫爸爸忙的日子。）
  - Spring is a good time **(that/when/in which)** all plants are coming up.
    （春天是萬物生長的好時節。）

❹ 另外，that 有時候還可以用來代替關係副詞 why，表示原因。
  - The reason **that (=why)** he lost his life was lack of medical care.
    （他的死是由於缺乏醫療護理所造成的。）
  - The spokesman didn't touch on the reason **that (why)** the war didn't cease.
    （發言人沒有談到戰爭還沒停止的原因。）

17

關係副詞的省略

❶ 在某些表示時間的名詞後面，關係副詞可以省略，如 the time, every time, each time, the moment 等。

- By the time **(when)** he was fourteen years old Einstein had learnt advanced mathematics all by himself.
（十四歲時，愛因斯坦已經完成了高等數學的自學。）
- Do you still remember the day **(when)** we first met?
（你還記得我們第一次相遇的那天嗎？）

❷ 在某些表示地點的名詞後面，關係副詞有時候也可以省略，如 the place。

- That's the place **(where)** he lived when he was in Paris.
（那就是他在巴黎時居住的地方。）
- This is the place **(where)** we worked together years ago.
（這就是多年前我們一起工作的地方。）

❸ 先行詞 the reason 後面的關係副詞有時候可以省略。

- That's the reason **(why)** I asked you to come.
（這就是我叫你來的原因。）
- The reason **(why)** he did that is quite clear.
（他那樣做的理由是非常清楚的。）

❹ 當先行詞是 way 時，關係副詞常常省略。

- I appreciate the way **(that)** you teach us.
（我喜歡你教我們的方式。）
- Hope you like the way **(that)** I'm lecturing.
（我希望你們能喜歡我講課的方式。）

「介詞＋關係代名詞」結構

「介系詞＋關係代名詞」結構

◀◀◀

　　有時候限定詞子句中的介系詞，可以放在關係代名詞的前面，形成「介系詞＋關係代名詞」結構，其中的關係代名詞表示人的時候用whom，表示物的時候用which，表示所屬關係的時候用whose。

- Spring is a critical period **in which/during which (=when)** all plants are coming up.
  （春天萬物復甦，這是一個重要的時期。）
- I have never been to such a place **in which (=where)** there are vast prairies.
  （我從沒去過有這樣一望無際大草原的地方。）
- I'd like you to explain the reason **for which (=why)** you were absent.
  （我想請你解釋一下沒來的原因。）
- I don't like the way **in which (=that)** you treat us.
  （我不喜歡你對待我們的方式。）

注意一下

為了表示部分、數量、所屬等意義，有時候介系詞前面還可以加上 some、many、most、a little 等詞。

- Here are the questions, <u>some of which (=of which some)</u> I thought difficult for you.（就是這些問題，其中一些我認為對你來說太難了。）
- Present at the meeting were almost experts on DNA, <u>most of whom (=of whom most)</u> came from the US.（出席會議的大都是 DNA 專家，其中大部分來自美國。）

「介系詞＋關係代名詞＋不定詞」結構

◀◀◀

　　在英語中，有時候為了強調某一個名詞，不定詞前面也可加上關係詞。

- Here is **the money with which to buy a piano**. (=Here is the money to buy a piano.)
  （這就是買鋼琴的錢。）
- She is **the right person on whom to depend**. (=She is the right person to depend on.)
  （她就是值得信賴的人。）

17

C

關係代名詞前面
的介系詞

❶ 依據限定詞子句中動詞的習慣搭配而定

- I bought a great many books, **on which I spent** all my money that I saved.

  （我買了很多書，這些書花了我所有的積蓄。）〔句子裡的 on 是依據 spend... on... 結構而定。〕

- This project, **to which** I have **devoted** lots of time, will be a great success.

  （這項工程我投入了很多時間，肯定能成功。）〔句中的 to 依據 devote... to... 結構而定。〕

❷ 依據先行詞的某種習慣搭配而定

- I'll never forget **the time during which** I spent my childhood in the country.

  （我永遠不會忘記在鄉村度過的童年時光。）〔先行詞 the time 習慣上可與 during/in/at 搭配，表示「在某段時間內」。〕

- This is, in town, **the lowest price at which** you can buy the products of the best quality in our shop.

  （這是城裡最便宜的價格，以這個價格你可以在我們店買到品質最好的產品。）〔先行詞 price 可與 at 搭配，表示「以……價格」。〕

❸ 根據所表達的意思而定

- The colorless gas **without which** we cannot live is called oxygen.

  （這種無色的氣體就是氧氣，離開它我們就不能生存。）

- I live in a small town, **near/around which** there's a beautiful lake.

  （我住在一個小鎮，在它附近／周圍有一個美麗的湖。）

Extension【延伸學習】

有些「動詞＋介系詞」片語如果拆開會失去原有的意義，這時候不可以把介系詞放在關係代名詞前面。常見的不可以拆開的動詞有：

- care for（喜歡;關心）
- get through（度過）
- look for/after（尋找／照顧）
- deal with（處理，對付）

- send for（派人去請）
- see to（照顧，料理）
- hear from（收到某人的來信）
- hear of/about（聽說）

378

- This is the right tape **for which I'm looking**. (×)
- This is the right tape **which I'm looking for**. (√)
  （這就是我正找的那卷卡帶。）

5 限制性與非限制性限定詞子句

A

限制性限定詞子句

　　限制性限定詞子句用來修飾和限定先行詞，與先行詞間的關係非常密切，它所修飾的先行詞代表一個（些）或一類特定的人或事物，說明先行詞的性質、身份、特徵等狀況。如果省略掉，意思就會變得含糊不清。

- A doctor is a person **who looks after people's health**.
  （醫生就是照顧人們健康的人。）
- Good luck sometimes is a factor **which plays an important role in one's success**.
  （有時候，幸運對一個人的成功扮演重要作用的因素。）

注意一下
第一個例句如果省略掉 who looks after people's health，變成了 A doctor is a person.（醫生是人），就完全失去了原句的意義。

B

非限制性限定詞子句

❶ 非限制性限定詞子句的特點

　　非限制性限定詞子句具有補充說明的作用，它與主句的關係不像限制性限定詞子句那樣緊密，只是對先行詞作附加說明，即使省略掉，主句的意思依然清楚。在非限制性限定詞子句的前面往往有逗號隔開，如果將非限制性限定詞子句放在句子中間，在子句的前後都需要用逗號隔開。

- Last month I met Holly, **who was then preparing for a test**.
  （上個月我碰到荷莉，她正在為一次測試作準備。）
- Yesterday, Jimmy left for Canada, **where he had stayed two years**.
  （昨天吉米去加拿大了，他曾經在那裡待過兩年。）

注意一下
這些例句如果去掉限定詞子句，主句的意思仍然清楚，不會影響對它的理解。

17

- I love reading, singing and dancing, **which makes it easier for me to get more social**.
（我喜歡讀書、唱歌、跳舞，這讓我更容易社交。）

❷ 引導非限制性限定詞子句的關係詞

引導非限制性限定詞子句的關係詞如下表所示：

代表對象	指 人	指 物
主 詞	who	which, as
受 詞	whom	
限定詞	of whom, whose	which, of which, whose

注意:關係代名詞 that 不引導非限制性限定詞子句;
引導非限制性限定詞子句的關係副詞主要有 when，where;
關係副詞 why 不能引導非限制性限定詞子句。

❸ 運用非限制性限定詞子句的情況

ⓐ 當關係代名詞代表整個主句內容時，用非限制性限定詞子句。
- She said she had finished her work, **which** I doubted very much.
（她說她已經完成了工作，我對此深感懷疑。）
- Ali often spoke highly of his part in the play, **which** made all of us very unhappy.（阿里總是高度評價自己在劇中的角色，這使得我們大家都很不高興。）

ⓑ 當先行詞指的是世界上獨一無二的事物或專有名詞時，用非限制性限定詞子句。
- The moon, **which** is 384,400 kilometers away from the earth, creates many beautiful stories.
（月球，這個離地球 384,400 公里遠的星球，留下了許多美好的故事。）
- We all honour and respect Albert Einstein, **who** is the greatest physicist in the world.
（我們都尊重這位世界上最偉大的物理學家——阿爾伯特·愛因斯坦。）

ⓒ 先行詞指的是某人唯一的某個親屬（son, daughter, father, mother, wife 等）時。
- My father, **who** is an excellent violinist, is leaving for Canada for performances.
（我爸爸是一名出色的小提琴手，他正準備去加拿大演出。）

用法辨異

請對下面的限制性和非限制性限定詞子句進行比較：

• My sister **who works in Shanghai** sends me an e-mail almost every day.
（我在上海工作的姐姐，幾乎每天都寫電子郵件給我。）〔除了在上海工作的姐姐外，還有其他姐姐。〕

• My sister, **who works in Shanghai**, sends me an e-mail almost every day.
（我姐姐在上海工作，她幾乎每天都寫電子郵件給我。）〔我只有一個姐姐。〕

ⓓ 當出現 some, many, few, a few, little, much, most, two, none of which, whom 等結構時，常用非限制性限定詞子句。

• I have three foreign teachers, **two of whom** are from Canada.
（我有三個外籍教師，其中兩個來自加拿大。）

• You've made many mistakes, **most of which** were due to your carelessness.
（你犯了很多錯誤，大多數是由於你粗心造成的。）

• I have read many books, **none of which** are about outboard tourism.
（我讀過很多書，但沒有一本是關於國外旅遊的。）

限制性限定詞子句和非限制性限定詞子句在結構、用法及意義上差別很大。如下表所示：

區別點 \ 子句	限制性限定詞子句	非限制性限定詞子句
與先行詞的關係	關係緊密，刪除後影響整個主句意義的表達	只是補充說明，刪除後不影響整個主句意義的表達
逗號的運用	不用逗號	用逗號
that 的運用	可用 that	不可用 that
which/who 在子句中作為受詞時是否可省略	可省略(that 在子句中作為受詞時也可以省略)	不可省略
whom 在子句中作為受詞時是否可用 that 或 who 替代	可替代(緊接在介系詞後的情況除外)	不可替代
念的時候是否停頓	不停頓	停頓，用降調
是否可以修飾句子	不可以	修飾整個句子，此時有逗號隔開，只能由 which 或 as 引導
詞意	限定詞	並列句

6 其他形式的限定詞子句

A
分隔式限定詞子句

所謂分隔式限定詞子句，就是為了某種特殊的需要，與先行詞分離的限定詞子句。

- I have **a picture** by a famous painter **which was sent to me for my birthday**.（我有一幅出自名家手筆的畫，那是別人送我的生日禮物。）
- **The days** are gone **when we lived together, worked together and played together**.
（我們一起居住、一起工作、一起玩耍的日子一去不復返了。）

B

> 混雜式限定詞子句

有時候限定詞子句的關係詞，與後面的詞之間會插入如I think, I believe, I guess, I expect, I am sure或they say等句型，使限定詞子句更加複雜，我們稱這種限定詞子句為混雜式限定詞子句。

- James is the only one who **we expect** will win.
  （詹姆士是我們認為唯一能贏的人。）
- The girl knows three foreign languages, which **we all think** makes it easier for her to find a good job.
  （這個女孩會三種外語，我們都認為這會讓她更容易找到一份好工作。）

特別強調

- 在下面的句子中，the police thought 不能認為是插入語，而應該把 whom the police thought to be dead 看成一個完整的限定詞子句。
  - The man **whom the police thought to be dead** appeared in the park last night.
    （警方以為已經死了的那個人，昨天晚上在公園裡出現了。）

C

> 多重限定詞子句

同時修飾一個先行詞的兩個或多個限定詞子句，為多重限定詞子句，在多重限定詞子句中關係詞一般不省略。

- I find it hard to leave the land **where** I have lived for 30 years and **where** there are sweet memories of my childhood.
  （我發現很難離開這片我生活了三十年，有著我甜美童年記憶的土地。）
- I'll never forget the moment **when** I first met Mary and **which** makes me always feel happy.
  （我永遠也忘不了和瑪麗第一次見面的那一刻，那是我永遠感到幸福的時刻。）

限定詞子句中需注意的事項

A

主述一致問題
◀◀◀

關係代名詞在限定詞子句中作為主詞時，限定詞子句中述詞動詞的單複數形式應該與先行詞一致。

❶ 先行詞是單數時，子句的述詞動詞用單數；先行詞是複數時，子句的述詞動詞用複數。
- **Mr Smith**, who **is** now downstairs, is asking to see you.
  （史密斯先生要見你，他現在正在樓下。）
- **Mr and Mrs Smith**, who **are** now downstairs, are asking to see you.
  （史密斯夫婦要見你，他們正在樓下。）

❷ 先行詞為「one of ＋複數名詞」時，述詞動詞用複數形式；先行詞為「the (only, very, right) one of ＋複數名詞」時，述詞動詞用單數形式。
- Jeff is **one of the students** who **were** awarded.
  （傑夫是獲獎的學生之一。）
- Jeff is the only **one of the students** who **was** awarded.
  （傑夫是這些學生中唯一一個獲獎的。）

B

用 that 不用 which
的情況
◀◀◀

❶ 當先行詞是 all, much, little, few, none, any(thing), every(thing), no(thing) 等不定代名詞或被其修飾時。
- There is not much **that** ought to be done right now.
  （現在沒有多少應該要做的事情。）
- I did nothing **that** might hurt you.
  （我沒做任何可能傷害你的事。）

❷ 當先行詞是主句的主詞補語，或關係代名詞在子句中作為主詞補語時。
- He is not the man **that** he was.
  （他不是以前的他了。）
- The school is quite different from the one **that** it used to be.
  （這所學校已經和原來的迥然不同了。）

❸ 當主句以 here, there 開頭, 且先行詞是指物的名詞時。

- Here is the hotel **that** you've been looking for.
  （這就是你一直在找的旅館。）
- There is a seat in the corner **that** is still not taken.
  （角落還有一個空位。）

❹ 當先行詞前有 the only, the same, the very, the right, the last 等修飾時。

- These articles are the very ones **that** should be read.
  （這些就是應該讀的文章。）
- Chatting was the only thing **that** interested her most.
  （聊天是她唯一感興趣的。）

❺ 當先行詞是序數詞、形容詞最高級, 或者先行詞被序數詞或形容詞最高級修飾時。

- This is the best film **that** has been shown so far in the city.
  （這是這座城市目前播放過最好的電影。）

❻ 當主句是以 which 開頭的特殊疑問句時。

- Which of us **that** knows something about physics cannot join electric wires?
  （我們之間誰懂物理但不會接電線的？）

❼ 當先行詞既有指人的名詞, 又有指物的名詞時。

- She took photographs of the things and people **that** she was interested in.（她把她所感興趣的人和物全部拍攝了下來。）

**巧學
妙記
！**

that, which 引導限定詞子句的異同

that, which 可否換,
下列情況要照辦；
that 情況比較多,
不妨對你說一說；
不定代名詞當作先行詞,
全用 that 準沒錯；
先行詞前被限制,
千萬不要用 which,
要用 which 別著急,
介系詞提前逗 (號) 隔離。

> 用 which 不用 that
> 的情況
> ◂◂◂

❶ 在非限制性限定詞子句中。
- Football, **which** is a very interesting game, is played all over the world.
  （足球是很有趣的運動，現在全世界都在踢。）

❷ 在限定詞子句中作為介系詞的受詞，而且介系詞放在關係代名詞前時。
- I'm looking for a container **in which** I can put all these peaches.
  （我想找一個能放得下這些桃子的容器。）

> D
> 關係代名詞 as 和
> which 的區別
> ◂◂◂

關係代名詞 as 與 which 引導非限制性限定詞子句時，可以用整個主句作為它的先行詞，代表上文或下文所說的一件事。但是as和which具有不同的意思、文法和用法。

❶ as 引導的子句表示說話人對話語的看法、態度、解釋或評論。

ⓐ 此時的 as 仍然具有「正如，像，由……而知，與……一致」等某些連接詞的詞義，翻譯時有時候可以不必翻譯出來。
- Shakespeare is a famous writer, **as** we all know.
  （莎士比亞是著名的作家，這是眾人皆知的。）
- She is very patient, **as** is shown in her work.
  （她很有耐心，正如她在工作中所表現出來的一樣。）

ⓑ 在文法上，as 常用作為一些實義動詞 (如 see, know, hear, watch, remember, say, tell, show, expect, guess 等) 的受詞，這類動詞與 as 固定搭配。
- **As** we all expected, the plan turned out to be very successful.
  （正如我們所期望的，這項計畫很成功。）
- There was a cyber cafe around here, **as** I remember.
  （我記得在這附近有一家網咖。）

ⓒ as 子句可以放在主句前面（而 which 子句則不可以）。
- **As can be seen**, oceans cover more than 70% of the earth.
  （正如我們所看到的，海洋面積超過地球表面 70%。）

❷ which 引導的此類子句，對主句所敘述的事情進行補充說明，表示事物的狀態或結果。

ⓐ 此時 which 指前面主句所提到的這件事，也就是「這一點、這件事」的意思。主句與子句通常要用逗號隔開，只能放在被修飾句子的後面。

- The child had a fever every night, **which** worried his parents very much.（這孩子每天晚上都發燒，這讓他父母非常擔心。）

ⓑ which 在文法上一般作為實義動詞的主詞，這時候它所引導的子句與主句之間，常含有並列或因果關係。

- I bought my sister a big toy, **which (=and that)** delighted her greatly.（我幫妹妹買了一個大玩具，這讓她非常高興。）

ⓒ 在子句中作為限定詞或介系詞受詞時，要用 which。

- She might possibly come, in **which** case I'll ask her.（她可能會來，要是那樣的話，我就去問她。）

ⓓ 不能省去非限制性限定詞子句中的 be 動詞時，用 which (反之則用 as)。

- Jane told me she won the match, **which** was a lie.（珍告訴我她贏了這場比賽，這是一個謊言。）〔不可以省略 was〕
- **As** (was) planned, we met in the park.（依照計畫，我們在公園見面。）〔可以省略 was〕

ⓔ 當子句的述詞動詞為否定形式，或者子句述詞動詞是複合受詞結構時，一般用 which 而不適合用 as。

- He pretended not to know me, **which** I didn't understand.（他假裝不認識我，這一點令我不解。）
- He admires everyone in the class, **which** I find quite strange.（他羨慕班上的每個同學，我感覺太奇怪了。）

E

the same...as/that...,
such... as/that... 的區別
◀◀◀

❶ the same...as/that...

as意思是「如同……一樣的」，引導的限定詞子句往往著重在方式上；而that引導的限定詞子句，往往著重同一對象或人。

- I bought **the same** dictionary **as** you borrowed.
  （我買了一本跟向你借的一樣的字典。）
- I met **the same** person **that** I saw yesterday.
  （我遇到了我昨天看見的那個人。）

Extension【延伸學習】

有時候 the same... as... 也可以指同一個事件，不過這時候 as 引導的限定詞子句很像副詞子句。

- Let's meet at **the same** place **as** we did yesterday.
  （我們在昨天見面的地方碰個面吧！）

在表示方式時必須用 the same...as...。

- You should watch carefully and do **the same** thing **as** I do.
  （你必須認真觀察並學著我的樣子做。）

---

❷ such... as/that...

as引導限定詞子句，在子句中作為主詞、受詞等；that引導結果副詞子句。

- They had **such** a fierce dog **as** I had never seen.
  （他們有一條我從未見過的惡犬。）〔as 作為 seen 的受詞〕
- They had **such** a fierce dog **that** no one dared to go near their house.
  （他們家有一條惡犬，沒人敢靠近他們家。）〔that 沒有意思〕

考題演練

■ （一）大學入試考古題：Choose the correct answer.（選擇正確的答案）

(1) The old temple _____ roof was damaged in storm is now under repair.
   A. where   B. which   C. its   D. whose

(2) Stephen Hawking believes that the earth is unlikely to be the only planet _____ life has developed gradually.
   A. that   B. where   C. which   D. whose

(3) I've become good friends with several of the students in my school _____ I met in the English speech contest last year.
   A. who   B. where   C. when   D. which

(4) After graduating from college, I took some time off to go travelling, _____ turned out to be a wise decision.
   A. that   B. which   C. when   D. where

(5) Wind power is an ancient source of energy _____ we may return in the near future.
   A. on which   B. by which   C. to which   D. from which

(6) I refuse to accept the blame for something _____ was someone else's fault.
   A. who   B. that   C. as   D. what

(7) The settlement is home to nearly 1,000 people, many of _____ left their village homes for a better life in the city.
   A. whom   B. which   C. them   D. those

(8) —Can you believe I had to pay 30 dollars for a haircut?
   —You should try the barber's _____ I go. It's only 15.
   A. as   B. which   C. where   D. that

(9) As a child, Jack studied in a village school, _____ is named after his grandfather.
   A. which   B. where   C. what   D. that

(10) The girl arranged to have piano lessons at the training centre with her sister
_____ she would stay for an hour.

    A. where   **B.** who   **C.** which   **D.** what

▶ （二）模擬試題：Choose the correct answer.（選擇正確的答案）

(1) He has made many friends, _____ is helpful to him when he is in trouble.

    A. which   **B.** who   **C.** it   **D.** that

(2) _____ John Kennedy put it, "Ask not what your country can do for you, ask
what you can do for your country."

    A. Which   **B.** As   **C.** While   **D.** What

(3) You will have to wait for one more week, _____ the manager will be back
from his trip.

    A. after   **B.** while   **C.** when   **D.** since

(4) Our partnership with France Telecom is really a win-win situation _____
both sides benefit a great deal.

    A. which   **B.** that   **C.** where   **D.** what

(5) The famous basketball star, _____ tried to make a comeback, attracted a lot
of attention.

    A. who   **B.** when   **C.** which   **D.** where

(6) The reason _____ she explained seemed reasonable.

    A. why   **B.** that   **C.** what   **D.** if

(7) My teacher came to Taipei to continue his higher education in 2009, _____
he thought it easy for him to hunt for a teaching job before graduation.

    A. which   **B.** when   **C.** that   **D.** who

(8) A fast restaurant is the place _____, just as the name suggests, eating is
performed quickly.

    A. which   **B.** where   **C.** there   **D.** what

(9) The reason _____ we cannot do some outdoor sports as usual is that August
is a strange season with different changing weathers here in Austria.

    A. which   **B.** why   **C.** of which   **D.** with which

⑽ This is Mr. Smith, _____ I think has something interesting to tell us.
    A. who   **B.** whom   **C.** that   **D.** /

⑾ Willie has complained to the sales manager about the PC he bought _____ screen exploded for no reason.
    A. which   **B.** where   **C.** whose   **D.** when

⑿ You can't imagine how much we respect Professor Johnson now, _____ we used to laugh at so much.
    A. who   **B.** when   **C.** whom   **D.** though

⒀ —Where did you find the gloves?
    —In the case _____ mother put the old clothes.
    A. which   **B.** where   **C.** that   **D.** when

⒁ What impressed me most were the things and persons _____ we talked about at the meeting last week.
    A. that   **B.** which   **C.** who   **D.** what

⒂ Internet crime is a subject _____ the world might argue for a long time.
    A. of which   **B.** with which   **C.** about which   **D.** into which

答案・解說 ①

▶ (1) D (2) B (3) A (4) B (5) C (6) B (7) A (8) C (9) A (10) A

(1)　解釋：那座屋頂在暴風雨中遭到破壞的古廟，正在維修中。所選正確答案引導子句作 temple 的限定詞，並在子句中作 roof 的限定詞，因此用 whose。where 在子句中作副詞；which 在子句中作主詞、受詞等；its 不引導限定詞子句。

(2)　解釋：史蒂芬・霍金認為地球不可能是唯一有生命發展的行星。引導的子句作限定詞修飾表示地點的名詞 planet，且子句中缺少副詞，因此用 where 引導。that, which 在限定詞子句中作主詞、受詞等，不作副詞；whose 在限定詞子句中作限定詞。

(3)　解釋：我已經跟我們學校去年參加英語演講比賽的幾個學生成了好朋友。引導子句作限定詞修飾 students，並在子句中作 met 的受詞，因此用 who。

(4)　解釋：大學畢業後，我花了一點時間去旅遊，結果證明這是一個明智的決定。逗號後面的句子是非限制性限定詞子句，先行詞是前面整個主句，子句缺少主詞，因此用 which 引導。that 不引導非限制性限定詞子句；when 和 where 在句中作副詞，不能作主詞。

(5)　解釋：風能是一種古老的能源，在不久的將來，我們可能會重新利用。表示「回歸到……」時動詞 return 常與介系詞 to 搭配，所以這裡的「介系詞＋關係代名詞」形式用 to which。

(6)　解釋：我拒絕接受因別人過錯而導致對我的責備。引導限定詞子句並在子句中作主詞；先行詞是指物的不定代名詞 something，所以關係代名詞用 that。who 的先行詞為指人的名詞或代名詞；as 引導限制性限定詞子句時，前面一般有 the same、such、as 等；what 不能引導限定詞子句。

(7)　解釋：這個安置點大約住了 1000 個人，他們大多數是離開農村來到城裡尋求更好生活的人。根據句子句型判斷，逗號後面是非限制性限定詞子句；先行詞是 people，故限定詞子句用 whom 引導。which 引導限定詞子句，其先行詞為指物的名詞或代名詞；them 和 those 不引導限定詞子句。

(8)　解釋：「你相信我花了 30 美元理髮嗎？」「你應該到我去的理髮店試試，那裡只要 15 美元。」引導的子句用來修飾表示地點的名詞 the barber's（理髮店），且子句中缺少副詞，因此用關係副詞 where 引導。as, which, that 均為關係代名詞。

(9)　解釋：傑克小時候在一所鄉村學校求學，這所學校以他爺爺的名字命名。限定詞子句的先行詞是 a village school，which 引導非限制性限定詞子句並在子句中作主詞。where 在子句中作地點副詞；what 不引導限定詞子句；that 不引導非限制性限定詞子句。

(10)　解釋：這個女孩打算跟她姐姐一起在這所培訓中心學一個小時的鋼琴。該限定詞子

句的先行詞為表示地點的 training centre，且限定詞子句中缺少地點副詞，因此用 where 引導。who/which 在限定詞子句中作主詞或受詞；what 不能引導限定詞子句。

答案・解說②

▶ (1) **A** (2) **B** (3) **C** (4) **C** (5) **A** (6) **B** (7) **B** (8) **B** (9) **B** (10) **A** (11) **C** (12) **C** (13) **B** (14) **A** (15) **C**

(1) 解釋：他交了很多朋友，當他遇到困難的時候，這對他很有幫助。逗號前後沒有連接詞，所以該句型為非限制性限定詞子句，排除 it；由 is 可知，先行詞是前面主句的整個內容而不是 friends，所以用 which。

(2) 解釋：正如約翰・甘迺迪所說，「不要問國家能為你做什麼，問問你能為國家做什麼。」引用某個人的話時，通常的表達方式是：as somebody put it，表示「正如某人所說的」。

(3) 解釋：你將不得不再等一個星期，那時候經理就會旅行回來了。引導的非限制性限定詞子句修飾指時間的先行詞 one more week，並在子句中作時間副詞，所以用 when。

(4) 解釋：我們與法國電信公司的合作是真正的雙贏局面，雙方都在其中受益匪淺。引導的限定詞子句修飾先行詞 situation，並在子句中作副詞，所以用 where。

(5) 解釋：那位籃球明星想要復出，他受到了很多關注。引導非限制性限定詞子句修飾先行詞 the famous basketball star，並在子句中作主詞，所以用 who。

(6) 解釋：她解釋的原因似乎很合理。引導的限定詞子句修飾先行詞 the reason，並在子句中作受詞，所以用 that。why 在子句中作原因副詞；what 和 if 不能引導限定詞子句。

(7) 解釋：我們老師 2009 年來到台北繼續深造，當時他認為畢業前找到一份教學工作對他來說很容易。引導非限制性限定詞子句修飾表示時間的先行詞 2009，並在子句中作時間副詞，所以用 when。

(8) 解釋：速食店，顧名思義就是一個吃飯很快的地方。引導的限定詞子句修飾先行詞 the place，並在子句中作地點副詞，所以用 where；just as the name suggests 是插入語。

(9) 解釋：我們沒有像往常那樣頻繁地進行戶外活動，是因為奧地利 8 月是個天氣變化無常的奇怪季節。reason 後的子句作限定詞，且子句缺少副詞，因此用 why 引導。

(10) 解釋：這就是史密斯先生，我想他有有趣的事情要告訴我們。引導的非限制性限定詞子句修飾先行詞 Mr. Smith，並在子句中作主詞，且不能省略，因此用 who。

⑾　解釋：威利向銷售經理抱怨他買的電腦螢幕不知什麼原因爆炸了。引導的限定詞子句修飾先行詞 the PC，並在子句中作 screen 的限定詞，所以用 whose。

⑿　解釋：你無法想像我們現在多麼尊敬強生教授，可是我們以前常常嘲笑他。引導的限定詞子句修飾先行詞 Professor Johnson，並在子句中作 at 的受詞，因此用關係代名詞 whom。

⒀　解釋：「你在哪裡找到的手套？」「在媽媽放舊衣服的箱子裡。」引導限定詞子句修飾先行詞 the case，並在子句中作副詞，所以用 where。which 和 that 在子句中作主詞、受詞或主詞補語等；when 在子句中作時間副詞。

⒁　解釋：讓我印象非常深刻的，是我們上星期在會議上討論的人和事。先行詞既有人也有物時，用關係代名詞 that 引導。

⒂　解釋：網路犯罪是大家爭議很久的一個話題。argue about「議論某事」，是固定用法，故關係代名詞前面的介系詞用 about。

強調、倒裝和省略

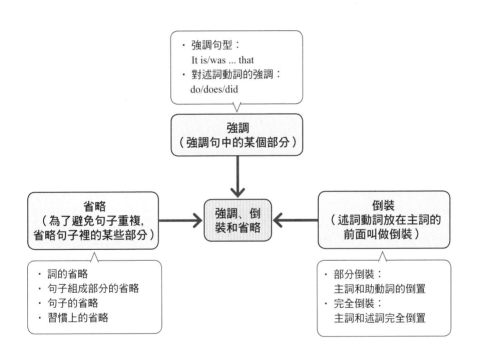

- 強調句型：
  It is/was ... that
- 對述詞動詞的強調：
  do/does/did

強調
（強調句中的某個部分）

強調、倒裝和省略

省略
（為了避免句子重複,
省略句子裡的某些部分）

- 詞的省略
- 句子組成部分的省略
- 句子的省略
- 習慣上的省略

倒裝
（述詞動詞放在主詞的
前面叫做倒裝）

- 部分倒裝：
  主詞和助動詞的倒置
- 完全倒裝：
  主詞和述詞完全倒置

　　強調是一種修辭方式，是為了對句子裡部分內容進行強調而採用的一種方式。主詞和述詞有兩種語序，主詞在前面稱為自然語序；如果述詞在主詞前面，稱為倒裝語序。省略是一種修辭方式，省略主要是為了避免重複，以保持句子精簡。

1 強調

強調是為了對句子的部分內容進行強調而採用的一種修辭方式。英語中常見的強調主要有強調句型 It is/was...that..., 和助動詞 do/does/did 進行強調。

A

> It is/was... that 強調句型
> ◀◀◀

這種強調結構由「It is/was＋被強調部分＋that...」形成，可以強調句子中的主詞、受詞、副詞等部分。

- **It was** under the bed **that** my brother hid the ball this morning.
  （今天早上，我弟弟把球藏在床下。）〔強調地點副詞〕
- **It is** I **who/that** am to go and look after the old man.
  （是我要去照顧那位老人。）〔強調主詞〕
- **It was** Jack and Mary **who/that** met with a funny looking man yesterday.
  （昨天是傑克和瑪麗遇見一個長得很滑稽的男人。）〔強調主詞〕
- **It was** the goat's eyes **that** he had seen in the dark.
  （他在黑暗中看見的是山羊的眼睛。）〔強調受詞〕
- **Was it** during the war **that** he lost his life?
  （他是在戰爭中失去生命的嗎？）〔強調時間副詞〕

❶ 引導詞的運用

　　強調句子裡的引導詞沒有實際意義，只有語法連接作用。被強調部分如果是指人的名詞時，引導詞用who和that都可以，其他情況下一律用that。如果把強調句的部分去除掉，其他部分仍然是一個完整的句子。

- **It was** at the airport **that** I met our manager yesterday.
　（昨天我是去機場接我們經理的。）〔強調地點副詞〕
- **It was** yesterday **that** I met our manager at the airport.
　（我是昨天去機場接我們經理的。）〔強調時間副詞〕
- **It was** our manager **that/who** I met at the airport yesterday.
　（我昨天去機場接的是我們經理。）〔強調受詞〕
- **It was** I **that/who** met our manager at the airport yesterday.
　（昨天去機場接我們經理的是我。）〔強調主詞〕

❷ 時態的運用

　　強調句子裡的時態要依原句的時態而定，如果原句為過去的某種時態，那麼強調句中的be就要用過去式；如果原句為現在的某種時態，強調句中就要用be的現在式。有時候還可以用It might be/must have been/can't be...that等句型。

- **It is** Jack **who** loves football most.
　（最喜歡足球的是傑克。）〔is 與 loves 時態保持一致。〕
- **It was** because I was stuck in the traffic **that** I came late.
　（因為交通堵塞我才來晚的。）〔was 與 came 時態保持一致。〕
- **It must have been** Tom **who** phoned yesterday.
　（昨天一定是湯姆打電話來。）

❸ 人稱和單複數的運用

　　被強調的部分如果是句子的主詞，that/who後面的述詞動詞在人稱和單複數上要跟被強調的主詞保持一致。

- It is **I** that/who **am** going to study abroad.
　（要去國外讀書的是我。）
- Is it **Professor Wang** that/who **teaches** you English?
　（是王教授教你們英語嗎？）

❹ 強調句型的疑問形式

　　強調句的一般疑問句是「Is/Was it＋被強調部分＋that/who...?」，特殊疑問句是「疑問詞＋is/was＋it that...?」。

- **Was it** your mother **that** spoke to you just now?
　（剛才與你說話的是你母親嗎？）
- **Was it** because you were late **that** you got scolded?
　（因為遲到你才被責罵的嗎？）

- **Why was it that** he cried yesterday?
  （他昨天究竟為什麼哭？）
- **Where is it that** you have left your dictionary?
  （你究竟把字典掉在哪裡了？）

注意
一下

強調句的特殊疑問句型
中，被強調的只有特殊
疑問詞。

❺ 對 not...until... 句型的強調

含有not... until...的句子在進行強調時，應該把not連同until一起放在被強調的
部分裡。

- **It is not until you're finished your homework that** you are going out.
  （直到作業做完你才可以出去。）
- **It was not until you telephoned me that** I knew what had happened.
  （直到你打電話給我才知道發生了什麼事。）

B

用助動詞 do/does/
did 進行強調
◀◀◀

It is/was...that句型不能強調句子的述詞部分，如果需要強
調述詞，要用助動詞do的不同形式，但這種強調只能用在一般
現在式和一般過去式的肯定句型中。

- **Do** come on time next time.
  （下次務必準時到。）
- He **did** write to you last week.
  （他上星期確實有寫信給你。）
- I will tell you something that **do** sound strange.
  （我要告訴你一些聽起來很奇怪的事。）

倒 裝

英語中的句子通常有兩種語序：一種是主詞在前述詞在後，稱為陳述語序；一
種是述詞或述詞的一部分提到主詞前面，稱為倒裝語序。只把述詞中的助動詞
或情態動詞移至主詞的前面，叫作部分倒裝；主詞和述詞完全顛倒過來，叫作
完全倒裝。有些是出於語法上的需要必須倒裝，有些則是為了達到某種修辭效
果而倒裝。

A

部分倒裝

◀◀◀

❶ 用在疑問句中

一般疑問句，將助動詞放在主詞的前面，形成語法倒裝；以疑問詞為受詞、主詞補語或副詞的特殊疑問句需要將疑問詞放在句首，將助動詞放在主詞前面，形成語法倒裝。

- **Are you** going to attend the lecture tomorrow?
  （你想參加明天的講座嗎？）
- **Did you** see the film yesterday?
  （你昨天看過電影了嗎？）
- How **did you** do that?（你是怎麼做的？）
- **Where have** you been to during the summer holidays?
  （暑假期間你去了哪裡？）
- **Why were** you late for the meeting?
  （你為什麼開會遲到了？）
- **Who** let out the secret?　（是誰洩漏祕密的？）

> 注意一下
> 特殊疑問句中，如果疑問詞作為主語或修飾主語時，不需要倒裝。

❷ 用在有 only 修飾副詞的句子中

由only修飾的副詞放在句首時，句子要用部分倒裝。

- **Only lately have I** seen the professor on campus.
  （直到最近我才在校園裡看到這位教授。）
- **Only when a child grows up does he** understand his parents' intentions.
  （孩子只有長大才能理解父母的用心。）

>
> 注意一下
> 如果 only 修飾的是句子的其他部分，那麼就不需要倒裝。

❸ 用在帶有否定詞的句子中

表示否定或半否定意義的詞或片語，如not, little, hardly, never, nowhere, seldom, few, at no time, by no means, under no condition等放在句首時，句子要用部分倒裝。

- **Little did I** dream of hearing such exciting music.
  （我做夢都想不到能聽到這麼動聽的音樂。）
- **Seldom does he** come back on Sundays.　（他星期天很少回來。）
- **Never have I seen** such a splendid building.
  （我從來沒見過這麼輝煌的建築。）
- **Not a single book did I** read this week.
  （這個星期我一本書也沒讀。）

❹ 用在帶有 not... until 的句子中

含有連詞(not...) until的句子中，not until放在句首時，句子用部分倒裝。

- **Not until** he came back **did I** know about it.（直到他回來我才知道一切。）
- **Not until** the war was over **was Einstein** able to return to his homeland.
  （直到戰爭結束，愛因斯坦才能回到自己的祖國。）

❺ 用在帶有 no sooner...than, hardly..when, not only... but also 等的句子中

含有no sooner...than, hardly... when, not only... but also等句子，no sooner, hardly, not only後的句子用部分倒裝。

- **No sooner had he** got home than he began to prepare supper.
  （他一到家就開始準備晚飯。）
- **Not only does he** do well in his lessons, but also he often helps others with their lessons.
  （他不但自己功課做得好，還經常協助別人做功課。）

❻ 用在 neither... nor... 連接的句子中

neither...nor...連接並列的句子，前後兩句都要用部分倒裝。

- **Neither do I** know what has happened, **nor do I** care about it.
  （我不知道發生了什麼事，我也不在意。）
- **Neither have I** gone abroad, **nor will I** have a chance in the future.
  （我從沒出過國，以後也不會有機會。）

❼ 用在虛擬條件句中

虛擬條件句中如果有were/had/should，就要省略連接詞if，were/had/should要移到主詞前面，形成部分倒裝。

- **Were they** here now, they could help us.
  （他們現在在的話，就會幫我們了。）
- **Were I** to do the work, I should do it some other day.
  （如果我要做這個工作，我就會改天再做。）
- **Had you** come earlier, you would have met him.
  （如果你再早一點來，就會遇到他了。）
- **Should it** rain, the crops would be saved.（要是下雨，農作物就有救了。）

❽ 用在 so...that... 句中

在so...that...句型中，如果so引導的部分放在前面，主句就要用部分倒裝。

- **So clever is he** that he can work out all the difficult problems in the book.（他這麼聰明，以至於能夠解出這本書中所有的難題。）
- **So quickly did the workmen** finish their work that they were given extra money.（這些工人這麼快工作完成，因此他們得到了額外的報酬。）

❾ 用在表示「也⋯⋯」的句子中

　　「so/neither/nor＋系動詞/助動詞/情態動詞」表示前面所說的情況也適合於後者，或是一者具備兩種情況。so表示肯定意義，neither/nor表示否定意義。

- She has finished her homework, **so has her brother**.
　（她已經完成作業了，她弟弟也完成了。）
- After that we never saw her, **nor did we hear from her**.
　（自從那次之後我們便再也沒見過她，也沒聽說她的消息。）

❿ 用在 may 表示祝福的句子中

　　may表示祝福時，需將may放在主詞前面。

- **May the friendship between us** last long.
　（祝福我們的友情天長地久。）
- **May you** have a good time.
　（祝你玩得愉快。）
- **May the coming New Year** bring you joy, love and peace.
　（願新年為你帶來快樂、友愛和平安。）

B

完全倒裝

　　把整個述詞全部放到主詞前面，稱為完全倒裝。完全倒裝句主要有下列幾種情況：

❶ 用在問句中

　　「主系表」結構的特殊疑問句採用完全倒裝的形式。

- What is your father? （你父親是做什麼的？）
- Who is that tall man? （那個高高的男生是誰？）
- What is your address? （你的地址是？）

❷ 用在句首是表示方向、地點、時間副詞的句子中

　　表示方向、地點和時間的副詞in, out, down, up, off, back, away, over there, there, now, then, here, first等放在句首，如果主詞是名詞而不是代名詞時，就要用完全倒裝。

- Then came 8 years of the Anti-Japanese War.
　（接下來就是八年抗日戰爭。）
- Out rushed a pack of dogs.
　（突然跑出一群狗。）
- Ahead sat an old woman.
　（前面坐著一位老婦人。）
- Up went the rocket. （火箭升上去了。）

❸ 用在句首是表示地點、時間、方向等介系詞片語的句子中

為了強調表示地點、方向、時間等介系詞片語，通常把這個介系詞片語放在句首，形成完全倒裝。注意，這時句子的述詞動詞通常是不及物動詞。

- Under the big tree sat a fat man, half asleep.
  （樹下坐著一個胖男人，半睡半醒的樣子。）
- In front of the village flew a stream.
  （村子前流著一條小溪。）
- Through the window came in the sweet music.
  （從窗戶飄進美妙的音樂聲。）

❹ 用在以 here, there, now 開頭的句子中

- Here comes the train!
  （火車來了！）
- There goes the bell!
  （鈴響了！）

> **注意一下**
> 以 here、there 開頭的完全倒裝，句子的主語為名詞（短語），如果主語為人稱代名詞，句子就不要倒裝。

3 省略

省略是一種避免重複、保持簡潔的語法方式。凡是缺少一個或一個以上的必要語言組成部分，但是又不影響句子要表達的意思，並且能發揮溝通功能的句子就是省略句。省略句主要有以下幾種情況：

A

詞的省略

句子中的某些詞，像冠詞、介系詞、連接詞等在運用中經常被省略。

❶ for 的省略

在某些時間區間片語前；last, wait, live, stay等延續性動詞的後面或一些具有「位移」含義的動詞，如run, travel, walk, advance等後面，表示持續時間或位移距離的for，通常要省略。

- We've been here **(for)** three weeks.
  （我們已經在這裡待了三個星期。）
- I have been cleaning the room **(for)** all the morning.
  （我一整個上午都在打掃房間。）
- Charles ran **(for)** a mile in four minutes.
  （查理斯在四分鐘內跑了一英哩。）

❷ 表示時間的片語前的介系詞省略

具有時間意義的名詞，如morning, day, afternoon, night, week, month, year, century等前面有any, every, next, first, last, this, that, following等詞加以修飾，在句子裡作為時間副詞時，可以省去相對的介系詞。

- I shall start **(in)** this week and return **(in)** next week.
  （我將在這個星期啟程，下個星期回來。）
- I am expecting him up here **(on)** Sunday morning.
  （我星期天早上在這裡等著他。）
- I didn't go to school **(on)** that day.
  （那天我沒有去上學。）

❸ in 在方式副詞中的省略

this way, that way, one's own way等表示方式的片語前面，一般都會把介系詞省略。

- Let me put it **(in)** another way. （讓我用另一種方式解釋。）
- She did it **(in)** the same way. （她用同樣的方法做的。）

❹ 固定用法中介系詞的省略

在某些固定用法中，常會省略介系詞，常見的有：

- have difficulty/trouble/a hard time **(in)** doing sth. （做某事困難 ）
- spend/waste... **(in/on)** doing sth. （花 / 浪費……做某事）
- There's no use/good **(in/on)** doing sth. （做某事沒有用處）
- stop/prevent...**(from)** doing sth. （阻止……做某事）
- take turns **(at)** doing sth. （輪流做某事）
- be busy **(in)** doing sth. （忙於做某事）

❺ 連接詞的省略

有時候，句子裡的某些連接詞也可以省略。

- Not only you but **(also)** I am to blame.
  （不只是你，連我都要受到責難。）
- They put a screen around his bed so **(that)** the doctor could examine him. （他們在他床的四周放上屏風，以便醫生幫他檢查。）
- Now **(that)** you are grown up, you should not rely on your parents.
  （既然你長大了，就不應該依靠你的父母。）

註：受詞子句中連接詞that的省略情況，詳見本書第15章《名詞性子句》部分。

❻ 不定詞符號 to 的省略

註：詳見本書第13章《非述詞動詞》部分。

> **句子組成部分的省略**
> ◄◄◄

❶ 主詞的省略

祈使句中一般省略主詞，但如果說話的對象需要特別指出或強調時也可加上主詞。

- **(You)** Don't give up.
  （不要放棄。）
- **(You)** Just wait here until I come.
  （在這裡等到我來。）
- **(I)** Beg your pardon.
  （請您原諒。）〔請再說一遍。〕

❷ 述詞的省略

有些句子中為了避免與前面的動詞重複，常會省略後面的述詞或述詞的一部分。

- John is a lawyer, his wife **(is)** a nurse.
  （約翰是律師，他的妻子是護士。）
- Some of us study Japanese, others **(study)** English.
  （我們之中有些人學日語，有些人學英語。）
- She did all she could **(do)** to help us.
  （她盡了自己最大的努力來幫助我們。）

❸ 主詞補語的省略

主詞補語的省略主要是在答句中或把上下文結構相似的主詞補語省略。

- —Are you a teacher?
  （你是老師嗎？）
- —Yes, I am **(a teacher)**.
  （是的，我是〈一位老師〉。）
- Most of the students are hardworking, but some are not **(hardworking)**.
  （大部分學生都很努力，但是有一些沒有。）

❹ 受詞的省略

當同一個主詞的並列述詞有相同的受詞，但是動作不同時間發生時，常常會省略最後一個動詞受詞以外的所有受詞。

- She washed **(the shirt)**, ironed **(the shirt)**, and folded the shirt.
  （她洗好襯衫，並且把它熨好、疊好。）

❺ 限定詞的省略

- I spent part of the money, and the rest **(of the money)** I gave to that poor child.
（我花了一部分錢，剩下的給了那個可憐的孩子。）
- I like fresh milk and **(fresh)** butter.
（我喜歡鮮奶和奶油。）

C

句子的省略

◀◀◀

❶ 主述結構的省略

　　在口語中，根據對話情境，在不引起誤會的情況下，有時候可以把句子的主詞和述詞一併省略，使得對話更加簡潔、明快。副詞子句的主詞與主句的主詞一致，或者子句的主詞是it，子句中又有be動詞時，可以把主詞和be動詞一起省略。

- **(It's)** A lovely day, isn't it?
（天氣很好，是不是？）
- **(That's)** Great!
（好極了！）
- **(I'm)** Sorry to have you waiting so long.
（對不起，讓你久等了。）
- **(Is there)** Anybody in?
（屋裡有人嗎？）
- Work hard when **(you are)** young, or you will regret.
（趁年輕努力工作，否則你會後悔。）
- Unless **(it is)** necessary, you'd better not refer to the dictionary.
（除非有必要，你最好不要查字典。）

❷ 子句的省略

- You are working much harder **(than you did before)**.
（你現在工作〈比原來〉努力多了。）
- —Where is my key?
（我的鑰匙在哪裡？）
- —How should I know **(where your key is)**?
（我怎麼知道〈你的鑰匙在哪裡〉？）
- He gave the same answer as **(he had given)** before.
（他給了和以前同樣的答案。）

❸ 答語中整句的省略

答語中有時候可以把與上文相同內容的整個句子省略掉。

- —Have you been to the Summer Palace?
  （你去過頤和園嗎？）
- —Yes.**(I're been to the Summer Palace.)**
  （是的。）
- —Are you going to attend the party?
  （你打算參加宴會嗎？）
- —No. **(I'm not going to attend the party.)**
  （不。）

❹ 只保留一個句子組成部分的省略

在口語中，特別是在簡潔的回答中，為了突顯答案，可以只保留一個句子中關鍵部分。

- —How do you like the lecture?
  （你覺得這場講座怎麼樣？）
- —**Wonderful**.
  （太棒了。）
- —Who will work with you on this project?
  （誰會和你一起進行這項工程？）
- —**Mr White**.
  （懷特先生。）

D

習慣上的省略

英語中的一些省略結構，是經過長久下來約定俗成而來的，有時候會純粹因為習慣而省略。

❶ possible/necessary 結構

possible/necessary與if, when, where, whenever, wherever連用，成為一種習慣的省略用法。

- I'll ask for help **if (it is) necessary**.
  （如果有必要，我會請你幫忙。）
- Fill in the form **where (it is) necessary**.
  （填寫表格裡的必填項目。）
- **When (it is) possible**, buy me some stamps.
  （可以的話幫我買幾張郵票。）
- Please speak English more often **if (it is) possible**.
  （如果有可能，請多說英語。）

406

❷ as…as possible 結構

這個結構常常表達「盡可能……」。

- I drove **as** slowly **as possible** in the heavy traffic.
（在交通擁擠的時候，我開車要盡量慢一點。）
- Sharon always does **as** much work **as possible**.
（莎朗總是盡量多做一點事。）
- Please come **as** soon **as possible**.
（請盡量早來。）

❸ if only 句型

if only後面常常接一個虛擬句，表示「要是……就好了」。

- **If only** I had told him the news earlier!
（我要是早一點把消息告訴他就好了！）
- **If only** you could understand me!
（你要是能瞭解我就好了！）

❹ what if 句型

這種結構用來表達「要是/即使……怎麼辦/怎麼樣」。

- **What if** this plan of yours fails?
（你的計畫要是失敗了怎麼辦？）
- **What if** it rains tomorrow?
（明天要是下雨怎麼辦？）

❺ what/how about 句型

what/how about常用來提出建議或徵求對方意見。

- **What about** going to a movie this weekend?
（這個週末去看電影怎麼樣？）
- I'd prefer a cold drink. **How about** you? （我想要一杯冷飲，你呢？）
- **How about** the two of us going downtown?
（我們兩個一起去市區怎麼樣？）

❻ why/why not 句型

why/why not常接動詞原形，用來詢問為什麼或為什麼不，有時候有強烈建議的意思。

- **Why not** go and ask the teacher for help? （為什麼不去找老師幫忙呢？）
- **Why not** relax and enjoy the fresh air?
（為什麼不休息一下，享受清新的空氣呢？）
- **Why** worry? You can't do anything about it.
（擔心什麼呢？你什麼事也做不了。）

考題演練

■（一）大學入試考古題：Choose the correct answer.（選擇正確的答案）

(1) John opened the door. There _____ he had never seen before.
A. a girl did stand   B. a girl stood
C. did a girl stand   D. stood a girl

(2) At the meeting place of the Yangtze River and the Jialing River _____, one of the ten largest cities in China.
A. lies Chongqing   B. Chongqing lies
C. does lie Chongqing   D. does Chongqing lie

(3) John's success has nothing to do with good luck. It is years of hard work _____ has made him what he is today.
A. why   B. when   C. which   D. that

(4) We laugh at jokes, but seldom _____ about how they work.
A. we think   B. think we   C. we do think   D. do we think

(5) Never _____ Lisa would arrive but she turned up at the last minute.
A. did we think   B. have we thought
C. we thought   D. we have thought

(6) It was from only a few supplies that she had bought in the village _____ the hostess cooked such a nice dinner.
A. where   B. that   C. when   D. which

(7) Not until he left his home _____ to know how important the family was for him.
A. did he begin   B. had he begun   C. he began   D. he had begun

(8) Though _____ to see us, the professor gave us a warm welcome.
A. surprising   B. was surprised   C. surprised   D. being surprised

(9) The experiment shows that proper amounts of exercise, if _____ regularly, can improve our health.
A. being carried out   B. carrying out
C. carried out   D. to carry out

(10) If you have a job, _____ yourself to it and finally you'll succeed.

A. do devote   B. don't devote   C. devoting   D. not devoting

■ （二）模擬試題：Choose the correct answer.（選擇正確的答案）

(1) No sooner _____ seen her father than she ran to him.

A. had she   B. she had   C. is she   D. was she

(2) Nowhere else in the world _____ cheaper tailoring than in Hong Kong.

A. a tourist can find   B. can a tourist find

C. a tourist will find   D. a tourist has found

(3) On the top of the hill _____ where the old man once lived.

A. a temple stands there   B. a temple standing

C. does a temple stand   D. stands a temple

(4) —Have you been to Japan?

—Perhaps not in my memory. _____ it might have been during my early childhood.

A. If any   B. If ever   C. If only   D. If not

(5) It was what he meant rather than what he said _____ annoyed me.

A. which   B. who   C. that   D. when

(6) By no means _____ to your parents.

A. is this the first time you are lying   B. this is the first time you have lied

C. this is the first time you tell a lie   D. is this the first time you have lied

(7) —Will he fail in the exam?

—_____.

A. Don't hope to   B. Let's hope not

C. Not hope so   D. Let's hope not to

(8) If you know _____ it was that wrote *Gone with the Wind*, raise your hand.

A. whom   B. which   C. who   D. that

(9) Autumn coming, down _____.

A. do the leaves fall   B. the leaves will fall

C. fall the leaves   D. the leaves have fallen

(10) Only under special circumstances _____ to take make-up tests.
      A. are freshmen permitted   **B.** permitted are freshmen
      C. freshmen are permitted   **D.** are permitted freshmen

答案 ・ 解説 ①

▶ (1) **D** (2) **A** (3) **D** (4) **D** (5) **A** (6) **B** (7) **A** (8) **C** (9) **C** (10) **A**

(1) 解釋：約翰打開門，門外站著一個他從沒看過的女孩。there 位於句首時句子用全部倒裝，所以 D 選項正確。A、B 兩個選項不是倒裝；C 選項是部分倒裝。

(2) 解釋：重慶——中國十大城市之一，位於長江與嘉陵江的匯流處。表示地點的介系詞片語 at the meeting place... 提前到句首，句子用全部倒裝，所以 A 選項正確。

(3) 解釋：約翰的成功與好運沒有任何關係，是他多年的努力使他得到今天的成就。本題解釋用了 It is...that... 強調句型，正確答案為該句型中的 that。

(4) 解釋：我們聽到笑話會笑，但是從來沒想過笑話是怎樣讓我們笑的。表示否定意義的 seldom 位於句首時，句子用部分倒裝，所以答案選 D 選項。B 選項為全部倒裝。

(5) 解釋：我們沒想過麗莎會到，但是她在最後一刻出現了。根據 but 後句子的時態判斷，應該使用過去式；never 是否定詞，提前至句首時，後面的句子要用倒裝句。

(6) 解釋：女主人用村裡買來少有的幾種原料，做出了那麼好的晚餐。解釋為 It is/was...that... 強調句型，正確答案為該句型中的 that，所以答案選 B 選項。

(7) 解釋：直到離開家他才開始明白，家庭對於他是多麼重要。not until 引導時間副詞子句放在句首，主句要用部分倒裝，排除 C、D 選項。根據解釋，本題只強調過去的動作，所以應該用一般過去式。

(8) 解釋：雖然見到我們有些驚訝，但是這位教授還是熱烈歡迎我們。surprised 意思是「感到驚訝的」，說明人在某種情況下所處的狀態；surprising 意思是「令人驚訝的」，說明事物的性質和特徵，根據解釋，這裡用 surprised。though surprised to see us 是 though he was surprised to see us 的省略形式。

(9) 解釋：實驗證明，如果能夠規律進行，適量的運動能夠提升我們的健康。在條件副詞子句中，當子句主詞為 it 或與主句主詞相同，子句中又有 be 動詞時，常把子句的主詞連同系動詞一起省略，其完整形式為 if it is carried out regularly。

(10) 解釋：如果你有一份工作，一定要全身心投入，最後你會成功的。if 引導條件副詞子句，逗號後面是主句。主句採用了祈使句形式，且根據解釋判斷為肯定句型，所以答案選 A。do 在此為助動詞，強調動詞 devote。

答案・解說 ②

D (1) A (2) B (3) D (4) B (5) C (6) D (7) B (8) C (9) C (10) A

(1) 解釋：她一看見父親就朝他跑去。no sooner...than「一……就……」，no sooner 放在句首時，主句用部分倒裝。在此句型中，主句用過去完成式，than 後面的子句用一般過去式。

(2) 解釋：遊客在世界任何地方，不可能找到比香港更便宜的裁縫。表示否定意義的 nowhere 放在句首時，句子要用部分倒裝。

(3) 解釋：山頂上有一座廟宇，這個老人曾經在那裡住過。表示地點的介系詞片語 on the top of 放在句首時，句子要用全部倒裝，所以答案選 D 選項。

(4) 解釋：「你去過日本嗎？」「印象中好像沒有，如果去過也可能是在我很小的時候。」If ever「如果曾經去的話」，是 "If I have ever been to the Summer Palace" 的省略。if any「若有的話」；if only「要是……多好」；if not「不然的話」。

(5) 解釋：讓我惱怒的不是他說的話，而是他話中的意思。此題是 It is/was...that 強調句型，強調部分是人以外的其他情況一律用 that。

(6) 解釋：這絕不是你第一次向父母撒謊。by no means「絕不」，表示否定意義，放在句首時句子用部分倒裝。This is the first time... 句型中 time 後的句子常用完成式。

(7) 解釋：「他考試會不及格嗎？」「希望不會。」動詞 hope 後面可以直接用 not 或 so 來代替前面曾出現過表示否定或肯定意義的句子，以避免重複。根據解釋判斷，這裡表示希望某事不會發生，所以答案選 B 選項。

(8) 解釋：如果你知道《飄》是誰寫的，請舉手。受詞子句是強調句的特殊疑問句，特殊疑問詞用 who，指人，子句用陳述句，所以答案選 C 選項。

(9) 解釋：秋天來了，樹葉都在掉落了。副詞 down 放在句首時，句子要用完全倒裝的形式，所以答案選 C。

(10) 解釋：只有在特殊情況下才允許新生補考。only 強調副詞位於句首時，被該副詞修飾的句子要用部分倒裝，所以選 A 選項。

主述一致

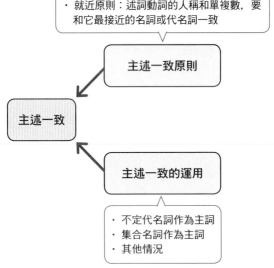

主詞和述詞保持一致，叫作主述一致。也就是說，述詞動詞的形式必須隨著主詞
單、複數形式的變化而變化。

1 主述一致的三原則

A

語法一致原則

主詞和述詞通常在語法形式上必須一致，如果主詞用單數
形式，述詞動詞也要用單數形式；主詞是複數形式，述詞動詞
也要用複數形式。

- **My sister has** eggs and milk for breakfast.
 （我姐姐早餐吃雞蛋和牛奶。）
- **The Greens have** just **arrived** in Taiwan. （格林一家人剛到台灣。）

B

意義一致原則

述詞動詞的變化，取決於主詞所表達的單複數概念。

- **The singer and the dancer are** talking over there.
 （歌手和舞者在那邊談話。）〔歌手與舞者是兩個不同的人，述詞動詞用複數。〕
- **Over 100, 000 US dollars has been collected** and
 will be sent to the flood-stricken areas.
 （募款已經超過 10 萬美元，正準備送往洪水災區。）
- **The old are** very well taken care of in our city.
 （老年人在我們城市被照顧得很好。）〔the old 指一類人，
 是複數概念，等於 the old people。〕

述詞動詞的單複數形式，與最鄰近的主詞保持一致。

- **Neither his sons nor he himself is** a bank clerk.
  （他兒子和他本人都不是銀行職員。）〔根據靠近述詞的主詞 he 而定。〕
- **Not Jack but his parents are** to blame for the home accident.
  （該為這個家庭事故受到責備的不是傑克，而是他父母。）〔根據靠近述詞的主詞 his parents 而定。〕

2 主述一致的運用

A

不定代名詞作主詞

❶ 不定代名詞 either、neither、anyone、everybody 等作為主詞

　　不定代名詞either, neither, one, the other, another, someone, somebody, something, anyone, anybody, anything, everyone, everybody, everything, nobody, no one, nothing等作為主詞的時候，述詞動詞通常用單數。

- **Someone has parked** the car in the way.
  （有人把車子停在路上，擋住了去路。）
- **No one is** actually **able to** complete the work in such a short time.
  （沒有人能在這麼短的時間內完成這項工作。）
- **None of the students has made** mistakes this time.
  （這次沒有一個學生犯錯。）

> ### 特別強調
>
> - 「neither/either of ＋複數名詞 / 代名詞」作為主詞時，述詞動詞可以用單數，也可以用複數。
>   - **Neither of us has/have received** postcards this Christmas.
>   （今年耶誕節我們兩個人都沒收到賀卡。）
>   - **Neither of the topics has/have been discussed** so far.
>   （這兩個話題到目前為止都還沒討論。）

❷ none (of) 作為主詞

　　none作為主詞時，如果指不可數名詞，述詞動詞用單數；如果指複數可數名詞，述詞動詞用單數或複數形式都可以。

- **None of us is/are** interested in your new subject.
（我們之中沒有人對你的新話題感興趣。）
- Jimmy has used up all the money. **None is** left.
（吉米把所有的錢都花光了，一點也沒留。）

❸ all 作為主詞

　　all作為主詞並且指人的時候，述詞動詞用複數；指情況、事物的時候常用單數。

- **All are** present besides the professor.
（所有的人都出席了，包括那位教授。）
- **All is** going on very well.
（一切順利。）

❹ each 作為主詞或所修飾的名詞作為主詞

　　each作為主詞或所修飾的名詞作為主詞的時候，述詞動詞用單數。

- **Each student has** a walkman, which helps them improve their listening.
（每個學生都有一台隨身聽，這對於提高他們聽力大有幫助。）
- **Each of the class has been given** a gift.
（班上的每個學生都得到了一份禮物。）

> **特別強調**
>
> - each 放在複數主詞後或句尾，不影響述詞動詞的單、複數。
>   - **They each have won** a prize. (=**They have won** a prize **each**.)
>   （他們每個人都得了獎。）

❺ such 作為主詞

　　such作為主詞時，述詞動詞的單複數形式根據不同情況而定。

- **Such is** Stephen Hawking, who has suffered a great deal but achieved so much.
（這就是斯蒂芬‧霍金，一個遭受到巨大痛苦卻有重大成就的人。）
- **Such are** the difficulties that we are now faced with.
（這就是我們現在所面對的困難。）
- **Such** as having plenty of money **want** more money.
（那些有足夠錢的人還想要更多的錢。）

all 指人謂複數，all 指事物謂用單。
none 指人物可數時，述詞可用單複數；
none 指事物不可數，述詞動詞要用單。
each、every 後單名，單數述詞肯定行。
neither/either 後跟 of 加複數，
述詞可用單或複。

B

集合名詞作為主詞

❶ 述詞動詞只能用複數的情況

　　有些集合名詞，如people（人們），cattle（牛），police（警察）等形式上是單數，但意義上是複數，述詞動詞則須用複數。

- **Traffic police are** always very busy, especially at busy streets.
  （交通警察總是很忙碌，特別是在繁忙的街道上。）
- **People read** for pleasure during their spare time.
  （人們在業餘時間讀書自娛。）

❷ 述詞動詞用單複數都可以的情況

　　集合名詞，如audience（觀眾），army（軍隊），class（班級），crew（船員），company（公司），crowd（人群），enemy（敵人），family（家庭），group（組），government（政府），public（公眾），population（人口），team（隊員）等作為主詞時，如果當作一個整體看待，述詞用單數；如果強調的是組成該團體的每個成員時，述詞用複數。

- **His family was** poor and he used to sit under the tree and draw pictures. （他家很窮，他常常坐在樹下畫畫。）〔視為一個整體〕
- **My family are** going on a trip this summer.
  （今年夏天我們全家要去旅行。）〔強調每個成員〕

❸ 表示國家、人民的名詞作為主詞的情況

　　有些以-sh、-ese、-ch結尾，表示國家、民族的名詞與the連用時，表示整個國家或民族的人，述詞動詞用複數。

- **The English like** to be with their families at Christmas.
  （英國人喜歡在耶誕節與家人團聚。）
- **The Chinese are** a hard-working people. （中華民族是一個勤勞的民族。）
- **The French are** fond of champagne. （法國人喜歡香檳酒。）

C
以複數形式結尾的
特殊名詞作為主詞

❶ 以 -ics 結尾的學科名詞作為主詞

以-ics結尾，表示學科名稱的名詞作為主詞時，述詞用單數。

- **Mathematics is** the science of numbers.
（數學是關於數字的科學。）
- **Politics is** often a topic for discussion among us.
（政治是我們常常討論的話題。）
- **Physics is** one of the hardest subjects for a middle school student.
（物理是中學生感到最難的科目之一。）

以 -ics 結尾的學科名稱
作為主語時，如果做為
表示學科能力時，則用
複數形式。
・ Her mathematics
are weak.（她的數學
能力很差。）

❷ 形式上是複數的專有名詞作為主詞

專有名詞如國名、人名、書名、組織機構等作為主詞，形式上是複數，但是述詞動詞要用單數。

- **The United Nations was** founded in 1945. （聯合國成立於 1945 年。）
- **The United States is** in North America. （美國在北美洲。）
- **The New York Times has** a wide circulation.（《紐約時報》的發行量很大。）

❸ 以 -s 結尾的海峽、山脈、群島等作為主詞

以-s結尾的表示海峽、山脈、群島等名詞作為主詞時，述詞動詞常用複數形式。

- **The Straits of Gibraltar haven't lost** their strategical importance.
（直布羅陀海峽尚未喪失其戰略上的重要地位。）
- **The Himalayas extend** along the border of India and China.
（喜馬拉雅山脈沿著中印邊境延伸。）

❹ 以複數形式結尾的其他名詞作為主詞

ⓐ 述詞動詞只能用複數形式

下面這些名詞作為主詞時，述詞動詞只能用複數形式：

☐ belongings（財產, 所有物）　☐ earnings（所得, 收入）　☐ leavings（剩餘, 殘渣）
☐ savings（儲蓄）　　　　　　☐ clothes（衣服）　　　　☐ trousers（褲子）
☐ goods（貨物）　　　　　　　☐ scissors（剪刀）　　　　☐ pants（短褲）

- The family were saved but **the belongings were lost**.
（一家人獲救了，但是所有家產都失去了。）

19

ⓑ 單複數同形的名詞作為主詞

下面這些名詞作為主詞時，述詞動詞根據它們所表達的單複數概念而定：

- □ means（方法，方式）
- □ works（工廠）
- □ sheep（羊）
- □ crossroads（十字路口）
- □ deer（鹿）

- **Each means has** been tried to solve the problem, but none is effective.
  （每一種方法都試過了，但是沒有一種能解決問題。）
- There **are** various **means** of communicating with a stranger.
  （和陌生人溝通有很多不同的方法。）

> **特別強調**
>
> - work 作為「作品」的意思時，它的單數形式是 work，複數形式是 works。
>   - Pride and Prejudice is a great **work**.
>   （《傲慢與偏見》是一部偉大的文學作品。）
>   - Have you ever read **works** of Shakespeare?
>   （你讀過莎士比亞的文學作品嗎?）

> D
> 含有修飾語的名
> 詞作為主詞
> ◂◂

❶ 含有數量的名詞作為主詞

簡單的名詞作為主詞，一般會依照語法一致的原則，決定述詞動詞的形式。但是當名詞前面有含有數量的片語如：a pair of, a box of, a set of等作為主詞時，述詞動詞的形式則取決於數量名詞的形式。

- **This pair of glasses is** very expensive.（這副眼鏡很貴。）
- **The two pairs of scissors are** made in Kinmen.
  （這兩把剪刀都是金門製造的。）
- **Two pieces of good news have been published** on today's evening paper.（今天的晚報報導了兩則好消息。）
- **Piles of rubbish have** not only **blocked** the way, but polluted the air as well.（成堆的垃圾不僅擋住了去路，而且也污染了環境。）
- **A row of willows is lined** on one side of the river.
  （一排柳樹種在河的另一岸。）

❷ a group of 和 a couple of 後面跟複數名詞作為主詞

此時述詞動詞要用複數形式。

- **A group of boys and girls are dancing** to welcome the Children's Day.
（一群孩子在跳舞迎接兒童節。）
- **A couple of days have passed** since we parted.（我們分手已經好幾天了。）

❸ a number of, the number of 片語後面跟複數名詞作為主詞

a number of... 意思是「許多……」，作為主詞時，述詞一般用複數；the number of... 意思是「……的數目」，作為主詞時，述詞用單數。

- **A number of the same plants were found** in America.
（在美洲發現了許多同樣的植物。）
- **The number of people** who travel by plane in China **is** larger than before.（在中國搭飛機旅行的人數比以前更多了。）

❹ several 等詞修飾的名詞作為主詞

several, a few, quite a few, a great many等作為主詞或所修飾的名詞作為主詞時，述詞動詞用複數形式。

- We've gathered varieties of books and **a great many are to be sent** to primary schools in the Eest of Taiwan.
（我們已經募捐了很多書，大部分將送往台灣東部的小學。）
- **Several of us are determined** to remain in the city after graduation.
（我們之中有一些人決定畢業後留在都市。）

❺ some 等詞修飾的名詞作為主詞

some, plenty of, a lot of, lots of 等詞或片語，既可以修飾可數名詞，又可以修飾不可數名詞，述詞動詞的形式應該根據所修飾的詞而定。

- **A lot of students are present** at the meeting.（許多學生都出席了會議。）
- **A lot of work is to be done** to prepare for the conference.
（為了準備會議，還有很多工作要做。）

特別強調

- a quantity (of), (large) quantities (of) 作為主詞或所修飾的名詞作為主詞時，其述詞動詞應該根據 quantity 的單複數形式而定。
  - **Quantities of** money **are needed** to equip the school.
（學校添置設備需要很多錢。）
  - **A quantity of** story books **has been bought** for the children.
（為孩子買了大量的故事書。）

❻ a little 等修飾的名詞作為主詞

　　a great/good deal (of), a little, quite a little, a large amount (of) 等作為主詞或修飾不可數名詞作為主詞時，述詞動詞只用單數形式。

- **A great deal of time was wasted** playing but ought to have been fully used.
（很多時間在玩耍中浪費掉了，但是本來應該好好利用的。）
- **A large amount of medicine is needed** in the stricken area.
（災區需要大量的藥品。）

❼ more (...) than one 修飾的名詞作為主詞

　　「more than one＋單數名詞」儘管意義上是複數，但是因為中心詞是單數形式，因此述詞也必須用單數形式。在「more＋複數名詞＋than one」結構的後面，述詞常用複數。

- **More than one way has been tried** to stop noise pollution.
（已經試過很多制止噪音污染的方法。）
- **More members than one are** against the proposal.
（反對這項提議的會員不只一個。）

❽ many a 修飾的名詞作為主詞

　　「many a＋單數名詞」作為主詞，儘管意義上是複數，但是因為中心詞是單數形式，述詞也必須用單數。

- **Many a parent has** had to go through this same painful process.
（很多父母都被迫經歷了這個痛苦過程。）
- **Many a living example was offered** to prove the theory.
（為了證明這個理論，列舉了很多實例。）

❾ one or two, a... or two 修飾的名詞作為主詞

　　one or two後面接複數名詞作為主詞，述詞要用複數。但是在「a/an＋單數名詞＋or two」結構的後面，述詞卻常用單數。

- **A day or two is** enough for this work. (=**One or two days are** enough for this work.)
（這個工作一兩天就夠了。）

❿ the rest (of...) 等修飾名詞作為主詞

　　the rest (of...), the remaining/part (of...), one half (of...)等作為主詞，或它們所修飾的名詞或代名詞作為主詞時，述詞動詞應該根據所指的具體內容而定。

- Many people present at the meeting were from the US, many from the UK and **the rest were** from Japan.
（出席這次會議的人很多來自美國，還有很多來自英國，其他的來自日本。）

- The first part of the vacation was frustrating, but **the rest of it was** exciting.

（假期的前半部分令人失望，但是剩下的部分令人興奮。）

- **Part of his story was** not true.

（他講的故事不完全是真的。）

- **Part of the foreign teachers in our school are** from Canada.

（我們學校的部分外籍教師來自加拿大。）

⑪ **分數／百分數修飾的名詞作為主詞**

分數或百分數修飾的名詞作為主詞時，述詞動詞與被修飾詞一致。

- **50% of the land is** now suitable to grow plants.

（百分之五十的土地現在適合種農作物。）

- **20% of the people** in the city **object** to the price for running water going up.

（這個城市中百分之二十的人反對自來水價格調漲。）

- This is because **two thirds of the earth's surface is made up of** vast oceans.

（這是因為地球表面積三分之二是由廣闊的海洋形成的。）

- **Two thirds of these tasks have been completed**.

（這些任務已經完成了三分之二。）

注意一下

「one and a half＋可數名詞複數」，「one in／out of＋可數名詞複數」作為主詞，述詞一般用單數。

· One and a half days is all I can spare.（我只能抽出一天半的時間。）

· One in five workers is engaged in construction.（五個工人中就有一個從事建築業。）

E

「the ＋形容詞／分詞」作為主詞

◄◄◄

有些形容詞或分詞加上the，如the old, the young, the deaf, the blind, the living, the dead, the rich, the wounded等，如果表示同一類人，述詞動詞要用複數形式；但是如果指同一類事物或抽象的概念時，那麼述詞動詞就要用單數。

- **The old are taken** good **care of** in our country.

（我們國家的老人受到良好的照顧。）

- **The poor are** part of the people we help.

（窮人是我們援助的一部分。）

- **The new is** sure to take place of the old.

（新事物肯定會取代舊事物。）

F

❶ 非述詞動詞作為主詞

　　非述詞動詞作為主詞時，述詞動詞一般用單數形式。兩個或多個非述詞動詞連在一起表達同一個概念，述詞動詞用單數形式；如果表達不同概念，述詞動詞用複數形式。

- **To prevent the air from being polluted is** what we're now researching.
（阻止空氣污染是我們正在研究的課題。）
- **Persuading him to join us seems** really hard.
（勸他加入我們似乎很困難。）
- **To go to bed early and to rise early is** a good habit.
（早睡早起是個好習慣。）
- **To work and to live are** two different things but they are always together.
（工作和生活是兩件不同的事情，但是它們永遠相伴。）

❷ 子句作為主詞

　　子句作為主詞時，述詞一般用單數。what引導的主詞子句，應該根據所指的具體內容來決定述詞動詞的形式。

- **What he says and acts does** not concern me.
（他的言行與我無關。）〔這裡的 says and acts 泛指人的行為。〕
- **What he says and acts do** not agree.
（他的言行不一致。）〔指他説的話和他做的事不一致。〕

G

表示時間、距離、金額、重量等的複數名詞作為主詞時，通常看作一個整體，述詞用單數。

- **Two hours is** a long time to take over a coffee.
（用兩個小時喝杯咖啡，時間夠長的了。）
- **Six hundred miles is** a long distance.
（六百英哩是一段很長的距離。）
- **Ten dollars was** missing from the till. （錢櫃裡掉了十塊錢。）

H

> **and 及**
> **both...and... 類**
> ◄◄◄

一般來說，and連接並列主詞，表示兩個不同的人或物時，動詞用複數；但是如果兩個並列主詞指同一人、事物或概念時，動詞須用單數。

- **A smile and handshake show** welcome.
  （微笑和握手表示歡迎。）
- **Bread and butter is** healthful food.
  （塗奶油的麵包是一種健康食品。）
- **Truth and honesty is** the best policy.（真誠為上策。）
- **The singer and dancer is singing** over there.
  （那位歌手兼舞者正在那邊唱歌。）

特別強調

- and 所連接表示同一個概念的片語有：
  - a horse and cart（一輛馬車）
  - a knife and fork（一副刀叉）
  - a cup and saucer（一副杯碟）
  - bread and butter（塗奶油的麵包）
  - a watch and chain（帶錶鏈的手錶）

I

> **every and every 及**
> **each and each 類**
> ◄◄◄

every... and (every)...、each... and (each)... 或no... and (no)...結構作為主詞時，述詞動詞用單數。

- **Every man and (every) woman has** a good reason to be proud of the work done by their fathers.（每個人都有很好的理由為他們父親所做的工作感到驕傲。）
- **Each boy and each girl has been invited** to the tea-party.
  （每個男孩和女孩都被邀請參加茶聚。）
- **No time and no money is** wasted in the whole course.
  （在整個過程中沒有浪費一點時間和金錢。）

J

> **not only but also, or,**
> **either or, neither nor 等**
> ◄◄◄

not only... but (also)...、or...、either... or...、neither... nor...等連接的並列結構作為主詞時，述詞動詞的人稱和單複數，應該和接近它的主詞一致。

- **Not only she but also her parents have visited** Beijing.
  （不僅她而且她的父母都參觀過北京。）
- **Either he or I am** right.（不是我正確就是他正確。）
- **Tom or you are** to blame.（應該怪湯姆或你。）

主詞後面有 with、as well as 等的情況

◄◄◄

with, together with（連同）, along with (和……一起), as well as（也）, like（像是）, such as（例如）, as much as, no less than (和……一樣不), rather than (而不是), including, besides, but, except, in addition to（除……之外）等片語後面的主詞，稱為假性主詞，述詞動詞仍然依照片語前面的主詞而定。

- **Henry, rather than Jane and John**, **is** responsible for the loss. （損失應該由亨利承擔，而不是珍和約翰。）
- **Jane**, **together with her parents**, **goes** to the park every Sunday. （珍和她的父母每個星期天都會去公園。）

注意一下

如果一個述詞動詞有兩個主詞，其中一個是肯定的，另一個是否定的，那麼述詞動詞須與肯定的主詞一致。
- Jane and Dick, not Mary, are my students. （珍和狄克是我的學生，瑪麗不是。）

L

算式中的主述一致

◄◄◄

❶ 兩數相加、相乘

這時候述詞動詞既可用單數，也可以用複數形式。

- Fifteen and five **is/are** twenty. （15 加 5 等於 20。）
- Five times six **is/are/equals/equal** thirty.
  （5 乘以 6 等於 30。）

❷ 兩數相減、相除

這時候述詞動詞用單數。

- Fifteen minus five **leaves** ten. （15 減 5 等於 10。）
- Fifteen divided by five **makes** three.
  （15 除以 5 等於 3。）

M

there be 句型的主述一致

◄◄◄

there be後有幾個並列組成部分充當主詞時，be的數通常和最鄰近的主詞保持一致。

- There **are several grammar mistakes** and a spelling mistake in your composition.
  （你的作文裡出現了幾個地方語法錯誤，以及一個地方拼寫錯誤。）
- There **is a spelling mistake** and several grammar mistakes in your composition.
  （你的作文裡出現了一個地方拼寫錯誤和幾個地方語法錯誤。）

N

> 限定詞子句中的
> 主述一致

　　關係代名詞作為主詞時，限定詞子句中的述詞動詞，應該視先行詞的單複數而定。

- I will always treasure **the moments** that **were** full of pleasures.
  （我將永遠珍惜那些充滿歡樂的時光。）
- **The news** that **has been published** in today's paper is true.（今天報紙上發佈的新聞是真的。）

O

> 倒裝句中的主述
> 一致

　　在倒裝句中，述詞應該與後面的主詞保持一致。如果有幾個並列主詞，那麼應該與鄰近的那個主詞保持一致。

- Gone **are the days** that we worked together, laughed together.
  （我們一起工作、一起歡笑的日子一去不復返了。）
- On the wall **hangs a clock** and some pictures by Picasso.
  （牆上掛著一個時鐘和幾幅畢卡索的畫。）

考題演練

（一）大學入試考古題： Choose the correct answer.（選擇正確的答案）

⑴ It is reported that many a new house _____ at present in the disaster area.
A. are being built
B. were being built
C. was being built
D. is being built

⑵ Listening to loud music at rock concerts _____ caused hearing loss in some teenagers.
A. is
B. are
C. has
D. have

⑶ Such poets as Shakespeare _____ widely read, of whose works, however, some _____ difficult to understand.
A. are; are
B. is; is
C. are; is
D. is; are

⑷ Traditional folk arts like paper cutting _____ at the culture show of the World Expo.
A. are exhibiting
B. is exhibiting
C. are being exhibited
D. is being exhibited

⑸ Barbara is easy to recognize as she's the only one of the women who _____ evening dress.
A. wear
B. wears
C. has worn
D. have worn

⑹ —Is everyone here?
—Not yet. Look, there _____ the rest of our guests!
A. come
B. comes
C. is coming
D. are coming

（二）模擬試題： Choose the correct answer.（選擇正確的答案）

⑴ Three fourths of the surface of the earth _____ sea.
A. is
B. are
C. were
D. has been

⑵ So far as I know, more than one person _____ connected with the accident.
A. is
B. has
C. are
D. have

426

(3) Every possible means _____ tried, but without much result.

    A. has been   **B.** have been   **C.** are   **D.** is

(4) Her six brothers as well as her father, _____ to control her as if she had "seven fathers".

    A. are trying   **B.** has tried   **C.** is trying   **D.** tries

(5) The number of pages in this dictionary _____ about two thousand.

    A. are   **B.** has   **C.** have   **D.** is

(6) Not only you and I but Peter, the top student in our grade, _____ not able to solve the problem.

    A. are   **B.** were   **C.** is   **D.** am

(7) With the company facing a serious financial situation this year, the staff _____ clearly worried about the news of job losses.

    A. is   **B.** are   **C.** were   **D.** was

(8) The worker and poet _____ to the party the other day.

    A. is invited   **B.** was invited   **C.** has invited   **D.** invited

(9) She had been saving every cent she had for months, but twenty dollars a week which _____ the total of their income didn't leave much for saving.

    A. was   **B.** were   **C.** have been   **D.** has been

(10) More than one student, along with some parents, _____ quizzed for information on the reference book so far.

    A. was   **B.** were   **C.** have been   **D.** has been

■ (1) D (2) C (3) A (4) C (5) B (6) A

(1) 解釋：根據報導，目前災區有很多新房子正在興建。「many a ＋單數可數名詞」作主詞，雖然表示複數意義，但述詞動詞用單數形式；build 與 house 是被動關係，且由時間副詞 at present 可知，應該用現在進行式的被動語態。

(2) 解釋：在搖滾音樂會上大聲聽音樂，已經導致部分青少年的聽力受損。動名詞 listening to loud music... 作主詞，述詞動詞用單數形式；根據解釋，應該用完成式而不是被動語態。

(3) 解釋：像莎士比亞這樣的詩人，作品被廣泛閱讀，可是他們的作品有很多都很難懂。主句的主詞是 poets，故第一個空格用 are；限定詞子句的主詞是 works，意思是「作品」，是可數名詞複數形式，故第二個空格也用 are。

(4) 解釋：諸如剪紙之類的傳統藝術，正在世界博覽會上進行展出。主詞部分的中心詞是 arts，所以述詞動詞用複數，排除 B、D 選項；因為 exhibit 和 arts 為邏輯上的主受關係，應該用被動語態，所以 C 選項正確。

(5) 解釋：芭芭拉很容易被認出來，因為她是唯一穿晚禮服的女士。先行詞為「the only one of ＋複數名詞」，關係代名詞作主詞時，述詞動詞用單數；本句描述的僅僅是一種事實，應該用一般現在式。

(6) 解釋：「所有人都到了嗎？」「沒有。你看，其他的客人來了！」there 開頭的句子用了完全倒裝，述詞動詞與後面的主詞一致；the rest 指代 guests，故述詞用複數；在倒裝句中，若述詞為位置轉移的動詞，如 come、go、travel 等，常用一般現在式表示將來。

■ (1) A (2) A (3) A (4) A (5) D (6) C (7) B (8) B (9) A (10) D

(1) 解釋：地球表面的四分之三是海洋。當「分數 / 百分數＋ of ＋名詞」句型作主詞時，述詞動詞與 of 後的名詞保持數的一致，surface 是不可數名詞，用單數形式，且這裡表述的客觀事實，應該用 is。

(2) 解釋：據我所知，不止一個人跟這個事故有關。當句子的主詞是「more than one ＋名詞單數」時，述詞動詞用單數形式。be connected with 是固定片語，不能用 have。

⑶　解釋：各種方法都已經試過了，但是成效不大。means 是單複數同形的名詞，述詞動詞的單複數由它在句中表達的具體意義決定，由於被 every 修飾，所以應該用單數。由「成效不大」可知，這裡表示先前的動作帶來的結果，應該用現在完成式，所以 A 選項正確。

⑷　解釋：她的 6 個哥哥跟父親一樣都想控制她，就好像她有 7 個父親一樣。主詞後跟有「as well as ＋名詞」句型時，述詞動詞不受此句型的影響，仍與主詞保持一致。本題主詞為 her six brothers，故述詞應該用複數。

⑸　解釋：這本字典大約有 2000 頁。「the number of ＋名詞複數」作主詞時，述詞動詞一般用單數形式，have/has 表示「有」，不符合題意，所以 D 選項正確。

⑹　解釋：除了你和我，就連我們同年級的資優生彼得也解決不了這個問題。not only...but also 連接並列成分作主詞時，述詞動詞與就近的主詞保持一致，Peter 是第三人稱單數，因此用 is。

⑺　解釋：因為公司今年面臨嚴重的財務危機，員工們都很擔心失業的消息。staff 在此表示「全體員工」，述詞動詞應該用複數；由 this year 可知，表示目前的狀況，故述詞動詞用 are。

⑻　解釋：幾天前，那個工人兼詩人被邀請參加了聚會。這裡 and 連接的並列連接詞表示同一個人具有兩種身份，述詞動詞用單數；invite 與主詞存在被動關係，應該用被動語態；由 the other day 可知用過去式，所以 B 選項正確。

⑼　解釋：幾個月以來，她都盡可能節省每一分錢，可是每星期只有 20 美元的收入，剩不了多少錢可以存下來。表長度、時間、距離、價格、價值等的複數名詞作主詞，通常看作整體，述詞用單數。由 didn't leave 可知，which 引導的限定詞子句應該用一般過去式。

⑽　解釋：到目前為止，不只一個學生，還有一些家長已經就參考書問題接受過問卷調查。主詞後有 along with...，述詞動詞要取決於前面的主詞，這裡是 more than one student，述詞動詞要用單數，且根據 so far 判斷用現在完成式，所以答案選 D 選項。

直接引語和間接引語

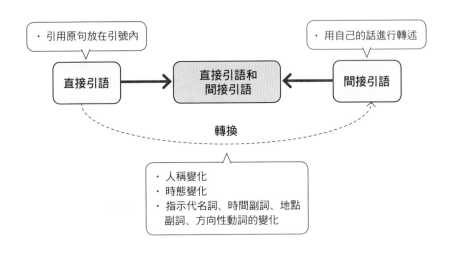

　　引述別人的話一般有兩種形式：一種是引用原句，書寫時通常會放於引號內，叫做直接引語；另一種是用自己的話進行轉述，被轉述的話不放在引號內，叫做間接引語。這兩種引語的轉換與受詞子句有密切的關係。

1 直接引語和間接引語的特點

直接引語和間接引語是人們用來直接引述或間接轉述別人話語的重要形式，這兩種引語在形式上各有特點。

A

直接引語的特點

　　直接引語用來直接引述別人的原話，並把它放在引號內；引用的話前面用「，」或「：」，引用的話結束後，需用「.」「！」「？」等標點符號結束句子；常用的引述動詞有 say, ask, shout, cry, order, add（補充道），smile（微笑道），laugh（大笑道）等。

- Laura said, "**I would like to visit Taiwan this summer.**"
  （蘿拉說：「今年夏天，我想到台灣參觀。」）
- "**Mary will give me a nice present,**" Bobbie said.
  （鮑比說：「瑪麗要送我一個很棒的禮物。）」
- Lisa asked, "**Can someone help me out?**"
  （麗莎問：「有人能幫我嗎？」）
- The girl smiled, "**I'm delighted to see you again.**"
  （小女孩微笑道：「我很高興再見到你。）」

- 引號裡的句子第一個字母必須大寫。當陳述的句子放在引述詞前面時，在後引號的前面必須加上「，」，如果是感嘆句或疑問句，標點符號則不變。

  - "I am fond of computer games," Monica told me.
    （莫尼卡告訴我：「我喜歡電腦遊戲。」）

  - "Don't play around here!" Mother shouted.
    （媽媽大喊：「不要在這裡玩!」）

B

間接引語的特點

間接引語用來間接引用別人的話，在引述述詞和被引用的話語之間不用逗號、冒號、引號等；有人稱、時態、時間、地點等的變化；常用的引述動詞有say, ask, shout, cry, order（命令）, add（補充道）等。

- Lily told me **that she had phoned you**.
  （莉莉告訴我她打過電話給你。）
- Tamara asked Tanya **when they would start off**.
  （塔瑪拉問塔尼亞他們什麼時候出發。）
- I wondered **who had taken my computer away**.
  （我想知道誰把我的電腦搬走了。）

2 直接引語與間接引語的轉換

直接引語在很多情況下可以轉換成間接引語，這時候應該注意人稱、時態、副詞和動詞的變化，同時還要注意不同句型的選擇。

A

人稱變化

直接引語變為間接引語時，第一人稱通常要變成跟引述部分的主詞一致；第二人稱通則是要變成跟引述部分的受詞一致；第三人稱通常不改變。

- "I'm going to invite all my friends to have a good get-together," Jane told me on the phone.
  → Jane told me on the phone that **she** was going to invite all **her** friends to have a good get-together.
  （珍在電話裡告訴我，說她要邀請她所有的朋友參加聚會。）

- "I'll let you know as soon as I get the tickets," he told me.
  →He told me that **he** would let **me** know as soon as **he** got the tickets.

（他告訴我說他一拿到票就通知我。）

巧學妙記

- 一主、二受、三不變

  一主的意思是把直接引語中的第一人稱（I, me, my, mine, we, us, our, ours）變成和主句的主詞一致的人稱。

  二受是指把直接引語中的第二人稱（you, your, yours）變成和主句的間接受詞一致的人稱。

  三不變就是當直接引語中的第三人稱（he, him, his, she, her, hers, it, its, they, their, theirs, them）變成間接引語時，人稱不變。

- 同主一、同受二、異不變

  同主一，當間接引語中的人稱與主句主詞一致，變成直接引語時，要用第一人稱。

  同受二，指間接引語中的人稱與主句間接受詞（聽話人）一致，變成直接引語時，要用第二人稱。

  異不變，間接引語中的人稱既不跟主句主詞一致，也不跟受詞一致，變成直接引語時不必改變。

B

時態變化

如果主句為過去式，一般間接引語的時態則相對地向前推一個時態。如下表所示：

直接引語	間接引語	直接引語	間接引語
現在進行式	過去進行式	一般現在式	一般過去式
一般過去式	過去完成式	現在完成式	過去完成式
一般將來式	過去將來式	現在完成進行式	過去完成進行式
過去完成式	過去完成式	過去完成進行式	過去完成進行式

- The girl asked, "**Have** you **seen** a little dog passing by"
- →The girl asked if I **had seen** a little dog passing by.

  （小女孩問我有沒有見到一隻小狗經過這裡。）

- Jack asked carelessly, "Who **can** we turn to for help right now"
- →Jack asked carelessly who they **could** turn to for help right then.

  （傑克漫不經心地問他們當時可以找誰幫忙。）

C

指示代名詞、時間副詞、地點
副詞、方向性動詞等的變化

指示代名詞、時間副詞、地點副詞、方向性動
詞等的變化見下表：

	直 接 引 語	間 接 引 語
指示代名詞	this	that
	these	those
時間副詞	now	then
	today	that day
	this evening	that evening
	yesterday	the day before the previous day
	yesterday morning	the morning before
	last night	the night before
	two days ago	two days before
	next week	the next week the following week
	tomorrow	the next day the following day
	the day before yesterday	two days before
	the day after tomorrow	two days after
地點副詞	here	there
方向性動詞	bring	take
	come	go

D

各種句型的轉換

◀◀

❶ 陳述句

陳述句轉成間接引語時用that引導，也可以省略that，主句引述動詞主要為say, tell, repeat, answer, reply, explain, announce, declare, think等。

- The doctor said,"You should take plenty of water and eat more vegetables."

  →The doctor **told** me **that** I should take plenty of water and eat more vegetables.

  （醫生告訴我應該喝足夠的水，以及吃更多的蔬菜。）

❷ 疑問句

疑問句轉成間接引語時，必須用陳述句，句尾用句號。主句引述動詞為say時，要改為ask或wonder、don't know、want to know、be not sure、be puzzled等。

- He said,"Do all of you often write to your parents"

  →He asked **if/whether all of us often wrote to our parents**.

  （他問我們有沒有經常寫信給父母。）

- He asked me,"You are interested in computer studies, aren't you"

  →He asked me **if/whether I was interested in computer studies**.

  （他問我是否對學電腦感興趣。）

- "What do your parents do and where do they live" the policeman asked me.

  →The policeman asked me **what my parents do and where they lived**.

  （警察問我父母在做什麼，他們住在哪裡。）

特別強調

- 含有一般疑問句或反意疑問句的直接引語變成間接引語時，必須改成由 if/ whether 引導的受詞子句；選擇疑問句必須用 whether... or...，習慣上很少用 if... or... 引導受詞子句。

- 含有特殊疑問句的直接引語變成間接引語時，採用原疑問詞作為連接詞來引導受詞子句。

❸ 祈使句

　　祈使句變成間接引語時，必須把祈使句的述詞動詞變成不定詞，作為受詞補語，原主句引述動詞say改成ask, tell, order, beg, warn, advise等，否定句則是在不定詞前面加上not。有的祈使句表示建議，則需要改成「suggest/advise that...」結構。

- "Don't always be so nervous, John," one of them said.
  →One of them **told John not to be so nervous**.
  （他們其中一個人告訴約翰不要這麼緊張。）

巧學 祈使句變成間接引妙記 語

去掉引號要加 to,
ask, order 須記住；
直引若是否定式，
not 加在 to 前部。

- "Try one more time and see what will happen," the teacher said.
  →The teacher **advised that they should try one more time and see what would happen**.
  （老師建議他們再試一次，看看會發生什麼結果。）

❹ 感嘆句

　　感嘆句變成間接引語時，可以用what或how引導，也可以用that引導。

- "What a lovely day it is!" they all shouted.
  →They all said **what a lovely day it was**.
  →They all said **how lovely a day it was**.
  →They all said **that it was a lovely day**.
  （他們都說天氣不錯。）

E

時態不需要變化
的情況

◀◀◀

❶ 直接引語有確定的過去時間時

- He said,"The story took place in the 1930s."
  →He said that the story **took place** in the 1930s.
  （他說這個故事發生在 1930 年代。）

❷ 只是轉述事實，而不管動作比轉述動作的時間還要早時

- The boy said,"I found the dog just at the edge of the wood."
  →The boy said that he **found** the dog just at the edge of the wood.
  （小男孩說他在森林旁發現了那條狗。）

❸ 所轉述的動作或狀態說話時仍在繼續，並對時態加以強調時

- The reporter said,"The war in the Middle East is now still on."
  →The reporter said that the war in the Middle East **is** now still on.
  （記者說中東戰爭仍然在持續中。）

❹ 所轉述的是自然現象、科學真理、名言警句等，並對此加以強調時

- Our English teacher said,"All work and no play makes Jack a dull boy."
  →Our English teacher told us that all work and no play **makes** Jack a dull boy.
  （我們英語老師告訴我們，只顧學習不玩耍，聰明的孩子也變笨。）

❺ when、while、since 等引導時間副詞子句時

- He said,"It is many years since he came to live here."
  →He said that it was many years since he **came** to live here.
  （他說他住在這裡已經很多年了。）

❻ 直接引語中的情態動詞沒有過去式時

- The teacher said,"You must finish the homework today."
  →The teacher said that we **must** finish the homework that day.
  （老師說我們那天必須把作業做完。）

❼ 直接引語是習慣性的行為時

- He said,"I usually get up at 5:30 and go to school at 7:00."
  →He said that he usually **gets up** at 5:30 and **goes** to school at 7:00.
  （他說他經常 5 點半起床，7 點去上學。）

考題演練

▶（一）大學入試考古題：Choose the correct answer.（選擇正確的答案）

(1) "How much did you pay for the computer?" he asked.

→He asked _____ for the computer.

A. did I pay how much   B. I paid how much

C. how much did I pay   D. how much I paid

(2) "Have you ever been to Taitung?" he asked me. →He asked me _____.

A. had I ever been to Taitung   B. have I ever been to Taitung

C. if I have ever been to Taitung   D. whether I had ever been to Taitung

(3) "Please give me a call," he said to me.→He _____ me _____ him a call.

A. said to; to give   B. told to; giving

C. asked; to give   D. said to; please give

(4) She asked me,"How is everything going?"

→She asked me _____.

A. how is everything going   B. how was everything going

C. how everything was going   D. how everything is going

(5) "What is the matter with you?" he asked me.

→He asked me _____ with me.

A. what the matter is   B. what the matter was

C. what's the matter   D. what was the matter

▶（二）模擬試題：請將下列直接引語轉換為間接引語

(1) "Whenever my father is unhappy," Ann said,"he will go out and buy something, usually something large and useless."

_____

(2) "In most countries Red Cross stands for humanitarianism(人道主義)," said Mr Jackson.

_____

438

(3) "You must leave a note for your mother," said Mabel, "otherwise, she'll be terribly worried when you're not in at your usual time."

_____

(4) "You can leave your motorcycle in my garage if you like," Mr Corder said. "I'll keep an eye on it while you're away."

_____

(5) He said, "After the lecture I have to rush home."

_____

(6) Mary said, "I'm starting the work the day after tomorrow."

_____

(7) He said, "If what you said is true I must go to the police."

_____

(8) "I know the umbrella belongs to you, but I thought it would be all right if I borrowed it," said my nephew.

_____

(9) "You mustn't forget to put the stamp on or your friend will have to pay double postage," he told me.

_____

(10) "I've left some books on your table," said Tom, "I think you'll find them useful. You can keep them as long as you need them, but I'd like them back when you've finished with them."

_____

■ (1) D (2) D (3) C (4) C (5) D

(1) 解釋：他問我這部電腦花了多少錢。直接引語變成間接引語之後，受詞子句要用陳述句。

(2) 解釋：他問我是否去過台東。直接引語為一般疑問句，間接引語要變成由 whether 或 if 引導的受詞子句。直接引語為一般過去式，變成間接引語後要用過去完成式。

(3) 解釋：他要我打電話給他。直接引語為祈使句，變間接引語時，主句中的述詞動詞往往根據直接引語的口氣換用 ask, tell, order, invite, warn, advise 等，而直接引語中的述詞動詞要變成動詞不定詞。

(4) 解釋：她問我一切進展得怎樣。直接引語為特殊疑問句，變間接引語時，用特殊疑問詞引導，並將疑問句變成陳述句，且間接引語中受詞子句的時態要與主句時態保持一致。

(5) 解釋：他問我怎麼了。間接引語為含有受詞子句的句子，子句中時態要與主句的一致，受詞子句中 what 作主詞，the matter 作主詞補語，本身即是陳述語序。

(1) Ann said whenever her father was unhappy he would go out and buy something, usually something large and useless.

(2) Mr Jackson said in most countries Red Cross stood for humanitarianism.

(3) Mabel told me that I must leave a note for my mother, otherwise she would be terribly worried when I was not in at my usual time.

(4) Mr Corder said to me that I could leave my motocycle in his garage if I liked and that he would keep an eye on it while I was away.

(5) He said after the lecture he had to rush home.

(6) Mary said she was starting the work in two days' time.

(7) He told me if what I had said was true he must go to the police.

(8) My nephew said to me he knew the umbrella belonged to me, but he had thought it would be all right if he borrowed it.

(9)　He told me that I mustn't forget to put the stamp on or my friend would have to pay double postage.

(10)　Tom said he had left some books on my table, and that he thought I would find them useful. He also said I could keep them as long as I needed them, but he would like them back when I had finished with them.

構詞法

A

衍生法
◂◂◂

衍生詞	例 字	
名詞字尾	-er	villager（村民） farmer（農民）	prisoner（犯人） lawyer（律師）
	-or	actor（男演員） monitor（監視器） conductor（隨車服務員, 指揮） director（導演, 主任）	inventor（發明者, 發明家） governor（政府官員） visitor（來訪者） operator（操作員, 接線生）
	-ian	Australian（澳洲人） Canadian（加拿大人） Russian（俄羅斯人）	Austrian（奧地利人） Hungarian（匈牙利人） Indian（印度人）
	-ist	artist（藝術家） violinist（小提琴家） scientist（科學家）	novelist（小說家） pianist（鋼琴家） typist（打字員）
	-ment	movement（運動） judgement（判斷） engagement（婚約） agreement（同意, 協議）	government（政府） treatment（對待） development（發展） management（經營, 管理）

名詞字尾	-ness	business（商業） weakness（弱點） kindness（和藹） darkness（黑暗）	illness（疾病） happiness（幸福） brightness（明亮） carefulness（細心）
	-tion	operation（手術） invention（發明） information（資訊） suggestion（建議） invitation（邀請）	celebration（慶祝） pollution（污染） action（行動） congratulation（祝賀, 恭喜） representation（代表）
形容詞後綴	-able	comfortable（舒適的）	enjoyable（愉快的）
	-al	natural（天然的） managerial（管理的）	musical（音樂的） spiritual（精神上的）
	-ble	possible（可能的） terrible（糟糕的）	impossible（不可能的） responsible（負責的）
	-ful	careful（仔細的） hopeful（有希望的） thankful（感激的）	beautiful（美麗的） wonderful（精彩的） useful（有用的）
	-ing	interesting（令人感興趣的） exciting（令人興奮的） surprising（令人吃驚的）	moving（打動人的） disappointing（令人失望的） tiring（令人疲勞的）
	-ive	active（活躍的） native（本地的）	expensive（昂貴的） progressive（進步的）
	-less	careless（粗心的） harmless（無害的）	useless（無用的） homeless（無家的）
	-y/-ly	weekly（每週的） rainy（多雨的） brotherly（兄弟般的）	shiny（發光的） windy（多風的） friendly（友好的）
	-ward	northward（朝北的） backward（向後的）	southward（朝南的） downward（向下的）

動詞字尾	–fy	beautify（美化） terrify（使害怕）	satisfy（滿足） simplify（使簡單化）
	–ize/–ise	apologize（道歉） realize/realise（實現）	organize/organise（組織） recognize/recognise（認識）
副詞字尾	–ly	roughly（粗糙地） silently（沉默地） fairly（公平地） certainly（當然）	quietly（輕輕地） sadly（悲傷地） smartly（敏捷地） excitedly（興奮地）
	–ward (s)	northward (s)（朝北） eastward (s)（朝東） downward (s)（向下） backward (s)（向後）	southward (s)（朝南） westward (s)（朝西） upward (s)（向上） forward (s)（向前）
數詞字尾	–teen	thirteen（十三） fifteen（十五） seventeen（十七）	fourteen（十四） sixteen（十六） eighteen（十八）
	–th	fourth（第四） sixth（第六）	fifth（第五） eighth（第八）
	–ty	twenty（二十） forty（四十）	thirty（三十） fifty（五十）
字首	dis-（否定）	dislike（不喜歡） disagree（不同意）	disbelieve（不相信） disobey（不遵守）
	im/in-（不）	impossible（不可能的） impatient（沒有耐心的） indirect（間接的）	impolite（不禮貌的） informal（非正式的） invisible（看不見的）
	un-（不）	unhappy（不高興的） unkind（不和善的） unusual（不尋常的）	unlucky（不幸運的） unimportant（不重要的） unknown（不知名的）
	re-（再/又）	recover（恢復） repeat（重複）	remove（移動） review（複習）

444

字首	tele- （電;遠）	telegram （電報）	telephone （電話）
		television （電視）	telegraph （電報機）

B

轉化法

◀◀◀

轉　化	例　字	
名詞←→動詞	name（名字 / 命名） watch（手錶 / 觀看） milk（牛奶 / 擠奶） smoke（煙 / 吸煙） rain（雨 / 下雨） land（陸地 / 著陸）	hand（手 / 傳遞） ship（船 / 運輸） water（水 / 澆水） fish（魚 / 釣魚） study（書房 / 學習） book（書 / 訂票）
名詞←→形容詞	light（光線 / 輕的） right（右邊 / 對的） poor（窮人 / 窮的） chemical（化學藥品 / 化學的）	wrong（錯誤 / 錯的） Russian（俄語 / 俄國的） back（背部 / 後面的）
動詞←→形容詞	clean（打掃 / 乾淨的） open（打開 / 開著的） empty（倒空 / 空的） last（持續 / 最後的）	close（關起來 / 靠近的） free（使自由 / 自由的） tidy（弄整齊 / 整潔的） own（擁有 / 自己的）
副詞←→形容詞	last（最後 / 最後的） hard（努力 / 困難的） wide（廣闊地 / 寬敞的）	well（好 / 健康的） slow（慢慢地 / 慢的） high（高 / 高的）
讀音不同 詞性不同	這些詞作為動詞時重音在後, 作為名詞時重音在前: contest, rebel, export, increase, permit, progress, record, refuse	

注意：有些單字還可有幾種轉化形式，如：enough(形容詞/副詞/名詞)、well(名詞/副詞/形容詞/感歎詞)、that(代詞/形容詞/連詞/副詞)、last(形容詞/副詞/名詞/動詞)

C

複合法

複合詞	例　字	
n.+n.	spaceship（太空船） postman（郵差） bathroom（浴室）	football（足球） girlfriend（女朋友） thunderstorm（大雷雨）
n.+v.	daybreak（破曉）	sunrise（日出）
n.+v.+ing	shoemaking（製鞋） bookkeeping（簿記）	dressmaking（做裙子） handwriting（書法）
v.+ing+n.	dining room（餐廳） drinking water（飲用水） walking stick（拐杖）	washing machine（洗衣機） writing desk（書桌） sewing machine 縫紉機
v.+n.	pickpocket（扒手）	playground（操場）
adj.+n.	nobleman（貴族） midnight（午夜） blackboard（黑板）	loudspeaker（擴音機） greenhouse（溫室） supermarket（超級市場）
其他形式	get-together（聚會） take-off（起飛） grown-up（成年人）	go-between（中間人） passer-by（路人）
adj./ num.+n.+ed	warm-hearted（熱心的） five-storeyed（五層樓的）	blue-eyed（藍眼睛的） three-leged（三條腿的）
adj.+v.+ing	good-looking（好看的） easy-going（悠閒的）	hard-working（工作努力的）
adj./num.+n.	full-time（全職的） second-hand（二手的）	long-distance（遠距離的） first-class（一流的）

左側：複合名詞（n.+n.至其他形式）、複合形容詞（adj./num.+n.+ed以下）

複合形容詞	n.+v.+ed	man-made（人工製作的） snow-covered（被雪覆蓋的） poverty-stricken（為貧窮所困的） home-made（家庭製作的） grass-covered（被草覆蓋的）	
	n.+v.+ing	English-speaking（說英語的） peace-loving（熱愛和平的） trouble-shooting（解決問題的）	
	adv.+v.+ed	well-known（著名的） newly-built（新建的）	wide-spread（普及的）
	其他形式	take-away（外帶的） new-found（新找到的） face-to-face（面對面的）	out-of-date（落伍的） world-famous（世界著名的）
複合副詞		anywhere（任何地方） maybe（可能） upstairs（樓上） upright（筆直）	nowadays（現今） outdoors（戶外） otherwise（否則）
複合代詞		himself（他自己） anything（任何事） anybody（任何人） nothing（沒有東西）	everyone（每個人） another（另一個） someone（某個人） somebody（某人）
複合動詞		overthrow（推翻） whitewash（粉刷） undermine（破壞） overhear（偷聽） overwork（過勞）	typewrite（打字） overcome（克服） safeguard（防衛） oversleep（睡過頭） underline（劃底線）

縮寫方式	例　字	
首字母縮寫法	BBC（=British Broadcasting Corporation）（英國廣播公司） ABC（=American Broadcasting Corporation）（美國廣播公司） WTO（=World Trade Organization）（世界貿易組織） WHO（=World Health Organization）（世界衛生組織） TOEIC（=Test of English for International Communication）（多益考試） TOEFL（=Test of English as Foreign Language）（托福考試） MBA（=Master of Business Administration）（工商管理碩士） GRE（=Graduate Record Examination）（美國研究生入學考試） GATT（= General Agreement on Tariffs and Trade）（關稅暨貿易總協定）	
去掉字首一些字母	phone（telephone） plane（airplane／aeroplane） bus（omnibus） （不規則的：bike=bicycle Xmas=Christmas）	
去掉字尾（一些）字母	ad（advertisement）（廣告） Co（=company）（公司） f（female）（女的）	photo（photograph）（照片） m（male）（男的）
去掉前後	fridge（refrigerator）（冰箱）	flu（influenza）（流行性感冒）
取單字的前三、四個字母	Mon.（Monday） Jan.（January） gas（gasoline） tel.（telephone） add.（address） exam（examination） dorm（dormitory） eve（evening）	Fri.（Friday） Sep.（September） math.（mathematics） gym（gymnasium） dad（daddy） lab（laboratory） pop（popular）

取單字的 若干字母	TV (television) Dept. (department) cm (centimeter)	P.S. (postscript 附註) (一些) kg (kilogram) mm (millimeter 毫米)
來自 拉丁語	a.m. (=in the morning) e.g. (=for example) cf. (=confer 比較) c/o (=care of 由……轉交)	p.m. (=in the afternoon) etc. (=and so on) i.e. (=that is 即) No. (=number)
常用縮略符號	& (=and) @ (=at) £ (=pound) + (=plus) × (=times) = (=equals) ∴ (=therefore)	$ (=dollar) % (=percent) ¥ (=yuan) – (=minus) ÷ (=divided by) ∵ (=because) 0℃ (=zero degree centigrade)

不規則動詞表

原　形	過去式	過去分詞
awake （〈使〉醒來）	awoke	awoken
be (am, is, are) （是）	was (were)	been
bear （生育）	bore	borne, born
beat （打）	beat	beaten
become （成為）	became	become
begin （開始）	began	begun
bend （彎腰, 彎曲）	bent	bent
bite （咬, 叮）	bit	bitten
blow （吹）	blew	blown
break （打破）	broke	broken
bring （帶來）	brought	brought
broadcast （廣播）	broadcast, broadcasted	broadcast, broadcasted
build （建築）	built	built
burn （燒）	burnt, burned	burnt, burned
buy （買）	bought	bought
cast （投;投射）	cast	cast
catch （捉住）	caught	caught
choose （選擇）	chose	chosen

come (來)	came	come
cost (價值, 花費)	cost	cost
cut (切, 割)	cut	cut
dig (挖, 掘)	dug	dug
do/does (做)	did	done
draw (繪畫)	drew	drawn
dream (夢, 夢想)	dreamt, dreamed	dreamt, dreamed
drink (喝, 飲)	drank	drunk
drive (驅趕, 駕駛)	drove	driven
eat (吃)	ate	eaten
fall (跌, 落, 降)	fell	fallen
feed (餵, 飼養)	fed	fed
feel (感覺, 觸摸)	felt	felt
fight (戰鬥, 打架)	fought	fought
find (發現, 找到)	found	found
flee (逃跑)	fled	fled
fly (飛)	flew	flown
forbid (禁止)	forbade	forbidden
forget (忘記)	forgot	forgot/forgotten
forgive (原諒, 寬恕)	forgave	forgiven
freeze (結冰, 凍)	froze	frozen
get (得到)	got	got, gotten
give (給)	gave	given
go (去)	went	gone
grow (生長)	grew	grown
hang (懸掛)	hung	hung
have/has (有)	had	had

hear (聽見)	heard	heard
hide (隱藏)	hid	hidden
hit (打擊, 碰撞)	hit	hit
hold (握住, 舉行)	held	held
hurt (損傷, 傷害)	hurt	hurt
keep (保持)	kept	kept
know (知道, 認識)	knew	known
lay (放置)	laid	laid
lead (帶領; 導致)	led	led
learn (學習)	learnt, learned	learnt, learned
leave (離開, 留下)	left	left
lend (借出, 出租)	lent	lent
let (讓)	let	let
lie (躺)	lay	lain
light (點燃, 照明)	lighted, lit	lighted, lit
lose (失去)	lost	lost
make (製造, 使得)	made	made
mean (意味, 打算)	meant	meant
meet (遇見, 會晤)	met	met
mistake (誤會, 弄錯)	mistook	mistaken
overcome (克服)	overcame	overcome
pay (支付)	paid	paid
put (放)	put	put
read (讀)	read	read
rebuild (重建)	rebuilt	rebuilt
retell (複述)	retold	retold

rid (擺脫)	rid, ridded	rid, ridded
ride (騎, 乘)	rode	ridden
ring (鳴響)	rang	rung
rise (升起)	rose	risen
run (跑)	ran	run
say (說)	said	said
see (看見)	saw	seen
sell (賣, 銷售)	sold	sold
send (送, 派遣)	sent	sent
set (安置)	set	set
sew (縫製)	sewed	sewn/sewed
shake (搖動, 震動)	shook	shaken
shavev (剃, 刮臉)	shaved	shaved/shaven
shine (發光, 照射)	shone	shone
shoot (射擊)	shot	shot
show (展示)	showed	shown, showed
shrink (收縮)	shrank, shrunk	shrunk, shrunken
shut (關)	shut	shut
sing (唱)	sang	sung
sink (下沉)	sank	sunk
sit (坐)	sat	sat
sleep (睡)	slept	slept
slide (滑動)	slid	slid
smell (嗅, 聞)	smelt, smelled	smelt, smelled
sow (播種)	sowed	sown/sowed
speak (講話)	spoke	spoken
speed (快速前進)	sped	sped

spell (拼寫)	spelt, spelled	spelt, spelled
spend (花費)	spent	spent
spit (吐, 唾)	spit	spit
spread (散佈)	spread	spread
stand (站立, 忍受)	stood	stood
steal (偷)	stole	stolen
stick (刺, 黏貼)	stuck	stuck
strike (撞擊, 打擊)	struck	struck/stricken
swear (發誓, 詛咒)	swore	sworn
sweep (掃)	swept	swept
swell (膨脹)	swelled	swelled, swollen
swim (游泳)	swam	swum
take (拿走)	took	taken
teach (教)	taught	taught
tear (扯, 撕)	tore	torn
tell (告訴)	told	told
think (想, 認為)	thought	thought
throw (扔)	threw	thrown
understand (理解)	understood	understood
undertake (承擔, 從事)	undertook	undertaken
wake (醒來)	woke	woken
wear (穿, 磨損)	wore	worn
weep (哭泣, 流淚)	wept	wept
win (獲勝, 贏)	won	won
wind (繞)	wound	wound
write (寫)	wrote	written

語法體系表

詞性	名詞	名詞的數、名詞的修飾語、名詞的所有格
	代名詞	人稱代名詞、所有代名詞、反身代名詞、指示代名詞、不定代名詞、疑問代名詞
	冠詞	不定冠詞、定冠詞、零冠詞
	數詞	基數詞、序數詞
	介系詞	介系詞的分類、介系詞的搭配
	連接詞	並列連接詞、從屬連接詞、簡單連接詞、關聯連接詞、分詞連接詞、短語連接詞
	形容詞、副詞	形容詞、副詞的分類 形容詞、副詞的比較等級 形容詞、副詞的句型功能
	動詞	動詞的種類 動詞的基本形式 動詞的時態、語態

【英檢攻略 10】

完全攻略英檢中級
文法及練習 113
－高中文法大全
（必勝問題 + 全解全析）

Shan Tian She

■著者
星火記憶研究所・馬德高◎著

■發行人
林德勝

■出版發行
山田社文化事業有限公司
106 臺北市大安區安和路一段 112 巷 17 號 7 樓
電話　02-2755-7622
傳真　02-2700-1887

■郵政劃撥
19867160號　　大原文化事業有限公司

■總經銷
聯合發行股份有限公司
新北市新店區寶橋路 235 巷 6 弄 6 號 2 樓
電話　02-2917-8022
傳真　02-2915-6275

■印刷
上鎰數位科技印刷有限公司

■法律顧問
林長振法律事務所　林長振律師

■出版日
2015年12月 初版

■定價
新台幣369元

■ISBN
978-986-246-433-5

本書中文簡體出版權由北京盛世星火教育科技有限責任公司授
權，同意由山田社文化事業有限公司出版中文繁體字版本。非
經書面同意，不得以任何形式任意重制、轉載。